Python统计可视化之

Altair 探索分析
实践指南

刘大成 / 著

电子工业出版社.
Publishing House of Electronics Industry
北京·BEIJING

内 容 简 介

　　本书以Altair为核心工具，通过认识数据、理解数据和探索数据三个维度全方位地探索分析数据集的统计可视化形式，以应用数据和案例研究为实践场景，使用Altair数据加工器进行数据预处理。在此基础上，深入介绍不同应用领域和实践场景的数据集的统计可视化模型。

　　本书以动手实践和练习的方式让读者学习和巩固核心知识，学习形式简单、高效，适合大数据相关行业的人士参考，也适合大数据相关专业的高校师生教学和自学使用。

　　未经许可，不得以任何方式复制或抄袭本书之部分或全部内容。

　　版权所有，侵权必究。

图书在版编目（CIP）数据

Python 统计可视化之 Altair 探索分析实践指南 / 刘大成著. —北京：电子工业出版社，2022.2
ISBN 978-7-121-42597-4

Ⅰ. ①P… Ⅱ. ①刘… Ⅲ. ①统计分析－应用软件 Ⅳ. ①C819

中国版本图书馆 CIP 数据核字（2022）第 016417 号

责任编辑：石　倩
印　　刷：北京东方宝隆印刷有限公司
装　　订：北京东方宝隆印刷有限公司
出版发行：电子工业出版社
　　　　　北京市海淀区万寿路 173 信箱　　邮编：100036
开　　本：720×1000　　1/16　　印张：24.5　　字数：620 千字
版　　次：2022 年 2 月第 1 版
印　　次：2022 年 2 月第 1 次印刷
定　　价：139.00 元

　　凡所购买电子工业出版社图书有缺损问题，请向购买书店调换。若书店售缺，请与本社发行部联系，联系及邮购电话：(010) 88254888，88258888。
　　质量投诉请发邮件至 zlts@phei.com.cn，盗版侵权举报请发邮件至 dbqq@phei.com.cn。
　　本书咨询联系方式：010-51260888-819，faq@phei.com.cn。

前言

主要内容

首先，本书在图形语法的基础上，使用 Altair 探索分析不同应用领域和使用场景的数据集，以组成数据集的变量和数据记录为切入点，通过认识数据、理解数据和探索数据三个维度全方位地探索分析数据集的不同变量类型的统计可视化形式。然后，本书以应用数据和案例研究为实践场景，运用描述统计学、推断统计学和机器学习等数据科学知识，使用 Altair 数据加工器实现数据预处理。在此基础上，本书又深入浅出地介绍了不同应用领域和实践场景的数据集的统计可视化模型。

各章概要

第 1 章，介绍 Altair 的安装方法和 Jupyter 的安装方法，重点讲解 Altair 数据集的 JSON 数据结构和 Pandas 的数据框对象，以及数据预处理的高效工具。

第 2 章，以图形语法为核心，重点介绍 Altair 的组成模块、语言特点和语法规则。

第 3 章，从变量类型和组合方式出发，介绍使用 Altair 认识数据和绘制基本统计图形的方法。

第 4 章，从图形构成出发，介绍使用 Altair 理解数据的实现方法，以及使用 Altair 绘制分区图形、分层图形和连接图形的实现方法。

第 5 章，从交互出发，介绍使用 Altair 探索数据和绘制交互图形的实现方法。

第 6 章，从获取优质数据集出发，以统计可视化的不同呈现形式为切入点，介绍使用 Altair 探索分析不同数据集的潜在价值。

第 7 章，以数据集为核心，详细分析不同案例的可视化模型和探索分析的维度，深入介绍不同应用领域的数据集和变量类型，以及构建不同应用领域的可视化模型。

第 8 章，以探索分析为核心，将 Altair 和其他探索分析工具有效结合，全面地探索分析不同实践场景下、不同数据集的统计可视化模型。

第 9 章，介绍使用 Altair 设置颜色的方法，以及配置图形属性的作用范围的实现方法。

配置要求

- 推荐使用的硬件配置：四核处理器或更高配置、8 GB 或更大系统内存、至少 10 GB 磁盘存储空间。
- 推荐使用的操作系统：Windows 7 或更高版本、Windows 10 或更高版本、Ubuntu 16.04 或更高版本、macOS Sierra 或更高版本。
- Python 版本：Python 3.8.0 或更高版本。
- 特别提示：使用首字母大写的 Altair 表示包的名称，使用首字母小写的 altair 表示包的安装名称或导入名称，其他包的书写规则与之类似。
- 书中代码使用的包的版本信息如下所示。

```
altair 4.1.0
gapminder 0.1
matplotlib 3.2.1
numpy 1.18.3
```

```
pandas 1.0.3
scipy 1.4.1
sviewgui 0.3.5
tinytag 1.5.0
vega-datasets 0.9.0
wordcloud 1.8.1
```

排版说明

书中代码均可以在 JupyterLab 或 Jupyter Notebook 上运行，表示方法如下所示。

```
chart = alt.Chart(df).transform_filter(
    alt.datum.Origin=="Europe").mark_circle(
    color="seagreen").encode(
    alt.X("Horsepower:Q",scale=alt.Scale(zero=False,padding=20)),
    alt.Y("Acceleration:Q",scale=alt.Scale(zero=False,padding=5)),
    size="Cylinders:Q")
```

书中代码在 Python 的交互式解释器中输入和输出的表示方法如下所示。

```
>>> import altair as alt
>>> import altair_viewer
>>> from vega_datasets import data
>>> df = data.cars()
>>> chart = alt.Chart(df).mark_circle().encode(x="Horsepower:Q",y="Acceleration:Q")
>>> altair_viewer.display(chart,inline=True)
<IPython.core.display.HTML object>
```

目标读者

本书适合希望使用探索分析的方法，理解数据的不同维度和掌握数据统计可视化实现方法的商业数据分析师；使用 Python 和 Altair 深入理解数据预处理和统计可视化建模实现方法的数据挖掘工程师和机器学习工程师；构建实践场景的统计可视化模型的开发人员和研究人员。书中内容讲解细致全面、讲练结合、案例丰富，也非常适合大数据相关专业的学生自学或教师课堂教学使用。

如何阅读本书

无论是 Altair 的初学者还是经验丰富的可视化应用的开发者，建议从第 1 篇至第 3 篇按顺序阅读，第 4 篇既可以单独阅读，也可以和其他篇章组合阅读。附录 A 是正文中练习章节的参考实现方法。

本书在很多章节中均有"动手实践"和"练习"小节，其中，"动手实践"采用以练代讲的方式让读者学习和延展核心知识或技能；"练习"采用举一反三的方式让读者复习和巩固核心知识或技能。

作者

2021 年 10 月

目录

第 2 篇 进阶

第 3 篇　实践

第 4 篇　拓展

第 1 篇

入门

Altair 是基于 Vega 和 Vega-Lite 的声明式统计可视化 Python 库。借助 Altair，我们可以将更多的精力和时间放在理解数据本身及数据意义上，从复杂的数据可视化过程中解脱出来。这也是为什么本书提出统计可视化（statistical visualization）而不是数据可视化（data visualization）的原因之一。

统计既是一个数据处理过程，也是一种数据分析思维，Altair 之所以被称为统计可视化库，就是因为它可以通过分类汇总（aggregation）、数据变换（data transformation）、数据交互、图形复合等方式全面地认识数据、理解数据和分析数据。这些过程都可以帮助我们增加对数据本身和数据意义的理解维度，培养直观的数据分析思维。对比来看，数据可视化库则是更多地将关注点放在可视化细节上，也就是定制化地实现可视化，很多时候错过了数据的潜在价值。

说明：是一种可视化语法，也是一种创建、保存和分享交互式可视化设计的声明式语言，可以使用 JSON 格式描述可视化的外观和交互过程，产生基于网络的图像。Vega-Lite 是在 Vega 基础上的一种高水平的交互式图形语法，它可以提供一种简洁、声明式的 JSON 语法，使用 JSON 语法可以创造各种表达丰富的用于数据分析和呈现的可视化作品。Vega-Lite 语法规则将可视化描述为从数据到图形标记（例如，圆圈、矩形或折线）的属性（例如，颜色、大小、形状或透明度）的编码映射过程，Vega-Lite 编译器自动生成可视化组件，包括坐标轴、图例及度量。

Altair 以声明的方式提供一种 Python 语言的 API 用以构建统计可视化。更重要的是，Altair 的 API 不包含实际的可视化渲染代码，而是按照 Vega-Lite 规则生成 JSON 数据结构（语法）。相应地，这种基于 Vega-Lite 的 JSON 数据结构可以由一些 UI（user-interface）渲染，实现统计可视化。这些 UI 包括 Jupyter Notebook、JupyterLab 和 nteract。

Altair 的 API 建立在强大的 Vega-Lite 可视化语法（JSON 语法规则）基础之上，具有简单、友好和一致的特点。因此，Altair 这种优雅的简洁意味着使用最少的代码量就可以绘制精美高效的可视化作品。继承自 Vega-Lite 的 Altair 有一个与众不同的地方，就是它的声明式语法不仅可以实现统计可视化，而且可以完成交互式的任务，这种声明式语法也被称为图形语法。

总的来看，Altair 的特点有以下几个方面。

- 基于图形语法的声明式 Python API。
- 基于 Vega-Lite 的 JSON 语法规则生成 Altair 的 Python 代码。
- 在启动的 Jupyter Notebook、JupyterLab 和 nteract 中展示统计可视化过程。
- 可以将可视化作品导出为 PNG/SVG 格式的图片、独立运行的 HTML 格式的网页，或者在线上 Vega-Lite 编辑器中查看运行效果。

第 1 章　Altair 的环境配置

使用 Altair 进行统计可视化，需要安装两组工具。

- Altair 包和 Altair 的依赖库。
- 前端渲染工具，例如，Jupyter Notebook、JupyterLab 和 nteract。

1.1　Altair 的安装

Altair 可以使用 pip 或者 conda 安装，使用 pip 安装 Altair 的代码如下。

```
pip install altair
```

在安装 Altair 的过程中，还可以安装 Python 包 vega_datasets，可以使用 pip 完成安装，代码如下。

```
pip install altair vega_datasets
```

使用包管理器 conda 安装 Altair 的代码如下。

```
conda install -c conda-forge altair vega_datasets
```

Altair 的依赖库在安装 Altair 之后已经自动安装完成。

1.2　前端渲染工具的安装和启动方法

尽管 Altair 在 non-Notebook 环境下也可以运行，例如 Altair Viewer，但是 Notebook 提供的交互式编辑查看环境非常有利于使用 Altair 探索数据、认识数据和理解数据，同时，也可以更好地理解 Altair 的声明式统计可视化的设计理念。因此，Altair 最好在 Jupyter Notebook、JupyterLab 或 nteract 中运行。由于本书的示例代码都是在 Jupyter Notebook 中运行的，所以下面重点介绍 Jupyter Notebook 和 JupyterLab 的安装及启动方法。

说明：本书出现的命令提示符 ">>>" 表示代码实现部分是在 Python 的交互式解释器中完成的，可以交互式查看代码运行结果。在本书中，没有命令提示符 ">>>" 的代码实现部分，表示所有操作均在 Jupyter Notebook 或 JupyterLab 中完成。

1.2.1　Jupyter Notebook 的安装和启动方法

Jupyter Notebook 可以使用 pip 或 conda 安装，使用 pip 安装 Notebook 的代码如下所示。

```
pip install notebook
```

使用包管理器 conda 安装 Notebook 的代码如下所示。

```
conda install -c conda-forge notebook
```

成功安装之后，在终端（Linux/Mac）或命令提示符（Windows）下，运行命令 jupyter notebook 启动 Notebook。

1.2.2　JupyterLab 的安装和启动方法

JupyterLab 可以使用 pip 或 conda 安装。使用 pip 安装 JupyterLab 的代码如下所示。

```
pip install jupyterlab
```

使用包管理器 conda 安装 JupyterLab 的代码如下所示。

```
conda install -c conda-forge jupyterlab
```

成功安装之后，在终端（Linux/Mac）或命令提示符（Windows）下，使用命令 jupyter-lab 启动 JupyterLab。

1.3 vega_datasets 的使用

Python 包 vega_datasets 的主要用途就是获得离线数据集。因此，可以使用 Python 语言获得示例数据集。调用后，返回的数据集都是以 Pandas 的数据框（DataFrame）形式存储的。

这个数据框（DataFrame）对象是 Altair 的数据源，数据框对象的列是由不同的变量类型（数量型、次序型、名义型和日期时间型）所组成的。数据框对象是一种类似 Excel 或是 SPSS 的“整洁格式”（a tidy format），行对应案例数（cases），也就是样本（samples），列对应观察变量（observed variables），如图 1.1 所示。

a observed variable

row index

	Name	Miles_per_Gallon	Cylinders	Displacement	Horsepower	Weight_in_lbs	Acceleration	Year	Origin
0	chevrolet chevelle malibu	18.0	8	307.0	130.0	3504	12.0	1970-01-01	USA
1	buick skylark 320	15.0	8	350.0	165.0	3693	11.5	1970-01-01	USA
2	plymouth satellite	18.0	8	318.0	150.0	3436	11.0	1970-01-01	USA
3	amc rebel sst	16.0	8	304.0	150.0	3433	12.0	1970-01-01	USA
4	ford torino	17.0	8	302.0	140.0	3449	10.5	1970-01-01	USA

a case

图 1.1

这个数据框对象在图形语法的作用下会被映射成可视化属性，包括位置、颜色、大小、形状、透明度等。

在这个 Python 包中，主要对象是 data，可以使用下面的语句获得 data。

```
from vega_datasets import data
```

在导入对象 data 之后，就可以加载示例数据集。有两种方法可以加载示例数据集，例如，加载 cars 数据集。

以函数形式调用对象 data，将数据集以字符串形式作为参数传给函数 data()。

```
>>> from vega_datasets import data
>>> df = data("cars")
```

调用与数据集关联的实例方法 cars()。

```
>>> from vega_datasets import data
>>> df = data.cars()
```

方法一：可以使用实例方法 head()，默认展示数据集全部变量的前 5 行观测记录，如图 1.2 所示。

```
>>> df.head()
```

	Name	Miles_per_Gallon	Cylinders	Displacement	Horsepower	Weight_in_lbs	Acceleration	Year	Origin
0	chevrolet chevelle malibu	18.0	8	307.0	130.0	3504	12.0	1970-01-01	USA
1	buick skylark 320	15.0	8	350.0	165.0	3693	11.5	1970-01-01	USA
2	plymouth satellite	18.0	8	318.0	150.0	3436	11.0	1970-01-01	USA
3	amc rebel sst	16.0	8	304.0	150.0	3433	12.0	1970-01-01	USA
4	ford torino	17.0	8	302.0	140.0	3449	10.5	1970-01-01	USA

图 1.2

方法二：可以使用实例方法 list_datasets()，列出全部可以使用的数据集，如下所示。

```
>>> data.list_datasets()
['7zip', 'airports', 'anscombe', 'barley', 'birdstrikes', 'budget', 'budgets', 'burtin', 'cars', 'climate',
'co2-concentration', 'countries', 'crimea', 'disasters', 'driving', 'earthquakes', 'ffox', 'flare',
'flare-dependencies', 'flights-10k', 'flights-200k', 'flights-20k', 'flights-2k', 'flights-3m', 'flights-5k',
'flights-airport', 'gapminder', 'gapminder-health-income', 'gimp', 'github', 'graticule', 'income', 'iris',
'jobs', 'londonBoroughs', 'londonCentroids', 'londonTubeLines', 'lookup_groups', 'lookup_people',
'miserables', 'monarchs', 'movies', 'normal-2d', 'obesity', 'points', 'population',
'population_engineers_hurricanes', 'seattle-temps', 'seattle-weather', 'sf-temps', 'sp500', 'stocks',
'udistrict', 'unemployment', 'unemployment-across-industries', 'us-10m', 'us-employment',
'us-state-capitals', 'weather', 'weball26', 'wheat', 'world-110m', 'zipcodes']
```

这些数据集有一部分保存在本地文件夹中，有些需要联网才能使用，可以使用对象 local_data，获得保存在本地的数据集名称的列表。

```
>>> from vega_datasets import local_data
>>> local_data.list_datasets()
['airports', 'anscombe', 'barley', 'burtin', 'cars', 'crimea', 'driving', 'iowa-electricity', 'iris',
'seattle-temps', 'seattle-weather', 'sf-temps', 'stocks', 'us-employment', "wheat"]
```

如果需要了解数据集的 URL 来源，则可以使用属性 url，实现方法如下所示。

```
>>> data.climate.url
'https://cdn.jsdelivr.net/npm/vega-datasets@v1.29.0/data/climate.json'
```

说明：使用属性 url 获得数据集的 URL 来源，可以作为 Altair 的数据集的数据格式，也就是说，data.climate.url 等同于 Altair 可以接受的数据结构。

如果需要了解数据集的本地保存位置，则可以使用属性 filepath，实现方法如下所示。

```
>>> data.cars.filepath
'e:\\venv\\lib\\site-packages\\vega_datasets\\_data\\cars.json'
```

说明：如果数据集不是保存在本地的，而是需要连接网络才能使用，那么程序会报错。

```
>>> data.climate.filepath
ValueError: filepath is only valid for local datasets
```

加载本地数据集的方法，除了上面两种，还可以使用 pandas 的 API 函数 read_json()，将 JSON 字符串转化为数据框对象；还可以使用 pandas 的 API 函数 read_csv()，将逗号分隔值（CSV）文件转成数据框对象。返回结果如图 1.3 所示。

	iata	name	city	state	country	latitude	longitude
0	00M	Thigpen	Bay Springs	MS	USA	31.953765	-89.234505
1	00R	Livingston Municipal	Livingston	TX	USA	30.685861	-95.017928
2	00V	Meadow Lake	Colorado Springs	CO	USA	38.945749	-104.569893
3	01G	Perry-Warsaw	Perry	NY	USA	42.741347	-78.052081
4	01J	Hilliard Airpark	Hilliard	FL	USA	30.688012	-81.905944
...	...	...	...	...	...	...	...
3371	ZEF	Elkin Municipal	Elkin	NC	USA	36.280024	-80.786069
3372	ZER	Schuylkill Cty/Joe Zerbey	Pottsville	PA	USA	40.706449	-76.373147
3373	ZPH	Zephyrhills Municipal	Zephyrhills	FL	USA	28.228065	-82.155916
3374	ZUN	Black Rock	Zuni	NM	USA	35.083227	-108.791777
3375	ZZV	Zanesville Municipal	Zanesville	OH	USA	39.944458	-81.892105

3376 rows × 7 columns

图 1.3

```
>>> import pandas as pd
>>> type(pd.read_json(data.cars.filepath))
pandas.core.frame.DataFrame
>>> pd.read_csv(' e:\\venv\\lib\\site-packages\\vega_datasets\\_data\\airports.csv')
```

如果需要了解有关数据集 cars 的更多信息，则可以使用属性 description。

```
>>> data.cars.description
'Acceleration, horsepower, fuel efficiency, weight, and other characteristics of different makes and
models of cars. This dataset was originally published by Donoho et al (1982) [1]_, and was made public
at http://lib.stat.cmu.edu/datasets/'
```

1.4　JSON 简介

JSON（JavaScript Object Notation，JavaScript 对象表示法）是存储和交换文本信息的语法，也是易于阅读的纯文本语言。下面的 JSON 文件（*.json）是真正可供阅读的格式。

```
{
    "Name": "buick skylark 320",
    "Miles_per_Gallon": 15,
    "Cylinders": 8,
    "Displacement": 350,
    "Horsepower": 165,
    "Weight_in_lbs": 3693,
    "Acceleration": 11.5,
    "Year": "1970-01-01"
}
```

即使对 JSON 语法规则一无所知，也可以了解汽车名称（"Name"）是"buick skylark 320"的很多信息，例如，耗油量、马力、气缸数量、加速性能等。这与 Python 数据结构中的字典相似，也是一系列的键都有相对应的值，以键值对作为基本组成单元。但是，JSON 的语法规则也有一些不同的地方。

1.4.1　JSON 语法规则

JSON 对象以键值对为基本组成单位，每个键值对用冒号分隔，不同键值对之间以逗号分隔，使用花括号{}表示对象，对象中可以包含多个键值对，格式如下所示。

$$d = \{key1: value1, key2: value2, \cdots, keyN: valueN\}$$

注意：JSON 对象中的键必须是字符串，而且字符串必须在双引号中。例如，{"Visualization": "Altair"}，这也是基本的 JSON 对象格式。

JSON 对象中的值可以是字符串、数字（整数或浮点数）、对象、数组、布尔值（true 或 false）或 null，如表 1.1 所示。

表 1.1

值的数据类型	格　　式	注意事项
字符串	"string"	字符串必须使用双引号
数字	1 或 6.12	可以是整数或是浮点数，不需要加引号
布尔值	true 或 false	不需要加引号，全部小写
JSON 对象	{"key":value}	与 Python 字典不同，键必须使用加双引号的字符串
数组	[]	允许存储任何数据类型，多数情况下存储为 JSON 对象
空值	null	不需要加引号，全部小写

综合使用 JSON 对象的值数据类型，如下所示。

$$\{"name":"Tom","age":24,"salary": null, "car":[\{"TESLA": "Model3"\},\{"Powerwall": true\}]\}$$

在对象中，值可以是数组，使用方括号[]表示数组，数组中可以包含若干对象，格式如下所示。

$$\begin{bmatrix} \{key11: value11, key12: value12, \cdots, key1N: value1N\}, \\ \{key21: value21, key22: value22, \cdots, key2N: value2N\}, \\ ... \\ \{keyM1: valueM1, keyM2: valueM2, \cdots, keyMN: valueMN\} \end{bmatrix}$$

1.4.2　在 Altair 中使用 JSON

在 Altair 中，使用的数据集格式可以是 JSON 格式的对象列表，这是对象 Data 的关键字参数 values 的参数值。例如，本地数据集中的 JSON 文件 cars.json 就是一个 JSON 格式的观察记录列表，如下所示。

```
[
    {
        "Name":"chevrolet chevelle malibu",
        "Miles_per_Gallon":18,
        "Cylinders":8,
```

```
            "Displacement":307,
            "Horsepower":130,
            "Weight_in_lbs":3504,
            "Acceleration":12,
            "Year":"1970-01-01",
            "Origin":"USA"
        },
        {
            "Name":"buick skylark 320",
            "Miles_per_Gallon":15,
            "Cylinders":8,
            "Displacement":350,
            "Horsepower":165,
            "Weight_in_lbs":3693,
            "Acceleration":11.5,
            "Year":"1970-01-01",
            "Origin":"USA"
        },
        ...

        {
            "Name":"chevy s-10",
            "Miles_per_Gallon":31,
            "Cylinders":4,
            "Displacement":119,
            "Horsepower":82,
            "Weight_in_lbs":2720,
            "Acceleration":19.4,
            "Year":"1982-01-01",
            "Origin":"USA"
        }
    ]
```

数据集 cars.json 中的每个对象就是一条观测记录，也就是一条 case（见图 1.2），就是一行记录，全部观测记录组成数据集。在图 1.2 中，每个变量的取值对应的每列数据，分别作为数据集 cars.json 中的每个对象的相同键不同值的键值对。也就是说，每个对象包括全部变量，这些变量的一组取值（图 1.2 中的一行记录）作为这个对象的相应键的对应值。

1.5 Pandas 的数据框（DataFrame）对象的使用方法

在 Altair 中，使用的数据集要以"整洁的格式"加载。这就需要将原始数据整理成适当的数据结构，才可以使用 Altair 的 API、实例方法和类进行各种场景的分类汇总及统计分组。其中，分类汇总就是统计学中的描述统计，例如，均值、标准差、最大值、最小值、中位数、分位数、计数（count）和求和（sum）等。因此，整洁的数据格式是 Altair 需要的数据结构，同时，整洁的数据格式也是实现统计可视化的必要环节。Pandas 中的 DataFrame 是 Altair 使用数据集的数据结构之一。

DataFrame 是一种类似 Excel 或 SPSS 的表格型数据结构，DataFrame 既有行索引，也有列索引，每一行是一个观察记录（case/observation），每一列是一个变量的不同取值（variable values）。创建 DataFrame 主要使用 Python 中的字典。下面，我们通过示例说明具体的实现方法。

1.5.1 使用字典创建 DataFrame 的方法

（1）导入 Pandas。

```
>>> import pandas as pd
```

（2）定义一个变量，用来存储字典。

```
>>> data = {
    "Name":["chevrolet chevelle malibu","buick skylark 320","ford torino"],
    "Horsepower":[130.0,165.0,140.0],
"Miles_per_Gallon":[18.0,15.0,17.0]
}
>>> type(data)
dict
```

（3）生成 Pandas 中的 DataFrame。

```
>>> df = pd.DataFrame(data)
>>> df
      Name                        Horsepower        Miles_per_Gallon
0     chevrolet chevelle malibu   130.0             18.0
```

```
1      buick skylark 320           165.0            15.0
2      ford torino                 140.0            17.0
```

如果需要查看某些变量的取值情况，则可以给 DataFrame 增加列索引；如果需要查看某些案例（cases），也称为观测记录（observations），即样本（samples），还可以增加行索引。

```
>>> df = pd.DataFrame(data, index = [0, 1, "two"], columns = ["Name", "Horsepower",
"Miles_per_Gallon"])
>>> df
         Name                      Horsepower       Miles_per_Gallon
0        chevrolet chevelle malibu 130.0            18.0
1        buick skylark 320         165.0            15.0
two      ford torino               140.0            17.0
```

注意：输出结果中的第 1 列不是索引数（即下标），而是关键字参数 index 列表中的元素。由于下标和目前列表中的元素（0 和 1）相同，可能会误以为它们是一样的。如果查看第 3 行的观测记录，则可以使用 df.loc["two"]，但不可以使用 df.loc[2]。

如果列索引的字符串不是字典中的键，那么生成的 DataFrame 中的相应变量的取值就是空值（NaN），例如，使用字符串"name"作为列表 columns 中的元素。

```
>>> df = pd.DataFrame(data,columns = ["name","Horsepower","Miles_per_Gallon"])
>>> df
         name       Horsepower      Miles_per_Gallon
0        NaN        130.0           18.0
1        NaN        165.0           15.0
2        NaN        140.0           17.0
```

1.5.2　DataFrame 的操作方法

对 DataFrame 而言，可以选择某一列或若干列、某一行或若干行、某一个值或若干个值，也可以查看行索引、列索引、值区域。

下面使用以下代码生成 DataFrame，存储在变量 df 里。

```
>>> df = pd.DataFrame(data)
```

查看行索引。

```
>>> rowindex = df.index
>>> rowindex
Int64Index([0, 1, 2], dtype='int64')
```

```
>>> rowindex[1]
0
>>> len(rowindex)
3
```

查看列索引。

```
>>> colindex = df.columns
>>> colindex
    Index(['Name', 'Horsepower', 'Miles_per_Gallon'], dtype='object')
>>> colindex[0]
    'Name'
>>> len(colindex)
    3
```

查看值区域，也就是不包含行索引和列索引，这是一个二维数组，行和列的索引起始值都是 0。

```
>>> valRanges = df.values
>>> valRanges
    array([['chevrolet chevelle malibu', 130.0, 18.0],
            ['buick skylark 320', 165.0, 15.0],
            ['ford torino', 140.0, 17.0]], dtype=object)
    >>> type(valRanges)
    numpy.ndarray
    >>> valRanges.shape
     (3, 3)
>>> valRanges[0,0]
    'chevrolet chevelle malibu
>>> valRanges[2,1]
    140.0
```

查看某一列和若干列。

```
>>> df["Name"]
0      chevrolet chevelle malibu
1                buick skylark 320
2                      ford torino
Name: Name, dtype: object
>>> df["Miles_per_Gallon"]
0    18.0
1    15.0
2    17.0
Name: Miles_per_Gallon, dtype: float64
>>> df[["Name","Miles_per_Gallon"]]
```

```
          Name                        Miles_per_Gallon
0     chevrolet chevelle malibu       18.0
1     buick skylark 320               15.0
2     ford torino                     17.0
```

注意：选择若干列需要将列索引中的元素放在列表中，从而产生双列表。

查看某一行和若干行。

```
>>> df.loc[0]
Name                   chevrolet chevelle malibu
Horsepower                                   130
Miles_per_Gallon                              18
Name: 0, dtype: object
>>> df.loc[[1,2]]
          Name          Horsepower       Miles_per_Gallon
1     buick skylark 320  165.0           15.0
2     ford torino        140.0           17.0
```

注意：选择若干行需要将行索引中的元素放在列表里，从而产生双列表。

查看某一个值和若干个值。

```
>>> df.loc[1,"Name"]
'buick skylark 320'
>>> df.loc[[1,2],"Miles_per_Gallon"]
1     15.0
2     17.0
Name: Miles_per_Gallon, dtype: float64
>>> df.loc[[0,2],["Name","Miles_per_Gallon"]]
          Name                        Miles_per_Gallon
0     chevrolet chevelle malibu       18.0
2     ford torino                     17.0
```

1.5.3　缺失值的操作方法

对于 DataFrame 而言，缺失值的识别和处理可以使用 Pandas。缺失值的识别和处理是数据清理的重要环节。因此，高效、简便地识别方法和处理流程就显得尤为关键。可以从某一列或若干列、某一行或若干行、某一个值或若干个值等环节入手，高效识别缺失值。

1. 识别缺失值

使用 API 函数 isna()或 isnull()可以判断数据框（DataFrame）对象的变量取值是否存在缺失值。使用方法如下所示。

（1）导入需要的包。

```
>>> import altair as alt
>>> import pandas as pd
>>> from vega_datasets import data
```

（2）加载数据集 cars。

```
>>> source = data.cars()
```

（3）判断变量取值是否存在缺失值。输出结果如图 1.4 和图 1.5 所示。

```
>>> pd.isna(source)
```

	Name	Miles_per_Gallon	Cylinders	Displacement	Horsepower	Weight_in_lbs	Acceleration	Year	Origin
0	False	False	False	False	False	False	False	False	False
1	False	False	False	False	False	False	False	False	False
2	False	False	False	False	False	False	False	False	False
3	False	False	False	False	False	False	False	False	False
4	False	False	False	False	False	False	False	False	False
...	...	...	...	...	...	...	...	...	...
401	False	False	False	False	False	False	False	False	False
402	False	False	False	False	False	False	False	False	False
403	False	False	False	False	False	False	False	False	False
404	False	False	False	False	False	False	False	False	False
405	False	False	False	False	False	False	False	False	False

406 rows × 9 columns

图 1.4

```
>>> pd.isnull(source)
```

	Name	Miles_per_Gallon	Cylinders	Displacement	Horsepower	Weight_in_lbs	Acceleration	Year	Origin
0	False	False	False	False	False	False	False	False	False
1	False	False	False	False	False	False	False	False	False
2	False	False	False	False	False	False	False	False	False
3	False	False	False	False	False	False	False	False	False
4	False	False	False	False	False	False	False	False	False
...	...	...	...	...	...	...	...	...	...
401	False	False	False	False	False	False	False	False	False
402	False	False	False	False	False	False	False	False	False
403	False	False	False	False	False	False	False	False	False
404	False	False	False	False	False	False	False	False	False
405	False	False	False	False	False	False	False	False	False

406 rows × 9 columns

图 1.5

（4）统计变量取值存在缺失值的数量。

```
>>> pd.isna(source).sum()
Name                0
Miles_per_Gallon    8
Cylinders           0
Displacement        0
Horsepower          6
Weight_in_lbs       0
Acceleration        0
Year                0
Origin              0
dtype: int64
```

（5）计算变量取值不包括缺失值的数量。

```
>>> source.count()
Name                406
Miles_per_Gallon    398
Cylinders           406
Displacement        406
Horsepower          400
Weight_in_lbs       406
Acceleration        406
Year                406
Origin              406
dtype: int64
```

（6）变量 Miles_per_Gallon 和变量 Horsepower 存在缺失值。查看变量 Horsepower 存在缺失值，并且变量 Origin 取值是"Europe"的记录。输出结果如图 1.6 所示。

```
>>> for index, boolean in enumerate(pd.isna(source["Horsepower"])):
...       if boolean and source["Origin"][index]=="Europe":
...             print(source.loc[index])
...
```

```
Name                   renault lecar deluxe
Miles_per_Gallon                       40.9
Cylinders                                 4
Displacement                             85
Horsepower                              NaN
Weight_in_lbs                          1835
Acceleration                           17.3
Year                    1980-01-01 00:00:00
Origin                               Europe
Name: 337, dtype: object
Name                          renault 18i
Miles_per_Gallon                     34.5
Cylinders                               4
Displacement                          100
Horsepower                            NaN
Weight_in_lbs                        2320
Acceleration                         15.8
Year                  1982-01-01 00:00:00
Origin                             Europe
Name: 361, dtype: object
```

图 1.6

（7）使用 API 函数 dropna()剔除包含缺矢值的数据记录。这里以前 20 行数据记录为例，行索引出现间断情形，表明存在缺失值的数据记录已经被剔除，输出结果如图 1.7 所示。

```
>>> source.dropna().head(20)
```

（8）分析剔除包含缺失值的数据记录的数量变化。从属性 shape 的取值来看，二元元组的行数减少，变量个数没有变化。

```
>>> source.shape
(406, 9)
>>> source.dropna().shape
(392, 9)
```

	Name	Miles_per_Gallon	Cylinders	Displacement	Horsepower	Weight_in_lbs	Acceleration	Year	Origin
0	chevrolet chevelle malibu	18.0	8	307.0	130.0	3504	12.0	1970-01-01	USA
1	buick skylark 320	15.0	8	350.0	165.0	3693	11.5	1970-01-01	USA
2	plymouth satellite	18.0	8	318.0	150.0	3436	11.0	1970-01-01	USA
3	amc rebel sst	16.0	8	304.0	150.0	3433	12.0	1970-01-01	USA
4	ford torino	17.0	8	302.0	140.0	3449	10.5	1970-01-01	USA
5	ford galaxie 500	15.0	8	429.0	198.0	4341	10.0	1970-01-01	USA
6	chevrolet impala	14.0	8	454.0	220.0	4354	9.0	1970-01-01	USA
7	plymouth fury iii	14.0	8	440.0	215.0	4312	8.5	1970-01-01	USA
8	pontiac catalina	14.0	8	455.0	225.0	4425	10.0	1970-01-01	USA
9	amc ambassador dpl	15.0	8	390.0	190.0	3850	8.5	1970-01-01	USA
15	dodge challenger se	15.0	8	383.0	170.0	3563	10.0	1970-01-01	USA
16	plymouth 'cuda 340	14.0	8	340.0	160.0	3609	8.0	1970-01-01	USA
18	chevrolet monte carlo	15.0	8	400.0	150.0	3761	9.5	1970-01-01	USA
19	buick estate wagon (sw)	14.0	8	455.0	225.0	3086	10.0	1970-01-01	USA
20	toyota corona mark ii	24.0	4	113.0	95.0	2372	15.0	1970-01-01	Japan
21	plymouth duster	22.0	6	198.0	95.0	2833	15.5	1970-01-01	USA
22	amc hornet	18.0	6	199.0	97.0	2774	15.5	1970-01-01	USA
23	ford maverick	21.0	6	200.0	85.0	2587	16.0	1970-01-01	USA
24	datsun pl510	27.0	4	97.0	88.0	2130	14.5	1970-01-01	Japan
25	volkswagen 1131 deluxe sedan	26.0	4	97.0	46.0	1835	20.5	1970-01-01	Europe

图 1.7

2. 处理缺失值

使用 API 函数 fillna() 填补存在缺失值的变量或数据记录。函数 fillna() 的参数既可以是数值，也可以是字典。

（1）使用数值 0 填补存在缺失值的数据记录。这里以前 20 行数据记录为例，使用数值 0 填补存在缺失值的数据记录，行索引连续有序，输出结果如图 1.8 所示。

```
>>> source.fillna(0).head(20)
```

（2）使用变量 Miles_per_Gallon 的均值填补存在缺失值的变量 Miles_per_Gallon。输出结果如图 1.9 所示。

```
>>> source.fillna({"Miles_per_Gallon":source["Miles_per_Gallon"].mean()}).head(20)
```

	Name	Miles_per_Gallon	Cylinders	Displacement	Horsepower	Weight_in_lbs	Acceleration	Year	Origin
0	chevrolet chevelle malibu	18.0	8	307.0	130.0	3504	12.0	1970-01-01	USA
1	buick skylark 320	15.0	8	350.0	165.0	3693	11.5	1970-01-01	USA
2	plymouth satellite	18.0	8	318.0	150.0	3436	11.0	1970-01-01	USA
3	amc rebel sst	16.0	8	304.0	150.0	3433	12.0	1970-01-01	USA
4	ford torino	17.0	8	302.0	140.0	3449	10.5	1970-01-01	USA
5	ford galaxie 500	15.0	8	429.0	198.0	4341	10.0	1970-01-01	USA
6	chevrolet impala	14.0	8	454.0	220.0	4354	9.0	1970-01-01	USA
7	plymouth fury iii	14.0	8	440.0	215.0	4312	8.5	1970-01-01	USA
8	pontiac catalina	14.0	8	455.0	225.0	4425	10.0	1970-01-01	USA
9	amc ambassador dpl	15.0	8	390.0	190.0	3850	8.5	1970-01-01	USA
10	citroen ds-21 pallas	0.0	4	133.0	115.0	3090	17.5	1970-01-01	Europe
11	chevrolet chevelle concours (sw)	0.0	8	350.0	165.0	4142	11.5	1970-01-01	USA
12	ford torino (sw)	0.0	8	351.0	153.0	4034	11.0	1970-01-01	USA
13	plymouth satellite (sw)	0.0	8	383.0	175.0	4166	10.5	1970-01-01	USA
14	amc rebel sst (sw)	0.0	8	360.0	175.0	3850	11.0	1970-01-01	USA
15	dodge challenger se	15.0	8	383.0	170.0	3563	10.0	1970-01-01	USA
16	plymouth 'cuda 340	14.0	8	340.0	160.0	3609	8.0	1970-01-01	USA
17	ford mustang boss 302	0.0	8	302.0	140.0	3353	8.0	1970-01-01	USA
18	chevrolet monte carlo	15.0	8	400.0	150.0	3761	9.5	1970-01-01	USA
19	buick estate wagon (sw)	14.0	8	455.0	225.0	3086	10.0	1970-01-01	USA

图 1.8

	Name	Miles_per_Gallon	Cylinders	Displacement	Horsepower	Weight_in_lbs	Acceleration	Year	Origin
0	chevrolet chevelle malibu	18.000000	8	307.0	130.0	3504	12.0	1970-01-01	USA
1	buick skylark 320	15.000000	8	350.0	165.0	3693	11.5	1970-01-01	USA
2	plymouth satellite	18.000000	8	318.0	150.0	3436	11.0	1970-01-01	USA
3	amc rebel sst	16.000000	8	304.0	150.0	3433	12.0	1970-01-01	USA
4	ford torino	17.000000	8	302.0	140.0	3449	10.5	1970-01-01	USA
5	ford galaxie 500	15.000000	8	429.0	198.0	4341	10.0	1970-01-01	USA
6	chevrolet impala	14.000000	8	454.0	220.0	4354	9.0	1970-01-01	USA
7	plymouth fury iii	14.000000	8	440.0	215.0	4312	8.5	1970-01-01	USA
8	pontiac catalina	14.000000	8	455.0	225.0	4425	10.0	1970-01-01	USA
9	amc ambassador dpl	15.000000	8	390.0	190.0	3850	8.5	1970-01-01	USA
10	citroen ds-21 pallas	23.514573	4	133.0	115.0	3090	17.5	1970-01-01	Europe
11	chevrolet chevelle concours (sw)	23.514573	8	350.0	165.0	4142	11.5	1970-01-01	USA
12	ford torino (sw)	23.514573	8	351.0	153.0	4034	11.0	1970-01-01	USA
13	plymouth satellite (sw)	23.514573	8	383.0	175.0	4166	10.5	1970-01-01	USA
14	amc rebel sst (sw)	23.514573	8	360.0	175.0	3850	11.0	1970-01-01	USA
15	dodge challenger se	15.000000	8	383.0	170.0	3563	10.0	1970-01-01	USA
16	plymouth 'cuda 340	14.000000	8	340.0	160.0	3609	8.0	1970-01-01	USA
17	ford mustang boss 302	23.514573	8	302.0	140.0	3353	8.0	1970-01-01	USA
18	chevrolet monte carlo	15.000000	8	400.0	150.0	3761	9.5	1970-01-01	USA
19	buick estate wagon (sw)	14.000000	8	455.0	225.0	3086	10.0	1970-01-01	USA

图 1.9

（3）在填补存在缺失值的变量 Miles_per_Gallon 之后，比较变量取值存在缺失值的数量变化。经过比较，只有变量 Horsepower 存在缺失值。输出结果如下。

```
>>> pd.isna(source.fillna({"Miles_per_Gallon":source["Miles_per_Gallon"].mean()})).sum()
Name                   0
Miles_per_Gallon       0
Cylinders              0
Displacement           0
Horsepower             6
Weight_in_lbs          0
Acceleration           0
Year                   0
Origin                 0
dtype: int64
```

（4）在填补存在缺失值的变量 Miles_per_Gallon 之后，比较变量取值不包括缺失值的数量记录的变化。经过比较，只有变量 Horsepower 存在缺失值。输出结果如下。

```
>>> source.fillna({"Miles_per_Gallon":source["Miles_per_Gallon"].mean()}).count()
Name                 406
Miles_per_Gallon     406
Cylinders            406
Displacement         406
Horsepower           400
Weight_in_lbs        406
Acceleration         406
Year                 406
Origin               406
dtype: int64
```

（5）分别使用均值和最大值填补变量 Miles_per_Gallon 和 Horsepower。不同变量的数据记录数量相同，所有缺失值都填补完成。输出结果如下。

```
>>> source.fillna(
        {"Miles_per_Gallon":source["Miles_per_Gallon"].mean(),
         "Horsepower":source["Horsepower"].max()}).count()
Name                 406
Miles_per_Gallon     406
Cylinders            406
Displacement         406
Horsepower           406
Weight_in_lbs        406
Acceleration         406
```

```
Year              406
Origin            406
dtype: int64
```

（6）使用 API 函数 describe()展示数量型变量的描述统计。输出结果如图 1.10 所示。

```
>>> source.describe()
```

	Miles_per_Gallon	Cylinders	Displacement	Horsepower	Weight_in_lbs	Acceleration
count	398.000000	406.000000	406.000000	400.000000	406.000000	406.000000
mean	23.514573	5.475369	194.779557	105.082500	2979.413793	15.519704
std	7.815984	1.712160	104.922458	38.768779	847.004328	2.803359
min	9.000000	3.000000	68.000000	46.000000	1613.000000	8.000000
25%	17.500000	4.000000	105.000000	75.750000	2226.500000	13.700000
50%	23.000000	4.000000	151.000000	95.000000	2822.500000	15.500000
75%	29.000000	8.000000	302.000000	130.000000	3618.250000	17.175000
max	46.600000	8.000000	455.000000	230.000000	5140.000000	24.800000

图 1.10

1.5.4　条件查询的操作方法

对 DataFrame 而言，条件查询可以使用 Pandas。条件查询类似 MySQL 中的 where 子句，使用条件表达式获得布尔值进而筛选部分数据集或变量。为了更好地演示使用方法，下面使用数据集 cars 的前 30 行数据记录作为示例数据集。实现代码如下所示。

```
>>> from vega_datasets import data
>>> source = data.cars()
>>> source = source.head(30)
```

查询条件的设置方法，以变量类型划分，主要分为数量型变量、名义型变量和时间型变量。

数量型变量的条件表达式主要使用逻辑运算符 "==" 、 ">=" 、 "<=" 和 "!=" 等，例如，source.Miles_per_Gallon==14，可以称为精确查询。名义型变量的条件表达式主要使用 API 函数 str.contains()设置查询字符串，例如，source["Origin"].str.contains("Euro")，包含查询字符串的数据记录都会以查询结果的形式返回，可

以称为模糊查询。如果使用完整的变量取值，则等价于使用逻辑运算符"=="设置条件表达式，例如，source.Origin=="Europe"，属于精确查询。时间型变量的条件表达式主要使用类 pandas.Timestamp()设置查询时间戳（日期和时间），例如，source2.Year==pd.Timestamp("1982")，属于精确查询。

（1）查询变量 Origin 的取值等于"Europe"的数据记录。条件表达式既可以使用 source.Origin=="Europe"，也可以使用 source["Origin"]=="Europe"。条件表达式的返回值是对象 Series。条件查询结果如图 1.11 所示。

```
>>> source[source.Origin=="Europe"]
```

	Acceleration	Cylinders	Displacement	Horsepower	Miles_per_Gallon	Name	Origin	Weight_in_lbs	Year
10	17.5	4	133.0	115.0	NaN	citroen ds-21 pallas	Europe	3090	1970-01-01
25	20.5	4	97.0	46.0	26.0	volkswagen 1131 deluxe sedan	Europe	1835	1970-01-01
26	17.5	4	110.0	87.0	25.0	peugeot 504	Europe	2672	1970-01-01
27	14.5	4	107.0	90.0	24.0	audi 100 ls	Europe	2430	1970-01-01
28	17.5	4	104.0	95.0	25.0	saab 99e	Europe	2375	1970-01-01
29	12.5	4	121.0	113.0	26.0	bmw 2002	Europe	2234	1970-01-01

图 1.11

（2）查询变量 Origin 的取值等于"Europe"，且变量 Miles_per_Gallon 的取值大于或等于 15 的数据记录。两个条件表达式都需要使用"()"，逻辑连接词且使用"&"，逻辑连接词"或"使用"|"。条件查询结果如图 1.12 所示。

```
>>> source[(source.Origin=="Europe") & (source.Miles_per_Gallon>=15)]
```

	Acceleration	Cylinders	Displacement	Horsepower	Miles_per_Gallon	Name	Origin	Weight_in_lbs	Year
25	20.5	4	97.0	46.0	26.0	volkswagen 1131 deluxe sedan	Europe	1835	1970-01-01
26	17.5	4	110.0	87.0	25.0	peugeot 504	Europe	2672	1970-01-01
27	14.5	4	107.0	90.0	24.0	audi 100 ls	Europe	2430	1970-01-01
28	17.5	4	104.0	95.0	25.0	saab 99e	Europe	2375	1970-01-01
29	12.5	4	121.0	113.0	26.0	bmw 2002	Europe	2234	1970-01-01

图 1.12

（3）查询变量 Origin 的取值等于"Europe"或变量 Miles_per_Gallon 的取值等于 14 的数据记录。条件查询结果如图 1.13 所示。

```
>>> source[(source.Origin=="Europe") | (source.Miles_per_Gallon==14)]
```

	Acceleration	Cylinders	Displacement	Horsepower	Miles_per_Gallon	Name	Origin	Weight_in_lbs	Year
6	9.0	8	454.0	220.0	14.0	chevrolet impala	USA	4354	1970-01-01
7	8.5	8	440.0	215.0	14.0	plymouth fury iii	USA	4312	1970-01-01
8	10.0	8	455.0	225.0	14.0	pontiac catalina	USA	4425	1970-01-01
10	17.5	4	133.0	115.0	NaN	citroen ds-21 pallas	Europe	3090	1970-01-01
16	8.0	8	340.0	160.0	14.0	plymouth 'cuda 340	USA	3609	1970-01-01
19	10.0	8	455.0	225.0	14.0	buick estate wagon (sw)	USA	3086	1970-01-01
25	20.5	4	97.0	46.0	26.0	volkswagen 1131 deluxe sedan	Europe	1835	1970-01-01
26	17.5	4	110.0	87.0	25.0	peugeot 504	Europe	2672	1970-01-01
27	14.5	4	107.0	90.0	24.0	audi 100 ls	Europe	2430	1970-01-01
28	17.5	4	104.0	95.0	25.0	saab 99e	Europe	2375	1970-01-01
29	12.5	4	121.0	113.0	26.0	bmw 2002	Europe	2234	1970-01-01

图 1.13

（4）查询变量 Origin 的取值等于"Europe"或变量 Miles_per_Gallon 的取值等于 14 的数据记录。同时，返回的数据记录只显示依次包含变量 Name、Miles_per_Gallon 和 Origin 的数据记录。可以根据显示需求调整这些变量在列表中的顺序。条件查询结果如图 1.14 所示。

```
>>> source[["Name", "Miles_per_Gallon", "Origin"]][(source.Origin=="Europe") |
(source.Miles_per_Gallon==14)]
```

	Name	Miles_per_Gallon	Origin
6	chevrolet impala	14.0	USA
7	plymouth fury iii	14.0	USA
8	pontiac catalina	14.0	USA
10	citroen ds-21 pallas	NaN	Europe
16	plymouth 'cuda 340	14.0	USA
19	buick estate wagon (sw)	14.0	USA
25	volkswagen 1131 deluxe sedan	26.0	Europe
26	peugeot 504	25.0	Europe
27	audi 100 ls	24.0	Europe
28	saab 99e	25.0	Europe
29	bmw 2002	26.0	Europe

图 1.14

（5）查询变量 Miles_per_Gallon 的取值大于或等于 18，且变量 Miles_per_Gallon 的取值小于或等于 25 的数据记录。条件查询结果如图 1.15 所示。

```
>>> source[(source.Miles_per_Gallon>=18) & (source.Miles_per_Gallon<=25)]
```

	Acceleration	Cylinders	Displacement	Horsepower	Miles_per_Gallon	Name	Origin	Weight_in_lbs	Year
0	12.0	8	307.0	130.0	18.0	chevrolet chevelle malibu	USA	3504	1970-01-01
2	11.0	8	318.0	150.0	18.0	plymouth satellite	USA	3436	1970-01-01
20	15.0	4	113.0	95.0	24.0	toyota corona mark ii	Japan	2372	1970-01-01
21	15.5	6	198.0	95.0	22.0	plymouth duster	USA	2833	1970-01-01
22	15.5	6	199.0	97.0	18.0	amc hornet	USA	2774	1970-01-01
23	16.0	6	200.0	85.0	21.0	ford maverick	USA	2587	1970-01-01
26	17.5	4	110.0	87.0	25.0	peugeot 504	Europe	2672	1970-01-01
27	14.5	4	107.0	90.0	24.0	audi 100 ls	Europe	2430	1970-01-01
28	17.5	4	104.0	95.0	25.0	saab 99e	Europe	2375	1970-01-01

图 1.15

（6）查询变量 Origin 的取值包含"Euro"的数据记录。对名义型变量而言，可以使用 API 函数 str.contains()设置查询条件，判断字符串模式或正则表达式是否匹配名义型变量的取值，返回布尔型对象 Series。名义型变量 Origin 的条件查询结果如图 1.16 所示。

```
>>> source[source["Origin"].str.contains("Euro")]
```

	Acceleration	Cylinders	Displacement	Horsepower	Miles_per_Gallon	Name	Origin	Weight_in_lbs	Year
10	17.5	4	133.0	115.0	NaN	citroen ds-21 pallas	Europe	3090	1970-01-01
25	20.5	4	97.0	46.0	26.0	volkswagen 1131 deluxe sedan	Europe	1835	1970-01-01
26	17.5	4	110.0	87.0	25.0	peugeot 504	Europe	2672	1970-01-01
27	14.5	4	107.0	90.0	24.0	audi 100 ls	Europe	2430	1970-01-01
28	17.5	4	104.0	95.0	25.0	saab 99e	Europe	2375	1970-01-01
29	12.5	4	121.0	113.0	26.0	bmw 2002	Europe	2234	1970-01-01

图 1.16

（7）查询变量 Name 的取值包含"for"的数据记录。同时，查询结果的数据记录只包含部分变量。名义型变量 Name 的条件查询结果如图 1.17 所示。

```
>>> source[["Name","Origin","Cylinders","Horsepower"]][source.Name.str.contains("for")]
```

	Name	Origin	Cylinders	Horsepower
4	ford torino	USA	8	140.0
5	ford galaxie 500	USA	8	198.0
12	ford torino (sw)	USA	8	153.0
17	ford mustang boss 302	USA	8	140.0
23	ford maverick	USA	6	85.0

图 1.17

（8）查询变量 Name 的取值包含 "（" 的数据记录。按照正则表达式查询，需要使用"\("。名义型变量 Name 的条件查询结果如图 1.18 所示。

```
>>> source[source.Name.str.contains("\(")]
```

	Acceleration	Cylinders	Displacement	Horsepower	Miles_per_Gallon	Name	Origin	Weight_in_lbs	Year
11	11.5	8	350.0	165.0	NaN	chevrolet chevelle concours (sw)	USA	4142	1970-01-01
12	11.0	8	351.0	153.0	NaN	ford torino (sw)	USA	4034	1970-01-01
13	10.5	8	383.0	175.0	NaN	plymouth satellite (sw)	USA	4166	1970-01-01
14	11.0	8	360.0	175.0	NaN	amc rebel sst (sw)	USA	3850	1970-01-01
19	10.0	8	455.0	225.0	14.0	buick estate wagon (sw)	USA	3086	1970-01-01

图 1.18

（9）查询变量 Name 的取值包含 "（" 的数据记录。按照字符串查询，需要传递 False 给关键字参数 regex。同时，查询结果的数据记录只包含部分变量。名义型变量 Name 的条件查询结果如图 1.19 所示。

```
>>> source[["Name","Year","Weight_in_lbs"]][source.Name.str.contains("(",regex=False)]
```

	Name	Year	Weight_in_lbs
11	chevrolet chevelle concours (sw)	1970-01-01	4142
12	ford torino (sw)	1970-01-01	4034
13	plymouth satellite (sw)	1970-01-01	4166
14	amc rebel sst (sw)	1970-01-01	3850
19	buick estate wagon (sw)	1970-01-01	3086

图 1.19

（10）查询变量 Year 的取值等于 1970 年的数据记录。对时间型变量而言，可以使用类 pandas.Timestamp() 设置查询日期和时间。使用完整数据集 cars 作为查询范围，同时，查询结果的数据记录只包含部分变量。时间型变量 Year 的条件查询结果如图 1.20 所示。

```
>>> import pandas as pd
>>> source2 = data.cars()
>>> source2[["Name","Horsepower","Origin","Year"]][source2.Year==pd.Timestamp("1982")]
```

	Name	Horsepower	Origin	Year
345	plymouth reliant	84.0	USA	1982-01-01
346	buick skylark	84.0	USA	1982-01-01
347	dodge aries wagon (sw)	92.0	USA	1982-01-01
348	chevrolet citation	110.0	USA	1982-01-01
349	plymouth reliant	84.0	USA	1982-01-01
...	...	...	...	...
401	ford mustang gl	86.0	USA	1982-01-01
402	vw pickup	52.0	Europe	1982-01-01
403	dodge rampage	84.0	USA	1982-01-01
404	ford ranger	79.0	USA	1982-01-01
405	chevy s-10	82.0	USA	1982-01-01

61 rows × 4 columns

图 1.20

1.6　数据加工器

数据加工器主要用于完成数据预处理。

数据预处理有两种方法：一是使用 Pandas；二是使用实例方法 transform_*()。例如，缺失值的识别和处理既可以使用 Pandas，也可以使用实例方法 transform_impute()。类似地，条件查询的操作可以使用实例方法 transform_filter()，数据查找的操作方法可以使用实例方法 transform_lookup()。前者可以改变数据集，从而获得需要的数据集；后者不改变数据集，只是从数据处理的逻辑层面完成相应操作。因此，数据预处理后的数据集可以理解成一种"临时"数据集，也就是暂时存在的数据集。在"临时"数据集的相应变量映射到相应通道和编码数据后，"临时"数据集就不会参与其他映射和编码任务。

对于实例方法 transform_*()，不同的实例方法具有不同的数据预处理作用，这些不同作用的数据预处理相当于不同功能的数据加工器。组合数据加工器可以搭建一个有具体功能的数据加工箱，这些数据加工器的名称和对应的实例方法如表 1.2 所示。

表 1.2

数据加工器的名称	实例方法
数据汇总加工器	实例方法 transform_aggregate()
数据过滤加工器	实例方法 transform_filter()
数据计算加工器	实例方法 transform_calculate()
数据离散加工器	实例方法 transform_bin()
时间日期转换加工器	实例方法 transform_timeunit()
缺失值插补加工器	实例方法 transform_impute()
数据汇总连接加工器	实例方法 transform_joinaggregate()
窗口变换加工器	实例方法 transform_window()
核密度估计加工器	实例方法 transform_density()
时间单位变换加工器	实例方法 transform_timeunit()
横向数据转换加工器	实例方法 transform_fold()
纵向数据转换加工器	实例方法 transform_pivot()
数据抽样加工器	实例方法 transform_sample()
数据累积加工器	实例方法 transform_stack()
数据扁平加工器	实例方法 transform_flatten()
数据查找加工器	实例方法 transform_lookup()
稳健估计加工器	实例方法 transform_loess()
回归拟合加工器	实例方法 transform_regression()
分位数加工器	实例方法 transform_quantile()

注：纵向数据转换加工器和横向数据转换加工器互为逆转换数据加工器。表 1.2 中的数据加工器的前后顺序按照数据加工器的使用频繁程度排列。

这些数据加工器可以应用在数据预处理的各个环节中，使得原本烦琐耗时的数据预处理过程变得异常简便和快捷，使得统计可视化的过程变得高效。从使用顺序角度来讲，应该先加载数据集，再使用数据加工器。原因就是加载数据集返回对象 Chart，对象 Chart 具有属性 transfom_*()，Altair 无法直接使用不指定对象的属性。正确的使用顺序的示例代码如下所示。

```
>>> import altair as alt
>>> from vega_datasets import data
>>> source = data.cars()
>>> alt.Chart(source).transform_*()
```

错误的使用顺序是先使用数据加工器，再加载数据集，示例代码如下所示。

```
>>> alt.transform_*().Chart(source)
```

我们将会在需要使用数据加工器的其他章节中，以实践的方式讲解这些数据加工
器的应用场景和实现方法。

第 2 章　Altair 的图形语法

在图形语法的原理和视觉对象的组合原则的基础上，Altair 的图形语法主要包括 Altair 的图形系统的组成模块、Altair 的声明式统计可视化和 Altair 的图形语法规则。本章主要介绍图形语法的一般概念和理论知识，以及 Altair 的相关实现原理、实现规则和实现方法，为后续章节的学习和实践打下扎实的理论基础。

2.1　图形语法简介

在介绍图形语法的原理之前，首先介绍一下系统的概念，以及系统在全球化进程中的演变过程。

系统可以理解为是由一群相互影响、相互关联或相互依赖的元素构成的一个综合体。另外，图形作为一种视觉语言，起到视觉沟通的效果。

Altair 是一种具象化的语言，同时，也是需要经过"翻译"才能理解的语言，这个"翻译"的核心目标就是将抽象的数据转换成具体的图形。

从复杂的信息图到简洁的商务图，图形基本上都是由画布、线框、刻度、元素和装饰 5 部分构成的，这些部分相互影响、相互关联，同时又是图形的组成元素。因此，可以将图形理解为系统。而且，图形的综合性可以通过图形的不同组成元素在功能上的相互联系来体现。

在全球化的发展过程中，生产模式经历了从标准产品生产转换成标准部件生产的过程，标准部件可以灵活地组装成各种产品形式，满足不同市场的差异化需求。这种标准部件生产是通过将关键产品部件设计成标准部件的方式实现的，而且这些标准部件都有标准接口，系统也演变成可以为使用者提供更多组合选择的定制化组装系统。随之产生的就是模块单元，也就是说，产品的整体被分成若干基本功能部件，这些基本功能部件就会被划归成若干模块单元。这样，原来的产品系统就演变为模块系统。模块系统的应用案例有很多，例如，乐高塑料拼装玩具一直是模块单元的经典案例；组合家具以标准的长度、宽度和高度为模块进行设计，组合家具能够适应不同面积的房屋，或者按照用户的要求进行定制化组装，如图 2.1 所示。

图 2.1

2.1.1　图形语法的原理

按照模块系统的原理，可以将图形系统定义成画布模块、线框模块、刻度模块、元素模块和装饰模块，这些模块的层次关系如图 2.2 所示。

在这些模块中，元素模块是视觉沟通的焦点，自然也是视觉语言的核心。元素模块的样式通过元素单元的不同组合模式展现，这些元素单元也就是视觉元素，主要包括长方形、圆形、直线、曲线、扇形和多边形。简单来讲，数据可视化的基本内容就是将数据映射成彩色图形的过程，也就是编码数据的过程。编码数据也称为视觉编码（visual encodings）。在数据可视化的过程中，元素模块的样式和位置是视觉编码的核心内容。元素模块的样式主要包括位置、形状、大小、方向、长度和颜色。元素模块的样式和位置统称为视觉暗示（visual cues）。这些视觉暗示的效果如图 2.3 所示。

画布模块

图形区域

装饰模块

元素模块

刻度模块

线框模块

图 2.2

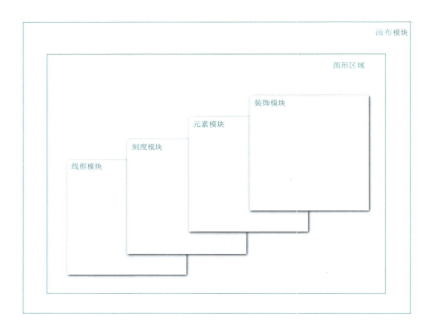

方向

形状

长度

大小

位置

颜色

图 2.3

因此，可以将视觉编码理解成是一个构造视觉暗示的过程。从数据到视觉暗示的映射过程可以用映射表达式表示，如下所示。

$$f(x_1, x_2, x_3, \cdots, x_n) \rightarrow \text{element}$$

其中，x_i 表示第 i 个维度的数据，$i = 1, 2, \cdots, n$，element 表示视觉暗示。从视觉认知的角度来讲，这种视觉暗示也可以理解成是元素模块的空间状态，一种广义上的图形。因此，映射表达式是图形语法原理的核心。同时，这也是 n 维数据可视化的映射表达式。

2.1.2　图形的视觉对象的组合原则

在数据可视化实践的过程中，既要编码数据也要考虑视觉效果。要想实现理想的视觉效果，就要运用视觉设计原则和技巧。其中，视觉设计原则主要是指图形的视觉对象的组合原则；视觉设计技巧主要包括排列与对齐、感知分层技术（视觉分层）、视觉反差（前注意属性）、视觉焦点和重复。这种图形的视觉对象的组合原则是根据人们感知图形的基本方式建立起来的，也就是先看到图形整体，然后才看到图形的各个组成部分。视觉认知中的格式塔原则（Gestalt）是对人们感知图形的基本方式的理论解释。

Gestalt 源于德语词汇，意思是"shape"或"form"。格式塔原则是在 20 世纪 20 年代由德国心理学家发展起来的，用来研究心理学中的视觉认知理论。格式塔原则认为"整体是不同于（超过）各个组成部分的总和。"格式塔原则主要包括接近原则（Proximity）、相似原则（Similarity）、包围原则（Enclosure）、闭合原则（Closure）、连续原则（Continuity）和连接原则（Connection），如图 2.4 所示。

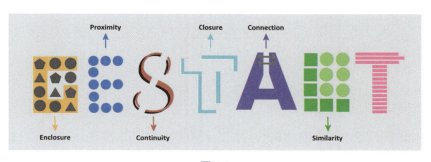

图2.4

1. 接近原则（Proximity）

接近原则是指彼此靠近的物体往往会被看成一组的视觉认知效果（见图 2.5）。例如，如果你看到一些彼此站得很近的人，那么可能会认为这些人来自同一个社会群体。

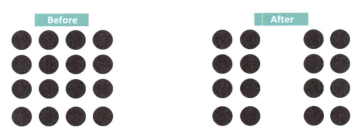

图 2.5

我们可以使用散点图发现数据之间的相关性。如果数据之间有明显的相关性，则需要建立回归模型，以求进一步分析数据之间的规律。在这个过程中，也可以筛选出缺失值和离群值等异常数据，如图 2.6 所示。

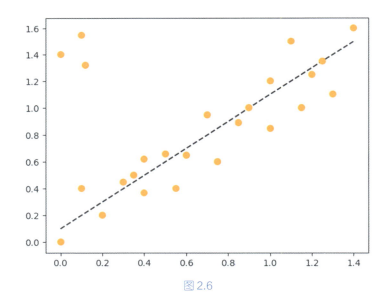

图 2.6

2. 相似原则（Similarity）

相似原则是指相似的物体往往会被归为一类的视觉认知效果，主要包括在颜色、大小、形状和方向等方面相似的物体（见图 2.7）。例如，如果在一个环境中，一些物体彼此相似，那么你自然会将这些物体视为一类，从而将它们看成一组；一些垂直堆积在一起的圆形和正方形将会被看成一列，而不再仅仅是一些单独的几何图形。

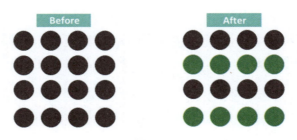

图 2.7

在使用 KNN 算法获得最近邻分类器之后，我们通常会评估最近邻分类器的分类效果（精确率）。在获得分类结果之后，评估分类效果的最简捷的方法就是将分类结果可视化，如图 2.8 所示。

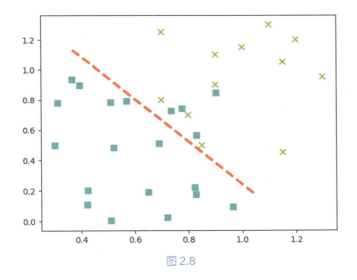

图 2.8

说明：KNN（K-Nearest Neighbor）算法是一种数据挖掘分类技术的经典算法。KNN 算法的核心思想是：在特征空间中，如果一个样本的 K 个最相邻的样本中的大多数属于某一个类别，则该样本也属于这个类别。而且，确定是否"最相邻"经常使用欧氏距离（Euclidean Distance）进行距离计算和距离比较。

3. 包围原则（Enclosure）

包围原则是指通过几何图形或背景颜色等视觉传达方式将若干视觉元素突出展示的视觉认知效果（见图 2.9）。例如，人们往往会将物理位置上被包围在一起的物体看成一组中的组成部分，也就是在物体周围建立一个公共边界线，这个边界线既可以是规则的，也可以是不规则的，或是将物体周围的整个区域填充颜色。

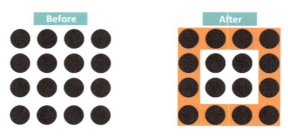

图 2.9

我们使用回归模型拟合样本数据时，经常需要评估回归模型的拟合度，使用误差区间（Error Interval）是简便、快捷的评估方式之一。如果大部分样本数据都分布在误差区间中，则说明回归模型的拟合程度是很理想的，如图 2.10 所示。

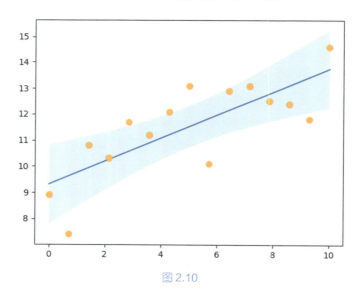

图 2.10

4. 闭合原则（Closure）

闭合原则是指人们倾向于将物体想象成简单和符合头脑中已经存在的结构。正因为这个视觉认知效果，人们往往将一些元素理解成可以识别的视觉元素，而且这个视觉元素的缺失部分也会被我们的眼睛从视觉上补充完整。从而产生间断的视觉元素依然可以被完整识别出来的视觉认知效果。例如，我们依然可以很快地识别出间断的英文字母，如图 2.11 所示。

图 2.11

5. 连续原则（Continuity）

连续原则是指人们观察物体时，我们的眼睛会寻找最平滑的路径，即使这种平滑的路径不存在，眼睛也会对所看到的物体自然地创建这种路径上的连续性。例如，我们依然可以很快地识别出间断的曲线路径，如图 2.12 所示。

图 2.12

根据连续原则我们可以隐藏图形框。虽然我们隐藏图形框，但是视线依然可以沿着刻度线，将间断的路径看成是一条平滑连续的路径。从而去掉不必要的图形组成元素，凸显视觉元素的位置，如图 2.13 所示。

6. 连接原则（Connection）

连接原则是指人们会将物体在物理位置上彼此连接的部分看成一组的组成部分的视觉认知效果。这种连接原则的连接属性要超过相似原则的颜色、大小、形状和方向等方面的相似属性，但没有包围原则产生的视觉认知效果明显。例如，在视觉元素之间使用直线、箭头等物理连接方式，使得这些视觉元素之间产生存在关联的视觉效果，如图 2.14 所示。

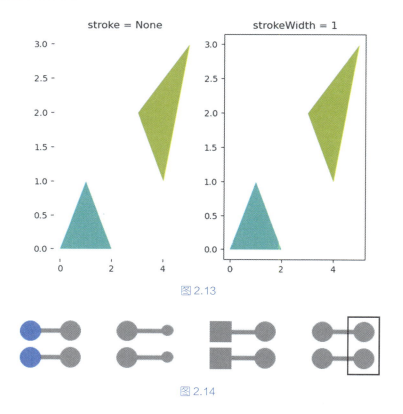

图 2.13

图 2.14

　　带标记点的折线图使用连接原则将两组数据连接起来，可以直观地观察在两组数据之间的不同类别的相对增加或是降低的变化程度。即使一组数据的一些数据点在物理距离上很近，从接近原则的角度来讲，这些数据点会被归为一类，但是由于连接原则的视觉效果更加明显，所以会将由直线连接的数据点优先归为一组。因此，在区分不同类别的变化率方面，斜率图展现优秀的数据沟通效果，如图 2.15 所示。

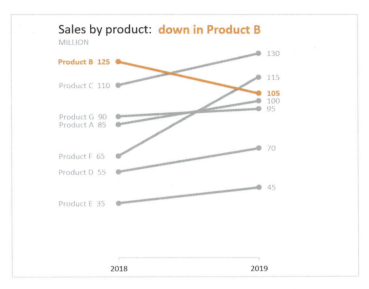

图 2.15

　　由于视觉暗示的缘故，图形可以呈现数据的多个维度。在数据可视化的实践过程中，具体选择哪种图形，以及如何设计图形，我们需要根据受众理解的内容来选择图形。图形的视觉暗示蕴含了意义，例如，一条向下倾斜的直线意味着数量的下降，一条上升的直线意味着数据的增加。但是，不是所有的视觉暗示都可以产生同样的视觉感知精确度，例如，我们不太擅长感知视觉元素的大小，这也是我们不太容易比较饼状图中扇形大小的原因。因此，我们要以视觉感知为参考进行图形的选择和图形的设计。

　　1984 年，AT&T 贝尔实验室的统计学家威廉·克利夫兰（William Cleveland）和罗伯特·麦吉尔（Robert McGill）发表了有关图形感知的研究成果，他们将研究重点放在了人们理解视觉暗示（不包括形状）的精确程度上，根据精确程度对视觉暗示的类型进行排序，如图 2.16 所示。

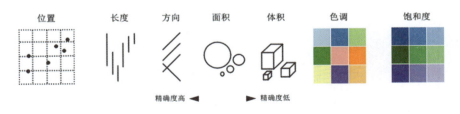

图 2.16

根据视觉暗示的精确程度，我们可以知道哪些图形能够带来最准确的感知判断。根据这项研究成果，准确的感知判断意味着受众看到可视化作品之后，具有更大的可能性提取正确的视觉信息。

2.1.3　Altair 图形系统的组成模块

Altair 的图形系统由画布模块、线框模块、刻度模块、元素模块和装饰模块构成。下面，重点介绍 Altair 的线框模块、刻度模块、元素模块及装饰模块的定义和组成要素。

（1）线框模块主要由子区、图形框、图形框的填充颜色等要素构成，同时，线框的载体是画布。下面分别介绍这些要素的概念。这些要素的视觉效果如图 2.17 所示。

- 子区：图形区域中的若干个小的图形区域。
- 图形框：图形区域的边界框。
- 图形框的填充颜色：填充图形区域以内的全部范围的颜色。

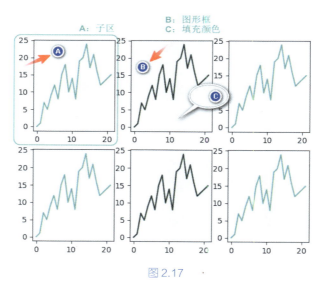

图 2.17

（2）刻度模块主要由刻度线、刻度标签、轴脊和坐标轴等要素构成。下面分别介绍这些要素的概念。这些要素的视觉效果如图 2.18 所示。

- 轴脊：刻度线和刻度标签的载体。
- 刻度线：轴脊上的类似标尺的标注数值位置的竖线。
- 刻度标签：描述等距竖线的距离的文本内容。
- 坐标轴：包括轴脊、刻度线和刻度标签。
- 量尺：设置坐标轴的映射关系。
- 坐标系：在直角坐标系下，通过有序实数对(x, y)描述点的位置。轴脊是与图形框互相重合的，因此，图形区域中有 4 条轴脊，分别是上轴脊、下轴脊、左轴脊、右轴脊。图 2.18 所示的轴脊表示下轴脊。

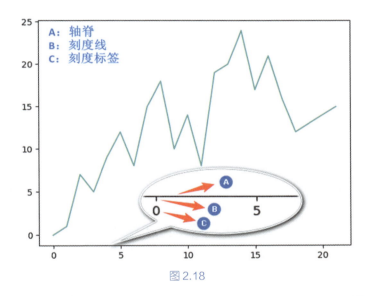

图 2.18

同样的数据，由于量尺的度量单位不同，会出现不同刻度单位的刻度线的图形，如图 2.19 所示。

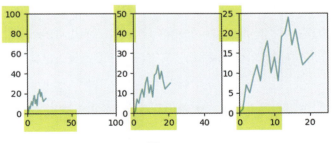

图 2.19

（3）元素模块主要由图形区域中的几何形状要素构成，例如，柱形图中的长方形、折线图中的曲线及气泡图中的圆形。元素是图形区域的视觉焦点，可以通过视觉反差、视觉层次等改变视觉效果的方式实现。这些几何形状的视觉效果如图 2.20 所示。

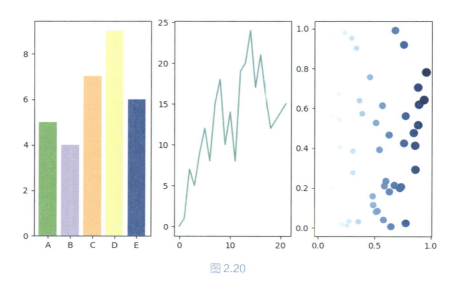

图 2.20

在图 2.20 的柱形图中，元素是长方形，通过使用不同颜色，可以凸显不同的长方形，又借助尺寸的对比，可以直观地展示不同数值对应的长方形的高度之间的差异。在图 2.20 的折线图中，元素是曲线，通过曲线的颜色和图形框的填充颜色的对比，形成视觉反差，凸显曲线的变化趋势。在图 2.20 的气泡图中，元素是圆形，越小的圆形使用越浅的颜色表示，越大的圆形使用越深的颜色表示，从而形成视觉层次，圆形的大小凸显数值大小的差异。

说明：元素模块之间可以相互组合，如同积木一样相互拼插，从而形成复合元素模块。例如，散点曲线图、箱线图、误差带图和误差棒图。

（4）装饰模块主要指图形区域中除线框、刻度和元素以外的要素，主要包括网格线、定位线、图形框标题、坐标轴标题、文本注释和图例等。这些要素的视觉效果如图 2.21 所示。

- 网格线：连接图形框的上下边界和左右边界的横纵交叉的直线。
- 定位线：显示特定数值的线段。
- 图形框标题：标记图形区域的文本内容。

- 坐标轴标题：标记 x 轴和 y 轴的文本内容。
- 文本注释：精确标注图形区域中的线框要素、刻度要素和元素要素的文本内容。
- 图例：概括标记不同元素的文本内容。

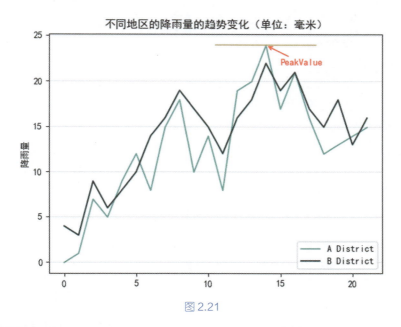

图 2.21

说明：Altair 的图形系统如同积木一样，不同组成模块的图形系统之间可以相互组合和拼接，发挥各自图形系统的功能，从而搭建复合的统计图形。

2.2　声明式统计可视化的意义和优势

作为 Python 绘图可视化库中的一员，与 Matplotlib、Plotly、Bokeh 等比较来看，Altair 与众不同的地方是它的声明式统计可视化。所谓声明式就是描述、陈述和交互的过程。之所以称为统计可视化而不是数据可视化，原因在于 Altair 的设计理念是更好地认识数据和理解数据，这也是统计的价值所在，而不将关注点放在复杂的可视化效果上。这也使我们认真思考可视化的意义和价值：绘制酷炫的图形不如深刻地理解数据，回归可视化的初心。

接下来，我们以一个示例具体地解释 Altair 的声明式统计可视化的意义和优势。"我们想使用散点图分析汽车马力（Horsepower）和加速度（Acceleration）的相关关系，其中，x 轴是马力，y 轴是加速度，使用的数据还是 cars 数据集。"这就是一段描述和陈述数据分析过程的需求，统计可视化就是使用散点图分析两个变量的相关关系。Altair 的声明式统计可视化的实现过程如下所示。

（1）导入需要的包。

```
>>> import altair as alt
>>> import pandas as pd
>>> from vega_datasets import data
```

（2）加载数据。

```
>>> df = pd.read_json(data.cars.filepath)
>>> chart = alt.Chart(df)
```

（3）数据的视觉编码样式采用圆形。

```
>>> chart = alt.Chart(df).mark_point()
```

（4）将马力变量作为 x 轴，加速度变量作为 y 轴，使用这两个通道将数据编码，映射成需要的视觉暗示效果：圆形。输出结果如图 2.22 所示。

```
>>> chart = alt.Chart(df).mark_point().encode(x="Horsepower:Q", y="Acceleration:Q")
>>> chart
```

通过上面步骤（4）的第一行代码就可以把尝试实现的数据分析需求简洁地描述出来。从 Altair 的语法规则来讲，这是一种链式法则：首先，使用类 alt.Chart()指定使用的数据集，获得对象 Chart；然后，使用实例方法 mark_*()设定编码数据的样式；接着使用实例方法 encode()设定位置通道的映射变量（字段）和变量类型。使用每个实例方法都会返回对象，使得对象可以继续调用实例方法，从而将不同功能的实例方法链接起来，形成一个紧密协作的过程。这样一个过程很像自行车链条，如果有其他的数据转换、分类汇总等数据处理需求，可以继续把相应的实例方法放在相对应的环节位置上，一环扣一环地延续下去，将实现统计可视化需要的环节线性有序地排列在一起，形象地展示链式法则的实现方法，如图 2.23 所示。

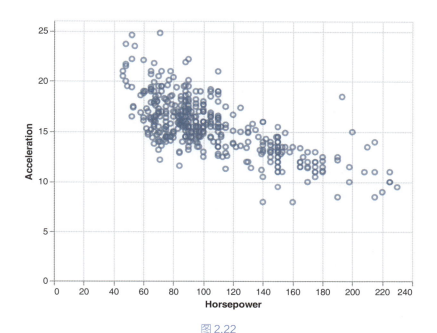

图 2.22

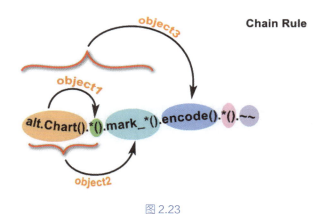

图 2.23

从语言角度来讲，链式法则很像我们的"翻译"过程，这是一个"汉译英"的过程，这个"翻译"过程大致包括加载数据集、预处理数据集、指定编码数据的标记样式、将不同的变量放置在不同的映射通道里。当然，我们也可以通过步骤（4）中的代码清晰、直观地理解数据的视觉编码样式与映射通道的数量和变量，这就是一个"英译汉"的过程，这个过程的运行机制如图 2.24 所示。

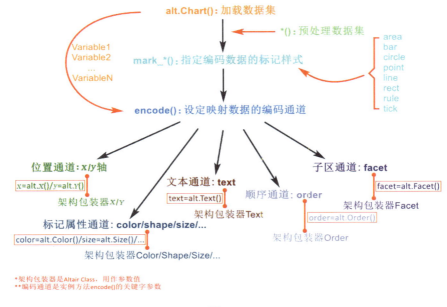

图 2.24

因此，Altair 这种优雅的简洁意味着使用最少的代码就可以高效地实现数据分析的目标，将更多的时间和精力放在探索数据、认识数据和理解数据上面。

2.3　Altair 的语法规则

在介绍 Altair 的语法规则之前，先回顾一下生成图 2.22 的代码。

```
>>> chart = alt.Chart(df).mark_point().encode(x="Horsepower:Q", y="Acceleration:Q")
```

在这行代码中，主要由导入数据、设计数据编码样式和指定映射通道信息 3 个部分组成。这 3 个部分分别对应代码中的 Chart()、mark_point() 和 encode()。接下来，我们就围绕这行代码详细介绍 Altair 的语法规则。

2.3.1　Altair 的数据结构

在 Altair 中，使用的数据结构主要是 Pandas 中的 DataFrame，因为

DataFrame 是一种类似 Excel 表格形式的数据结构,是一种"整洁格式"的二维表格。这也是统计可视化的特点之一,通过"分类、汇总和排列"等统计技术,形成可读程度很高的表格。而且,Altair 提供的数据集及外部文件一般都可以通过 Pandas 的 API 函数以 DataFrame 的数据格式被加载。除了 DataFrame,Altair 还接受以下几种数据结构。

- 对象 Data,例如,alt.Data(values = [{"a": "D", "b": 3}, {"a": "B", "b": 6}, {"a": "A", "b": 5}])。
- 使用属性 url 指向 JSON 或 CSV 格式的文本文件,例如,Altair 的 cars 和 airports 数据集,使用 data.cars.url 或 data.airports.url 方法加载 JSON/CSV 格式的文本文件。

在使用实例方法 encode() 的过程中,经常看到"Q"、"N"、"O"和"T",这是变量类型的缩写形式。也就是说,Altair 需要了解绘制图形使用的变量类型,只有这样,绘制的图形才是我们期望的效果。在 Altair 中,变量类型具有非常重要的作用,简单地添加变量不一定能获得正确的统计图形,而是需要明确指出每个字段的变量类型,展现重视数据和强调统计的功能特点,也解释了统计可视化与数据可视化的不同之处。同时,也体现了更好地认识数据、理解数据和探索数据的设计初衷。Altair 变量类型的具体内容如表 2.1 所示。

表 2.1

变量类型	描　　述	缩　写	示　　例
名义型变量	定类数据(nominal),表示样本个体的属性分类或类别分类,呈现离散无序状态	N	快餐店的就餐模式有"堂食"和"外带",高校的学科专业名称有"数学与应用数学"、"计算机科学与技术"、"汉语言文学"和"历史学"等
次序型变量	定序数据(ordinal),表示样本个体在有序状态中的相对位置,还可以分为正向数据类型和反向数据类型,呈现离散有序状态	O	对快餐店的就餐环境开展满意度调查,在调查问卷中,5 级李克特量表(Likert Scale)的选项有"非常不满意""比较不满意""一般""比较满意""非常满意"。如果将这 5 个选项分别量化成 1、2、3、4、5,那么就是一个正向数据类型;反之,就是反向数据类型

续表

变量类型	描 述	缩 写	示 例
数量型变量	数值数据（quantitative）可以分为离散数据（discrete）和连续数据（continuous）	Q	离散数据具有间断特征,相邻数值之间不可以继续划分,例如,页面访问次数、单位时间内的车辆通过量。连续数据具有不间断的特征,也就是说,相邻数值之间可以无限划分,例如,地铁票价、智能手机的充电时间
时间型变量	时间序列数据（temporal）可以分为日期时间数据（datetime）、日期数据（date）和时间数据（time）	T	日期数据主要由年、月和日 3 个时间维度构成,例如,2017/12/31,日期数据也包括一年的 12 个月份、一周的 7 天。时间数据主要由小时、分、秒 3 个时间维度构成,例如,23:59:59。日期时间数据就是日期数据和时间数据的组合,例如,2017/12/31-23:59:59

说明：在 Altair 中，若变量取值是字符串，则默认变量类型为名义型变量；若变量取值是数值，则默认变量类型为数量型变量；若变量取值是日期或时间，则变量类型默认设定为时间型变量。另外，名义型变量和次序型变量统称为离散型变量，时间型变量称为连续型变量。

注意：如果数量型变量的取值是间断的离散数据，那么数量型变量就称为离散型变量；如果数量型变量的取值是不间断的连续数据，那么数量型变量就称为连续型变量。

2.3.2 Altair 的基本对象

在 Altair 中，创建一个基本的图形，需要使用类 alt.Chart()，返回值是基本对象 Chart。使用类 alt.Chart()可以绘制大部分的统计图形，可以通过 alt.Chart()的关键字参数实现指定数据源和图形样式等需求。除了关键字参数 data，类 alt.Chart()还有一些关键字参数需要掌握，这些关键字参数的名称和功能如表 2.2 所示。

表 2.2

关键字参数	功　　能	备　　注
data	描述数据源	
mark	描述数据编码的形状	形状也称为标记或样式
encoding	描述变量的映射通道	使用变量名称和变量类型描述变量
background	使用 CSS 颜色作为画布的背景颜色	可以使用 Hex 颜色编码格式
title	图形的标题	
padding	画布边缘与图形框之间的距离	
transform	数据的分类、汇总和筛选等	
height	画布的高度	
width	画布的宽度	
config	画布、图形区域等的属性配置	

类 alt.Chart() 的关键字参数也是基本对象 Chart 的属性，属性 mark 指定将可视化属性在图形区域以何种样式呈现。属性 encoding 将数据属性（数据列）映射成可视化属性，这也是创建有意义的可视化作品的关键，以达到高效传递信息的目的。属性 mark 和属性 encoding 与对应的实例方法有以下对应关系。

- 属性 mark⇆实例方法 mark_*()
- 属性 encoding⇆实例方法 encode()

一般地，使用基本对象 Chart 的实例方法 mark_*() 描述数据编码的样式，样式包括形状（标记）、大小、方向、长度和颜色。使用实例方法 encode() 完成从数据列到可视化属性映射的过程，主要包括数据列的映射通道的设置，不同映射通道上数据列的颜色、形状及位置的编码，提示信息的设置等。

接下来，介绍一下类 alt.Chart() 可以接收的数据源类型，也就是数据结构。

类 alt.Chart() 通过关键字参数 data 接收数据源，关键字参数 data 的参数值可以是 DataFrame、对象 Data 和使用属性 url 指向的 JSON/CSV 格式的文本文件。下面用一个示例介绍这 3 种参数值的使用方法。

（1）导入需要的包。

```
>>> import altair as alt
>>> import pandas as pd
>>> from vega_datasets import data
```

（2）分别定义 3 种数据结构：DataFrame、对象 Data 和文本文件。

```
>>> df1 = pd.DataFrame({"a":["D","B","A"], "b":[3,6,5]})
>>> df2 = alt.Data(values = [{"a": "D", "b": 3}, {"a": "B", "b": 6}, {"a": "A", "b": 5}])
>>> df3 = data.cars.url
```

（3）将 3 种数据结构作为关键字参数 data 的参数值，传入类 alt.Chart()，返回对象 Chart，用变量存储。

```
>>> chart1 = alt.Chart(df1)
>>> chart2 = alt.Chart(df2)
>>> chart3 = alt.Chart(df3)
```

（4）由于 df1 和 df2 中含有名义型数据（Nominal），所以使用柱体表示数据的类别，如图 2.25 和图 2.26 所示；由于 df3 中数值型数据占多数，所以使用圆形表示数据的位置，如图 2.27 所示。

```
>>> chart1.mark_bar().encode(x="a:N",y="b:Q")
```

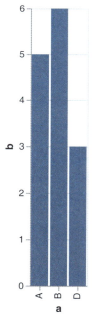

图 2.25

```
>>> chart2.mark_bar(color = "lightblue").encode(x=' a:N",y="b:Q")
```

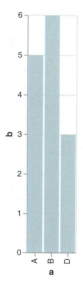

图 2.26

```
>>> chart3.mark_point().encode(x="Horsepower:Q",
                               y="Miles_per_Gallon:Q",
                               color="Origin:N")
```

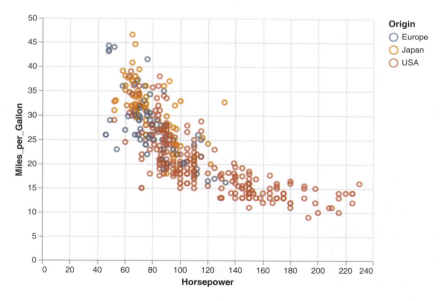

图 2.27

通过比较图 2.25 和图 2.26，可以知道 df1 和 df2 是相同数据集的两种表格样式。df3 中的名义型数据 Origin 作为分类数据将不同国家的圆形使用不同的颜色标记，也可以使用实心圆点编码数据。输出结果如图 2.28 所示。

```
>>> chart3.mark_circle().encode(x="Horsepower:Q",
                                y="Miles_per_Gallon:Q",
                                color="Origin:N")
```

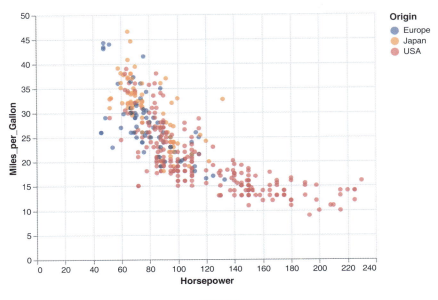

图 2.28

我们除了使用实例方法 mark_bar()、mark_point()和 mark_circle()编码数据，还可以通过 alt.Chart()的关键字参数 mark 编码数据。关键字参数 mark 的参数值用于描述编码数据的形状，例如，"bar"，"circle"，"square"，"tick"，"line"，"area"和"point"等。

```
>>> alt.Chart(df1, mark="bar")
```

输出结果如图 2-29 所示。

图 2.29

```
>>> chart1.mark_bar()
```

输出结果如图 2-30 所示。

图 2.30

因为没有指定映射通道，只是简单地用柱体编码数据，所以图 2.29 和图 2.30 的可视化效果一致。为了让数据更加清晰地展现出来，需要指定映射通道，也就是说，需要描述编码数据的位置。因此，需要借助坐标系统的帮助，使用 x 轴描述名义型变量的不同取值，使用 y 轴描述数量型变量的具体取值，这样，就将名义型变量映射在 x 轴上面，数量型变量映射在 y 轴上面。在 Altair 的语法规则中，使用关键字参数 encoding 描述变量的映射过程，也就是指定变量的编码通道的类型，在链式法则中，可以使用实例方法 encode()。关键字参数 encoding 的参数值是映射模式的字典，例如，使用键"x"表示 x 轴，使用键对应的值{"type": "nominal", "field": "a"}描述映射在 x 轴上的变量名称和变量类型，其中，使用键"field"表示变量名称，使用键"type"表示变量类型。

```
>>> encodeChannel = {"x": {"type": "nominal", "field": "a"},
                     "y": {"type": "quantitative", "field": "b"}}
>>> alt.Chart(df1, mark="bar", encoding=encodeChannel)
```

输出结果如图 2-31 所示。

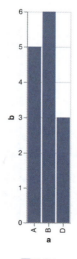

图 2.31

```
>>> chart1.mark_bar().encode(x="a:N",y="b:Q")
```

输出结果如图 2-32 所示。

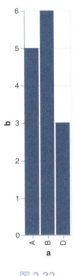

图 2.32

通过比较图 2.31 和图 2.32，可以看到使用关键字参数 encoding 和实例方法 encode() 的可视化效果一致。因为类 alt.Chart() 的关键字参数也是基本对象 Chart 的属性，因此基本对象 Chart 的属性值可以通过类 alt.Chart() 的关键字参数查看。

```
>>> chart = alt.Chart(df1, mark="bar", encoding=encodeChannel)
>>> chart.encoding
{'x': {'type': 'nominal', 'field': 'a'},
 'y': {'type': 'quantitative', 'field': 'b'}}
>>> chart.mark
'bar'
>>> chart.width
Undefined
>>> chart.height
Undefined
```

也可以通过重新设置属性值的方式，重新赋值关键字参数。

```
>>> chart.width = 300
>>> chart.height = 200
>>> chart
```

输出结果如图 2.33 所示。

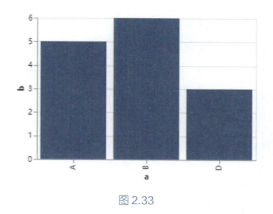

图 2.33

最后，我们通过图 2.34 所示的 Altair 图形语法，更加直观地理解 Altair 的声明式统计可视化的设计理念和使用框架。

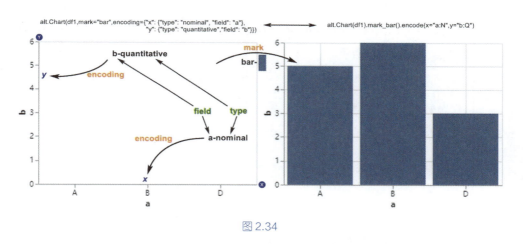

图 2.34

通过图 2.34 可以知道，这是将数据映射成视觉暗示的过程。而且，绘制柱形图既可以使用关键字参数（属性），也可以使用实例方法，它们之间的对应关系如表 2.3 所示。

表 2.3

关键字参数	实例方法
mark="bar"	mark_bar()
encoding={"x": {"type": "nominal", "field": "a"}, 　　　　　　"y": {"type": "quantitative", "field": "b"}}	encode(x="a:N",y="b:Q")

因此，无论是使用关键字参数还是实例方法，绘制图形的关键都是样式（mark）和映射通道（encoding），这也是图形语法的核心：将不同维度的数据按照映射通道（x 轴和 y 轴）映射到坐标系统上，以位置、形状（标记）、大小、方向、长度和颜色等编码数据，实现从数据到视觉暗示的映射过程。

2.3.3　Altair 的展示方法

在 Altair 中，展示统计可视化主要使用前端渲染的方式。前端渲染主要借助 Jupyter Notebook、和 JupyterLab。下面，我们以 Jupyter Notebook、Altair Viewer 和*.py 文件为例讲解展示方法。

1. Jupyter Notebook

在 Jupyter Notebook 中，Altair 运行效果最理想，而且可以交互式地获得可视化渲染效果，如图 2.35 所示。

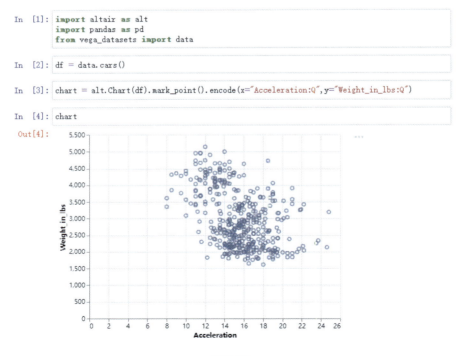

图 2.35

2. Altair Viewer

在 Notebook 的环境中，使用 Altair Viewer 包的函数 display()展示图形。生成的图形是一个具有本地 URL 的页面，而且后续生成的图形也是相同 URL 的本地页面。可以使用 pip 安装 Altair Viewer 包。

```
>>> pip install altair_viewer
```

注意：函数 display()不适合在*.py 文件中使用。具体使用方法和本地页面运行效果如图 2.36 所示。

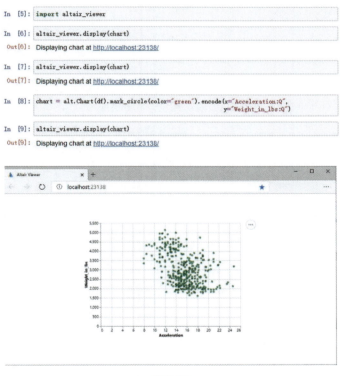

图 2.36

说明：这种生成图形的方法具有局部的作用。

使用关键字参数 inline 可以将图形内嵌在 Notebook 中，实现代码如下所示。

```
>>> import altair_viewer
>>> altair_viewer.display(chart, inline=True)
```

在兼容 IPython 终端的 Notebook 的环境中，Altair 的 Viewer 包可以通过启动 altair_viewer 渲染器的方法加载和使用。实现代码如下所示。

```
>>> import altair as alt
>>> from vega_datasets import data
>>> alt.renderers.enable("altair_viewer")
>>> df = data.cars()
>>> chart = alt.Chart(df).mark_point().encode(x="Acceleration:Q",y="Weight_in_lbs:Q")
>>> chart
```

生成的图形是一个具有 URL 的本地页面，实现与函数 display()相同的作用。

说明：这种生成图形的方法具有全局的作用。

使用关键字参数 inline 可以将图形内嵌在 Notebook 中，实现代码如下所示。

```
>>> import altair as alt
>>> alt.renderers.enable("altair_viewer", inline=True)
```

在*.py 文件中，使用如下代码可以实现与函数 show()相同的作用。

```
import altair as alt
from vega_datasets import data
alt.renderers.enable("altair_viewer")

cars = data.cars()
chart = alt.Chart(cars).mark_point().encode(
    x="Horsepower",
    y="Miles_per_Gallon",
    color="Origin")
chart.show()
```

在 non-Notebook 的环境中，例如，在*.py 文件中，可以使用 Altair Viewer 包的函数 show()展示图形，实现代码如下所示。

```
import altair as alt
import altair_viewer
from vega_datasets import data

cars = data.cars()
chart = alt.Chart(cars).mark_point().encode(
    x="Horsepower",
    y="Miles_per_Gallon",
    color="Origin")
altair_viewer.show(chart)
```

执行这段代码，可以在具有 URL 的本地页面（例如，http://localhost:19567/）查看渲染效果，如图 2.37 所示。

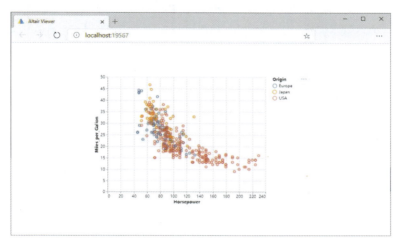

图 2.37

2.3.4　Altair 的存储方法

在 Altalir 中，除了可以展示图形，还可以存储图形对象，存储图形对象的文件格式有 HTML、JSON、PNG、SVG 和 PDF。存储方法既可以使用实例方法 save()，也可以通过 Web 浏览器将展示的图形页面保存。

（1）使用实例方法 save()，将图形对象保存为 HTML 文件，保存的文件格式是 HTML。

```
>>> import altair as alt
>>> from vega_datasets import data
>>> df = data("cars")
>>> chart = alt.Chart(df).mark_circle().encode(x="Acceleration:Q",y="Miles_per_Gallon")
>>> chart.save("d:/chart.html")
```

使用实例方法 Chart.save()保存文件的路径可以修改成需要的路径位置。生成的 HTML 页面可以使用浏览器打开完成图形渲染。

（2）使用实例方法 save()，将图形对象保存为 JSON 文件，保存的文件格式是 JSON。

```
>>> chart.save("d:/chart.json")
```

在 Altair 中，生成的图形内容是一个 JSON 字符串，使用实例方法 Chart.to_json()可以得到一个表示图形内容的 JSON 字符串。同时，可以将 chart.json 内容嵌入 Web 页面中。以 chart.html 文件为例，变量 spec 存储的内容就是 chart.json 文件的内容，也就是 JSON 字符串，如图 2.38 所示。

```html
<!DOCTYPE html>
<html>
  <head>
    <script src="https://cdn.jsdelivr.net/npm/vega@3"></script>
    <script src="https://cdn.jsdelivr.net/npm/vega-lite@2"></script>
    <script src="https://cdn.jsdelivr.net/npm/vega-embed@3"></script>
  </head>
  <body>
    <div id="vis"></div>
    <script type="text/javascript">
      var spec = a JSON string;          chart.json
      var opt = {"renderer": "canvas", "actions": false};
      vegaEmbed("#vis", spec, opt);
    </script>
  </body>
</html>
```

图 2.38

（3）使用 Web 浏览器将图形对象保存为图片文件。

在 Altair 中，可以使用生成图形对象的 Web 页面将图形对象保存为图片文件，如图 2.39 所示。

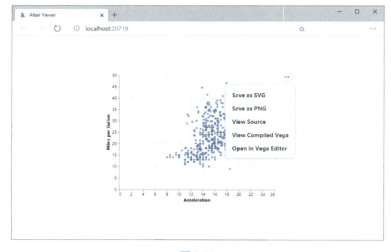

图 2.39

在图 2.39 中，点击图形右上角的⋯按钮，可以看到一个下拉界面，将图形对象
保存为 SVG 和 PNG 图片。也可以在 Web 浏览器中查看 JSON 字符串，通过修改
相关参数值和数值等方式交互式地查看可视化效果，如图 2.40 所示。

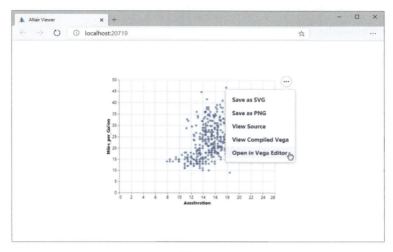

图 2.40

第 2 篇
进阶

Altair 的核心功能就是使用声明式的数据分析语言，以统计可视化的方式认识数据、理解数据和探索数据。既然数据是本质，变量是载体，那么本篇就以不同的变量类型为切入点，以不同样式的统计可视化为展示形式，开启不一样的数据探索之旅。

第 3 章　认识数据

一方面，Altair 很强调变量类型的区分和组合。变量的取值是数据，且有差异，有数值、字符串、日期等表现形式。变量是数据的存储容器，数据是变量的存储单元内容。

另一方面，从统计抽样角度来看，变量是总体，数据是样本，需要使用样本研究和分析总体。可以通过将不同的变量类型相互组合从而生成统计图形，以便更直观地认识数据。

按照不同变量类型的组合方式划分，变量类型的组合方式可以分为如下几种。

- 名义型变量+数量型变量。
- 时间型变量+数量型变量。
- 时间型变量+名义型变量。
- 数量型变量+数量型变量。

其中，时间型变量是一种特殊类型的数量型变量，可以将时间型变量设定为名义型变量（N）或次序型变量（O），实现时间型变量的离散化，从而形成与数量型变量的组合。

3.1 名义型变量和数量型变量组合的经典图形

名义型变量是频繁使用的变量类型，在 Altair 中的缩写为 N。名义型变量经常作为映射通道的一个维度，映射通道的另一个维度通常是数量型变量（缩写是 Q）。这两个维度的组合可以对定类数据实现数量上的描述，以具体的样式编码数据，高效地完成信息传递的过程，同时，也便于更好地理解数据、探索数据。

3.1.1 柱形图

在柱形图中，使用 x 轴作为定类数据的映射通道，使用 y 轴作为数值数据的映射通道，将柱体作为标记样式，实现从数据到视觉显示的映射过程。例如，商场有一些商品的销售利润数据，想比较这些商品的利润差距，直观的想法是绘制柱形图，通过柱体长度的变化比较它们的利润高低，如图 3.1 所示。

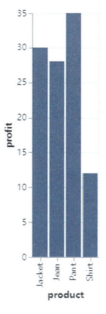

图 3.1

实现代码如下所示。

```
import altair as alt
import pandas as pd
import altair_viewer

df = pd.DataFrame({"product":["Jacket","Shirt","Pant","Jean"],
                   "profit":[30,12,35,28]})

chart = alt.Chart(df).mark_bar().encode(x="product:N",y="profit:Q")
altair_viewer.display(chart,inline=True)
```

使用实例方法 mark_bar()将数据编码成柱体，使用实例方法 encode()将名义型变量 product 映射到 x 轴，将数量型变量 profit 映射到 y 轴。

3.1.2　条形图

如果将数量型变量映射到 x 轴，将名义型变量映射到 y 轴，依然将柱体作为数据的编码样式（标记样式），就可以绘制条形图。条形图可以更好地使用长度变化比较商品销售利润的差距，如图 3.2 所示。

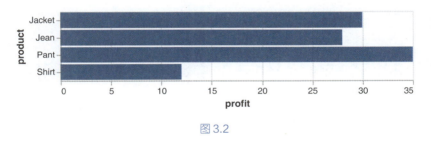

图 3.2

对照柱形图的实现代码，条形图的实现代码变化的部分如下所示。

```
chart = alt.Chart(df).mark_bar().encode(x="profit:Q",y="product:N")
```

3.1.3　条形码图

条形码图可以表示不同类别的数值分布的偏度（skewedness），也就是数值分布的频次特征。

以密度代替长度，是直方图的另一种可视化效果。一般地，使用 x 轴作为数值数据的映射通道，使用 y 轴作为分类数据的映射通道，使用刻度线作为编码数据的样式。

例如，比较不同国家和地区的汽车发动机的马力分布情况，刻度线的密集程度反映马力分布的频次，如图 3.3 所示。

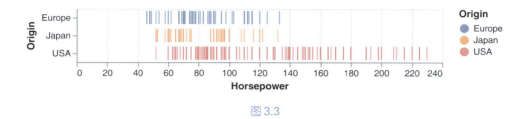

图 3.3

实现代码如下所示。

```
import altair as alt
import pandas as pd
import altair_viewer
from vega_datasets import data

df = data("cars")

chart = alt.Chart(df).mark_tick().encode(x="Horsepower:Q",y="Origin:N",color="Origin:N")
altair_viewer.display(chart,inline=True)
```

3.2 时间型变量和数量型变量组合的经典图形

时间型变量是一种特殊类型的数量型变量，在 Altair 中的缩写是 T，可以将时间型变量设定为名义型变量（N）或次序型变量（O），实现离散化。在实际应用场景中，时间型变量经常被应用到各种统计可视化的实践环节中。时间型变量和数量型变量组合可以产生很多经典的统计图形。

3.2.1 折线图

折线图是以曲线作为编码数据的样式，时间序列数据映射在 x 轴，数值数据映射在 y 轴，以曲线的方向变化反映数据的波动趋势和周期规律。例如，使用折线图描绘 2019 年河流水位的累计升降变化，其中，正数表示河流抬高的水位数值，负数表示河流下降的水位数值，如图 3.4 所示。

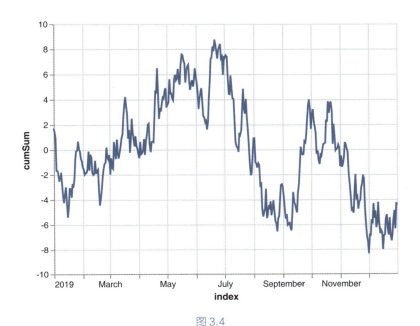

图 3.4

实现代码如下所示。

```
import altair as alt
import numpy as np
import pandas as pd
import altair_viewer

np.random.seed(11)
value = np.random.randn(365)
data = np.cumsum(value)
date = pd.date_range(start="20190101", end="20191231")
df = pd.DataFrame({"cumSum":data}, index=date)

chart = alt.Chart(df.reset_index()).mark_line().encode(x="index:T",y="cumSum:Q")
altair_viewer.display(chart,inline=True)
```

使用 Pandas 的 API 函数 date_range()生成时间型变量 date，这是一种很简便的时间序列数据的生成方法。在具体的实现代码里，时间型变量的起止时间分别是 2019 年 1 月 1 日和 2019 年 12 月 31 日。

将时间型变量 date 作为类 pd.DataFrame()关键字参数 index 的索引值，返回的对象 df 作为数据源。

使用实例方法 df.reset_index() 将 df 的索引值转变成新列，生成索引变量 index，同时，生成新的索引值，从而作为类 alt.Chart() 的新数据源。

新旧数据源的前 5 行数据记录如下所示。

旧数据源

```
>>> df.head()
```

	cumSum
2019-01-01	-0.26961
2019-01-02	1.398019
2019-01-03	1.555311
2019-01-04	1.580594
2019-01-05	0.294989

新数据源

```
>>> df.reset_index().head()
```

	index	cumSum
0	2019-01-01	-1.187777
1	2019-01-02	-1.019654
2	2019-01-03	-2.281224
3	2019-01-04	-3.223107
4	2019-01-05	-2.420997

使用实例方法 mark_line() 将数据编码形成曲线，使用实例方法 encode() 分别将索引变量 index 和数量型变量 cumSum 分别映射到 x 轴和 y 轴。

3.2.2 动手实践：调整折线图的刻度标签

在图 3.4 中，位置通道 x 轴的刻度标签没有很好地展示不同日期的信息，为此可以使用月份数据作为刻度标签，位置通道 y 轴映射每个月累计变化的最大值，如图 3.5 所示。

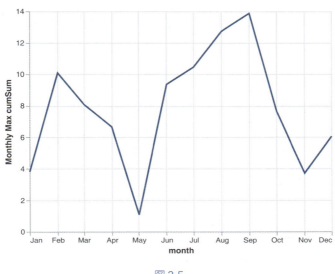

图 3.5

核心的实现代码如下所示。

```
...
chart = alt.Chart(df.reset_index()).mark_line().encode(
    alt.X("month(index):T",axis=alt.Axis(format="%b"),title="month"),
    alt.Y("cumSum",aggregate="max",title="Monthly Max cumSum",type="quantitative")
)
...
```

（1）使用类 alt.X()设置位置通道 x 轴的显示内容，这与使用关键字参数 x 的作用相同，使用关键字参数适合做一些快速的数据探索，使用类 alt.X()适合做一些关于映射通道精细化的微调工作，例如，坐标轴属性、量尺属性和数据离散化的精细微调。

（2）使用类 alt.Axis()设置刻度标签的显示格式，这里使用的格式是缩写的月份名称。

（3）使用关键字参数 aggregate 设置汇总函数，汇总函数还包括求和函数 sum、均值函数 mean、最大值函数 max、最小值函数 min 和计数函数 count 等。

（4）使用关键字参数 title 设置坐标轴（位置通道 x 轴和 y 轴）的标签。

（5）使用 month 提取时间型变量的月份，类似地，还有 year、yearmonth、monthdate、date、day、hours、hoursminutes、minutes、seconds 等，这是一种很简便的时间序列数据转换方法。

3.2.3　次序型变量（时间变量离散化）和数量型变量组合：柱形图

　　虽然时间型变量（T）是一种数量型变量（Q），但可以将时间型变量以离散化的方式转变成名义型变量（N）或次序型变量（O）。次序型变量也是经常使用的变量类型，在 Altair 中的缩写是 O，时间型变量转变成次序型变量后，就可以与数量型变量组合，形成次序型变量和数量型变量的组合模式。柱形图就是这种组合模式的经典统计图形之一，如图 3.6 所示。

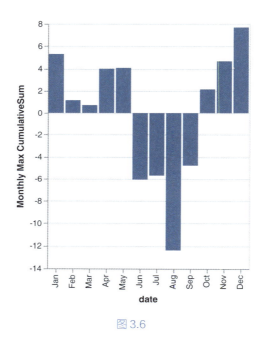

图 3.6

　　核心的实现代码如下所示。

```
...
chart = alt.Chart(df.reset_index()).mark_bar().encode(
    alt.X("month(index):O",axis=alt.Axis(format="%b"),title="month"),
alt.Y("cumSum:Q",aggregate="max",title="Monthly Max CumulativeSum"))
...
```

　　柱形图的实现主要是将类 alt.X()的关键字参数 shorthand 的时间型变量（T）以离散化方式转换成次序型变量（O），也就是参数值由"month(index):T"变成

"month(index):O"。由此可见，统计图形与变量类型是有对应关系的，只有选择合适的变量类型，才可以使用合适的标记样式编码数据，从而更好地理解数据，因此，变量类型对坐标轴量尺的类型起着关键作用。另外，还有一个需要调整的地方，就是将图 3.6 中的负值用另一种颜色标记，区别于正值的颜色标记，从而形成颜色反差，起到突出和强调的作用，如图 3.7 所示。

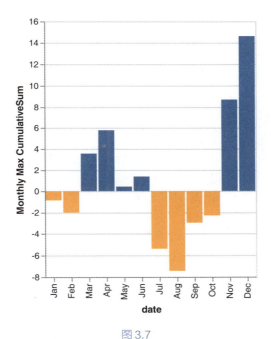

图 3.7

核心的实现代码如下所示。

```
...
chart = alt.Chart(df.reset_index()).mark_bar().encode(
    alt.X("month:O",axis=alt.Axis(format="%b",formatType="time"),title="month"),
    alt.Y("maxCumSum:Q",title="Monthly Max CumulativeSum"),
    color=alt.condition(alt.datum.maxCumSum > 0,
                        alt.value("steelblue"),
                        alt.value("orange"))).transform_timeunit(
    month="month(index)"
).transform_aggregate(
    maxCumSum="max(cumSum)",groupby=["month"]
)
...
```

（1）使用实例方法 alt.transform_timeunit() 获取变量 index 的月份，使用新变量 month 保存结果。

（2）使用实例方法 alt.transform_aggregate() 汇总计算以月份为分组单位的变量 cumSum 的最大值，使用新变量 maxCumSum 保存结果。

（3）颜色通道 color 使用 API 函数 alt.condition() 设置按照变量 maxCumSum 取值显示颜色，大于 0 的最大值以颜色 "steelblue" 映射柱体，小于 0 的最大值以颜色 "orange" 映射柱体。

注意：实例方法 transform_timeunit() 和实例方法 transform_aggregate() 具有严格的逻辑顺序。也就是说，在链式法则中，需要先完成日期的转换，获得新变量 month，才可以按照新变量 month 分组汇总累计求和的最大值。如果调换实例方法的使用顺序，那么就无法获得需要的统计可视化效果。

3.2.4 动手实践：面积图

面积图是一种有填充色的折线区域图，因此，位置通道 x 轴使用时间型变量，数量型变量映射在位置通道 y 轴上。用填充区域的边缘变化反映数量型变量的变化趋势，例如，使用示例数据集西雅图的天气，描述每个月的平均降雨量。在绘制面积图之前，先了解数据集的具体内容。

```
>>> from vega_datasets import data
>>> df = data("seattle_weather")
>>> df.head()
```

输出结果如图 3.8 所示。

	date	precipitation	temp_max	temp_min	wind	weather
0	2012-01-01	0.0	12.8	5.0	4.7	drizzle
1	2012-01-02	10.9	10.6	2.8	4.5	rain
2	2012-01-03	0.8	11.7	7.2	2.3	rain
3	2012-01-04	20.3	12.2	5.6	4.7	rain
4	2012-01-05	1.3	8.9	2.8	6.1	rain

图 3.8

这个数据集描述了 2012 年至 2015 年西雅图的天气情况。数据集由日期、每天的降雨量、日最高气温、日最低气温、风速和天气类型构成。日期属于时间型变量，日降雨量属于数量型变量，将日期映射到位置通道 x 轴上，日降雨量映射到位置通道 y 轴上，用编码填充颜色数据，从而形成面积图，如图 3.9 所示。

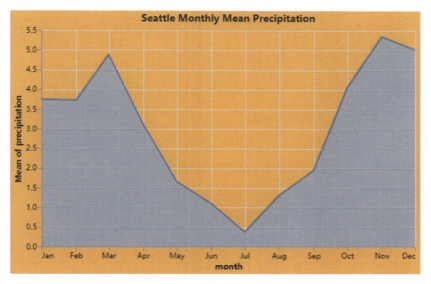

图 3.9

实现代码如下所示。

```
import altair as alt
import altair_viewer
from vega_datasets import data

df = data("seattle_weather")

chart = alt.Chart(df,
                  background="#F8AF67",
                  title="Seattle Monthly Mean Precipitation",
                  width=500,
                  height=300).mark_area(
     color="#85A3C4",
     line=True,
     opacity=0.85).encode(
     alt.X("month(date):T",
          axis=alt.Axis(format="%b",formatType="time"),
          title="month"),
```

```
        y="mean(precipitation):Q")
altair_viewer.display(chart,inline=True)
```

（1）使用关键字参数 background 设置画布的背景颜色；使用关键字参数 title 添加画布的标题；使用关键字参数 height 和 width 分别设置画布的高度和宽度。

（2）使用实例方法 alt.mark_area()设定数据的编码标记，同时，设定填充颜色和填充颜色的透明度。

（3）使用汇总函数 mean()计算降雨量的平均值。

说明：

计算降雨量平均值的简写形式如下。

```
y="mean(precipitation):Q"
```

计算降雨量平均值的 Altair 类的架构包装器形式如下。

```
alt.Y(field="precipitation",aggregate="mean",type="quantitative")
```

其他可能出现的对应形式如表 3.1 所示。

表 3.1

简写形式	Altair 类的架构包装器形式
y="precipitation"	alt.Y(field="precipitation")
y="precipitation"	alt.Y("precipitation")
y="precipitation:Q"	alt.Y(field="precipitation",type="quantitative")
y="precipitation:Q"	alt.Y("precipitation", type="quantitative")
y="precipitation:Q"	alt.Y("precipitation:Q")
y="mean(precipitation)"	alt.Y(field="precipitation",aggregate="mean")
y="mean(precipitation)"	alt.Y("precipitation",aggregate="mean")
y="mean(precipitation):Q"	alt.Y("precipitation",aggregate="mean",type="quantitative")
y="mean(precipitation):Q"	alt.Y("mean(precipitation):Q")

3.2.5　动手实践：阶梯图

从图 3.9 中可以观察到，西雅图的降雨量在 7 月最少，这样，可以先查看 2012 年 7 月降雨量的情况，分析 7 月降雨量的变化趋势，如图 3.10 所示。

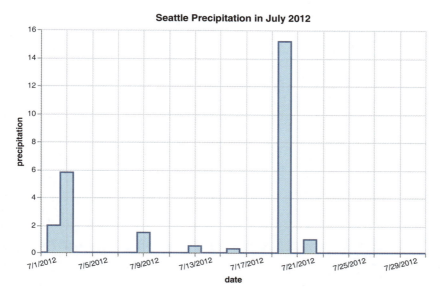

图 3.10

核心的实现代码如下所示。

```
...
chart = alt.Chart(df,
                    background="#FFFFFF",
                    title="Seattle Precipitation in July 2012",
                    width=500,
                    height=300).mark_area(
    color="lightblue",
    interpolate="step",
    line=True,
    opacity=0.8).encode(
    alt.X("date:T",
          axis=alt.Axis(format="%x",
                        formatType="time",
                        labelAlign="center",
                        labelAngle=-15,
                        labelBaseline="top",
                        labelPadding=5),
          title="date"),
    y="precipitation:Q").transform_filter(
    alt.FieldEqualPredicate(field="date",
                            equal=alt.DateTime(year=2012,month=7),
                            timeUnit="yearmonth"))
...
```

使用关键字参数 interpolate 设置阶梯折线，水平线连接垂直线，水平线表示变量值，垂直线连接相邻变量值。类 alt.Axis() 的关键字参数的意义如下所示。

- format：设置刻度标签的样式。
- formatType：设置刻度标签的数据类型。
- labelAlign：设置刻度标签的垂直对齐方式。
- labelAngle：设置刻度标签的旋转角度，数据使用角度制。
- labelBaseline：设置刻度标签的水平对齐方式。
- labelPadding：设置刻度标签与刻度线之间的留白距离。

使用实例方法 alt.transform_filter() 筛选指定时间，类 alt.FieldEqualPredicate() 用来指定时间。其中，关键字参数 field 指定筛选时间的时间型变量，关键字参数 equal 通过类 alt.DateTime() 设定具体的筛选日期，关键字参数 timeUnit 设定时间型变量的转换格式。从图 3.10 中，可以观察到 2012 年 7 月的降雨量较少。

3.2.6　练习：比较不同年份 7 月的日降雨量

提示：可以使用子区通道 facet 或类 alt.Facet() 分区展示降雨量，使用 yearmonth 提 取 时 间 型 变 量 的 年 月 作 为 划 分 子 区 的 单 位 。 使 用 类 alt.FieldRangePredicate() 筛选时间范围，时间型变量的颗粒度是月日。具体实现方法参见附录 A。

3.2.7　动手实践：分类汇总天气类型的频数分布

通过图 3.9 展示的月平均降雨量的变化趋势，读者可能会好奇这个地区的天气类型是怎样的。使用条形图刻画天气类型的分布情况可能是比较合适的解决方案。使用名义型变量天气类型作为位置通道 y 轴上的映射字段（field），使用数量型变量天气类型的频数作为 x 轴上的映射字段。为了增加可视化信息的可读性，可以添加文本注释，更好地展示不同天气类型的频数，如图 3.11 所示。

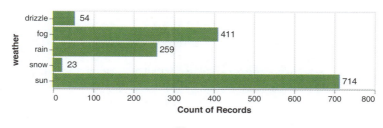

图 3.11

实现代码如下所示。

```
import altair as alt
import altair_viewer
from vega_datasets import data

df = data("seattle_weather")

chart = alt.Chart(df).mark_bar(
    color="#54A24B",opacity=0.8).encode(
    x="count(weather):Q",y="weather:N")
text = alt.Chart(df).mark_text(
    dx=12).encode(x="count(weather):Q",
                  y="weather:N",
                  text="count(weather):Q")
altair_viewer.display(chart+text,inline=True)
```

（1）使用汇总函数 count()统计名义型变量 weather 的频数分布。

（2）使用实例方法 mark_text()给不同的天气类型添加频数注释，使用关键字参数 text 指定文本的注释内容。

（3）使用算术运算符"+"将文本注释添加到柱形图的右侧。

从图 3.11 中可以看到，虽然使用实例方法 mark_text()给位置通道 y 轴上的天气类型添加注释文本，但是标记（水平柱体）没有按照天气类型的频数大小进行排序。可视化信息的可读程度不是很理想，水平柱体的长度变化没有呈现明显的方向变化（上升或下降）。我们可以按照频数大小以升序排列水平柱体（下降趋势），如图 3.12 所示。

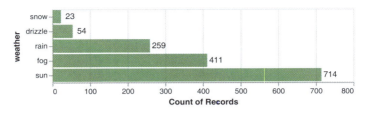

图 3.12

核心的实现代码如下所示。

```
...
chart = alt.Chart(df).mark_bar(
    color="#54A24B",opacity=0.8).encode(alt.X("weather:Q",aggregate="count"),
                                        alt.Y(' weather:N",sort="x"))
text = alt.Chart(df).mark_text(
    dx=12).encode(alt.X("weather:Q",aggregate="count"),
                  alt.Y("weather:N",sort="x"),
                  text="count(weather):Q")
...
```

（1）在柱形图中，使用类 alt.Y() 的关键字参数 sort 对名义型变量 weather 排序，按照位置通道 x 轴的计数升序排列。

（2）在注释文本中，同样使用类 alt.Y() 对变量 weather 按照位置通道 x 轴的计数升序排列。

也可以使用类 alt.EncodingSortField() 对指定字段按照汇总函数的计算结果降序排列，位置通道 y 轴的实现方法（两种方法）和相应的条形图（见图 3.13）分别如下所示。

```
alt.Y("weather:N",
sort=alt.EncodingSortField(field="weather",op="count",order="descending"))
alt.Y("weather:N",sort="-x")
```

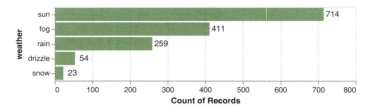

图 3.13

3.2.8　练习：总结分类汇总天气类型频数分布的实现方法

提示：从简写形式和架构包装器形式两个角度考虑，具体实现方法参见附录 A。

3.2.9　斜率图

如果有两个时期或者两组数据需要比较，那么斜率图可能会很有用。因为，斜率图可以直观地观察在两组数据之间的不同类别的相对增加或降低的变化程度。斜率图也是一种折线图，是多条折线的组合图。在位置通道 x 轴上，使用离散化的时间型变量设定比较日期（基期和比较期）；在位置通道 y 轴上，使用数量型变量反映数据的变化程度，这种变化上的幅度主要借助格式塔原则中的连接原则实现。

注意：在斜率图中，如果有很多条直线相互覆盖或重叠，那么斜率图就不能很好地区分不同类别的相对增加和降低的变化率，数据沟通的效果也会大打折扣。例如，比较不同地区在 2017 年较 2016 年的销量变化情况，如图 3.14 所示。

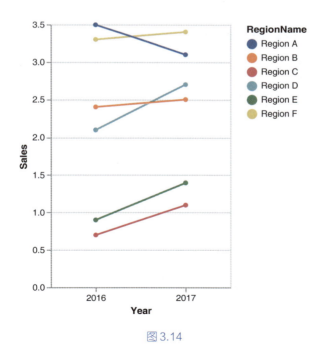

图 3.14

实现方法如下所示。

（1）导入需要的包。

```
>>> import altair as alt
>>> import altair_viewer
>>> import pandas as pd
```

（2）导入数据集并浏览数据集的前 5 行。

```
>>> df = pd.read_excel("Slope_Graph_Region_Altair.xlsx",sheet_name="regionFormat")
>>> df.head()
```

输出结果如下所示。

```
    Year    Sales    RegionName
0   2016    3.3      Region F
1   2016    3.5      Region A
2   2016    2.1      Region D
3   2016    2.4      Region B
4   2016    0.9      Region E
```

（3）绘制斜率图，调整 x 轴刻度标签的显示方向。

```
>>> chart = alt.Chart(df,width=200).mark_line(point=True).encode(
        alt.X("Year:O",axis=alt.Axis(labelAngle=0)),
        y="Sales:Q",
color="RegionName:N")
```

（4）展示可视化效果。

```
>>> altair_viewer.display(chart,inline=True)
```

3.2.10   数据集类型的数据结构形式

在 Altair 中，变量类型和数据结构两个部分是重要内容，其中，变量类型决定实例方法 encode()位置通道的字段类型和编码数据的样式选择，数据结构决定类 alt.Chart()的数据集类型。因此，正确使用变量类型和数据结构既是统计可视化的基础，也是编码数据的关键。类 alt.Chart()使用的数据集类型主要有纵向数据和横向数据两种数据结构形式。

1. 纵向数据的数据结构形式

纵向数据的每行都是一条包含时间戳（timestamp）的数据记录，每列都是一个变量的变量值，变量之间不可以横向比较，数据记录之间可以纵向比较，如图 3.15 所示。

	Year	Sales	RegionName
0	2016	3.3	Region F
1	2016	3.5	Region A
2	2016	2.1	Region D
3	2016	2.4	Region B
4	2016	0.9	Region E

图 3.15

纵向数据是 Altair 使用的主要数据集类型，Altair 的语法规则与纵向数据的协作程度最高。在图 3.15 中，每列对应一个变量，变量之间不可以横向比较，这个特点可以使变量很好地映射到位置通道上，从而用标记编码数据。

2. 横向数据的数据结构形式

横向数据的每行是相同变量类型的变量，这些变量之间可以横向比较。每行数据都是一个时间戳对应相同变量类型的变量值，如图 3.16 所示。

	Year	Region F	Region A	Region D	Region B	Region E	Region C
0	2016	3.3	3.5	2.1	2.4	0.9	0.7
1	2017	3.4	3.1	2.7	2.5	1.4	1.1

图 3.16

在图 3.16 中，每行是一个日期对应不同地区的销售量，销售量之间可以横向比较，相同地区的销售量也可以纵向比较。横向数据的读取方法，一般是将横向数据转换成纵向数据，作为类 alt.Chart() 可以读取的数据集类型，从而完成数据集的加载任务。

3. 横向数据转换成纵向数据

横向数据可以使用两种方式转换成纵向数据，一种是使用 Pandas 的 API 函数 melt()，一种是使用实例方法 transform_fold()。

（1）使用 Pandas 的 API 函数 melt()。

```
...
>>> df2 = pd.read_excel("Slope_Graph_Region_Altair.xlsx",sheet_name="regionFormat3")
>>> df2.melt("Year",var_name="region",value_name='sale')
...
```

输出结果如下所示。

```
    Year     region      sale
0   2016     Region F    3.3
1   2017     Region F    3.4
2   2016     Region A    3.5
3   2017     Region A    3.1
```

实例方法 melt()的第一个位置参数是索引变量，也就是按照横向数据中的变量作为转换基准，关键字参数 var_name 和关键字参数 value_name 分别命名横向数据中除索引变量外的变量和变量值的字段名称。

（2）使用实例方法 transform_fold()。

使用 Pandas 的 API 函数 melt()是对数据集的预处理，也可以使用实例方法 transform_fold()直接改变数据集的数据结构形式，而不对数据集进行预处理操作。

注意：实例方法 transform_fold()需要放在实例方法 mark_*()之前使用。

从链式法则角度不难理解这些实例方法的排列顺序，只有先把数据集类型调整成合适的数据结构形式，才可以将变量映射到位置通道按照指定的样式编码数据。

```
...
>>> fold = ["Region F","Region A","Region D","Region B","Region E","Region C"]
>>> chart = alt.Chart(df2).transform_fold(fold
                                    ).mark_line().encode(x="Year:O",
                                                         y="value:Q",
                                                         color="key:N")
...
```

实例方法 transform_fold()将横向数据除时间戳变量外的变量放在列表里存储，作为位置参数值。对于横向数据默认的变量和变量值，默认参数 as_ 可以将"key"和"value"作为转换后的字段名，即 as_ = ["key", "value"]，也可以指定转换后的字段名 as_=["region","sale"]。

```
...
>>> fold = ["Region F","Region A","Region D","Region B","Region E","Region C"]
>>> chart = alt.Chart(df2).transform_fold(fold,
```

```
                                    as_=["region","sale"]
                             ).mark_line().encode(x="Year:O",
                                                  y="sale:Q",
                                                  color="region:N")
    ...
```

默认参数 as_ 的两种参数值类型的可视化效果如图 3.17 所示。

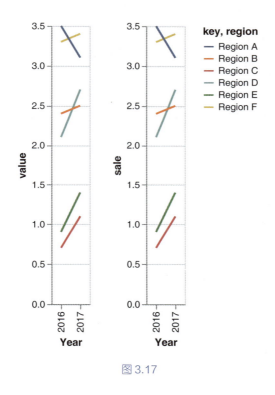

图 3.17

3.3 时间型变量和名义型变量的组合：甘特图

在项目管理中，经常需要了解项目的进展程度及完成程度等信息。因此，将项目的相关信息可视化呈现非常有利于了解项目的各方面情况。同时，这也是时间型变量的重要应用场景。甘特图是基于时间型变量可视化项目管理中的任务结构和任务推进情况，也是一种可视化项目管理的叙述语言。在位置通道 x 轴上使用时间型变量，将名义型变量映射到位置通道 y 轴上，名义型变量的取值表示任务名称，用柱体编码数据表示项目的开始时间和结束时间。例如，数据工程开发团队目前正在推进 4 个项目，这些项目的开始时间都不相同，而且有的项目时间跨度很大，有的项目进展缓慢，还有的项目处于停滞状态，为了清楚、有效地管理各个项目的时间进度和推进程度，可以使用甘特图分析梳理项目的时间投入和资源分配等情况，如图 3.18 所示。

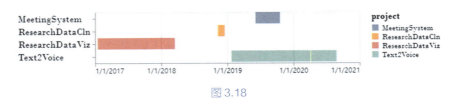

图 3.18

从图 3.18 中，可以清楚地了解每个项目的时间投入情况和项目进展情况。这是时间型变量和名义型变量的组合应用。具体实现方法如下。

（1）导入需要的包。

```
import altair as alt
import altair_viewer
import pandas as pd
```

（2）使用字典列表存储项目的名称、开始时间和结束时间。

```
project = [{"project":"ResearchDataViz","start":"2017-01-16","end":"2018-03-20"},
           {"project":"ResearchDataCln","start":"2018-11-12","end":"2018-12-20"},
           {"project":"MeetingSystem","start":"2019-06-07","end":"2019-10-21"},
           {"project":"Text2Voice","start":"2019-01-24","end":"2020-08-28"}]
```

（3）使用类 alt.Data()加载数据集 project。

```
df = alt.Data(values=project)
```

（4）使用类 alt.X()将项目的开始时间映射在位置通道 x 轴上，使用关键字参数 axis 调整刻度标签样式和刻度线的数量。使用关键字参数 scale 调整 x 轴的起止日期。

```
alt.X("start:T",
        axis=alt.Axis(format="%x",
                        formatType="time",
                        tickCount=3,
                        title=None),
        scale=alt.Scale(domain=[alt.DateTime(year=2017,month=1,date=1),
                                 alt.DateTime(year=2021,month=1,date=1)]))
```

（5）使用类 alt.X2()将项目的结束时间也同样映射在位置通道 x 轴上。

```
alt.X2("end:T")
```

（6）使用类 alt.Y() 的关键字参数 axis 设置刻度标签的对齐方式、字体、字体大小、刻度标签与刻度线之间的填充距离，设置坐标轴的标签。

```
alt.Y("project:N",axis=alt.Axis(labelAlign="left",
                                labelFont="Bodoni MT",
                                labelFontSize=15,
                                labelOffset=0,
                                labelPadding=112,title=None))
```

（7）对于关键字参数 color 的取值，可以使用类 alt.Color() 设置图例的文本标签字体、文本标签的字体大小、图例符号的透明度、图例标题的字体和字体大小。

```
color=alt.Color("project:N",legend=alt.Legend(labelFont="Bodoni MT",
                                              labelFontSize=12,
                                              symbolOpacity=0.7,
                                              titleFont="Bodoni MT",
                                              titleFontSize=15))
```

（8）使用函数 display() 以内嵌形式在 Jupyter Notebook 中展示对象 chart 的可视化效果。

```
altair_viewer.display(chart,inline=True)
```

3.4　数量型变量和数量型变量组合的经典图形

数量型变量是实践环节中很常见的变量类型。同时，数量型变量也是比较复杂的一种变量类型。因为，数量型变量的取值经常会出现缺失值、离群值。另外，数量型变量和数量型变量的组合也会产生很多统计图形。这些统计图形可以更好地观察数据的分布特征、离散趋势、集中趋势和变异程度。自然地，这些统计图形包含的数据信息也更加丰富和复杂。

3.4.1　散点图

散点图是将数量型变量分别映射到位置通道 x 轴和 y 轴上，是以圆圈作为标记编码数据的经典统计图形。使用散点图可以更好地显示变量之间的关系，识别缺失值和离群值。例如，识别汽车数据集中的汽车马力（Horsepower）和汽车加速度（Acceleration）之间的关系，如图 3.19 所示。

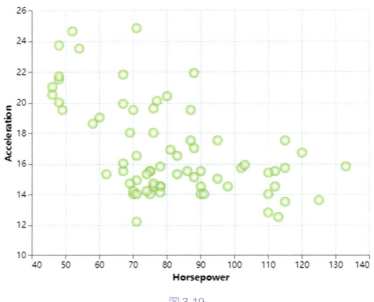

图 3.19

实现方法如下所示。

（1）导入需要的包和数据集。

```
import altair as alt
import altair_viewer
from vega_datasets import data

df = data.cars()
```

（2）在使用实例方法 mark_circle() 编码数据之前，使用实例方法 transform_filter() 按照筛选条件选择需要的子数据集。

```
alt.Chart(df).transform_filter(
    alt.datum.Origin=="Europe"
)
```

（3）使用实例方法 mrak_circle() 以实心圆圈编码新的子数据集，使用关键字参数 color 设置圆圈的颜色，使其呈现渐变风格，使用关键字参数 size 调整圆圈的大小。

```
mark_circle(color=alt.RadialGradient("radial",[alt.GradientStop("white",0.0),
```

```
                                            alt.GradientStop("yellowgreen",1.0)]),
            size=160)
```

（4）在实例方法 encode() 中，分别使用类 alt.X() 和类 alt.Y() 将数量型变量映射在位置通道 x 轴和 y 轴上。同时，为了更好地显示圆圈的分布区域，我们调整坐标轴量尺的显示范围。

```
encode(
    alt.X("Horsepower:Q",scale=alt.Scale(zero=False,padding=20)),
    alt.Y("Acceleration:Q",scale=alt.Scale(zero=False,padding=5))
)
```

（5）使用函数以内嵌方式在 Jupyter Notebook 中展示散点图。

```
altair_viewer.display(chart,inline=True)
```

3.4.2　动手实践：气泡图

在 2D 平面上，如果尝试增加一个维度用来表达更丰富的数据信息，除了可以使用 3D 图像，还可以通过使用圆圈的大小来编码第三个维度的数据，也就是使用圆圈属性通道 size 映射第三个维度的数据。例如，在图 3.19 中，可以使用数量型变量气缸个数来进一步分析汽车加速度（Acceleration）和汽车马力（Horsepower）之间的关系，如图 3.20 所示。

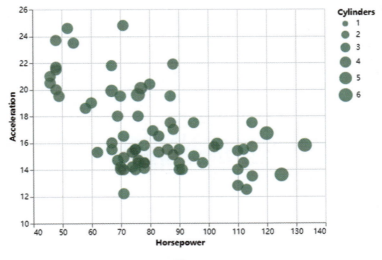

图 3.20

核心的实现代码如下所示。

```
...
encode(
        alt.X("Horsepower:Q",scale=alt.Scale(zero=False,padding=20)),
        alt.Y("Acceleration:Q",scale=alt.Scale(zero=False,padding=5)),
size="Cylinders:Q")
...
```

3.4.3　动手实践：缺失值的可视化识别方法

在使用数据集进行统计可视化的过程中，经常会遇到数据集中的变量值存在缺失值的情形。如果不能有效识别缺失值，则会对后续的数据分析、数据挖掘等过程造成很大干扰。因此，使用统计可视化的方式识别缺失值就是一种简单、快捷的解决方案。在数据集 cars 中，通过快速浏览数据集的前 20 行数据记录，我们会发现变量 Miles_per_Gallon 有缺失值，缺失值记作 NaN（not a number），如图 3.21 所示。

	Name	Miles_per_Gallon	Cylinders	Displacement	Horsepower	Weight_in_lbs	Acceleration	Year	Origin
0	chevrolet chevelle malibu	18.0	8	307.0	130.0	3504	12.0	1970-01-01	USA
1	buick skylark 320	15.0	8	350.0	165.0	3693	11.5	1970-01-01	USA
2	plymouth satellite	18.0	8	318.0	150.0	3436	11.0	1970-01-01	USA
3	amc rebel sst	16.0	8	304.0	150.0	3433	12.0	1970-01-01	USA
4	ford torino	17.0	8	302.0	140.0	3449	10.5	1970-01-01	USA
5	ford galaxie 500	15.0	8	429.0	198.0	4341	10.0	1970-01-01	USA
6	chevrolet impala	14.0	8	454.0	220.0	4354	9.0	1970-01-01	USA
7	plymouth fury iii	14.0	8	440.0	215.0	4312	8.5	1970-01-01	USA
8	pontiac catalina	14.0	8	455.0	225.0	4425	10.0	1970-01-01	USA
9	amc ambassador dpl	15.0	8	390.0	190.0	3850	8.5	1970-01-01	USA
10	citroen ds-21 pallas	NaN	4	133.0	115.0	3090	17.5	1970-01-01	Europe
11	chevrolet chevelle concours (sw)	NaN	8	350.0	165.0	4142	11.5	1970-01-01	USA
12	ford torino (sw)	NaN	8	351.0	153.0	4034	11.0	1970-01-01	USA
13	plymouth satellite (sw)	NaN	8	383.0	175.0	4166	10.5	1970-01-01	USA
14	amc rebel sst (sw)	NaN	8	360.0	175.0	3850	11.0	1970-01-01	USA
15	dodge challenger se	15.0	8	383.0	170.0	3563	10.0	1970-01-01	USA
16	plymouth 'cuda 340	14.0	8	340.0	160.0	3609	8.0	1970-01-01	USA
17	ford mustang boss 302	NaN	8	302.0	140.0	3353	8.0	1970-01-01	USA
18	chevrolet monte carlo	15.0	8	400.0	150.0	3761	9.5	1970-01-01	USA
19	buick estate wagon (sw)	14.0	8	455.0	225.0	3086	10.0	1970-01-01	USA

图 3.21

使用汇总函数 missing 同时配合条形图，可以有效识别变量的缺失值的分布情况，如图 3.22 所示。

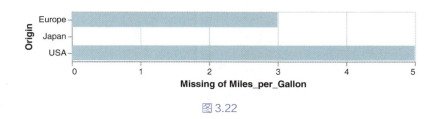

图 3.22

核心的实现代码如下所示。

```
...
chart = alt.Chart(df).mark_bar(
    color="lightblue"
).encode(
    alt.X("missing(Miles_per_Gallon):Q",
            axis=alt.Axis(format="d",tickCount=5)),
    y="Origin:N"
)
...
```

3.4.4　直方图

数量型变量的离散化是将数量型变量的可能取值分成若干个区间，使得变量值分布在不同区间。直方图是数量型变量离散化的经典应用，将数量型变量映射在位置通道 x 轴上，而且位置通道 x 轴被分成若干区间，使变量的可能取值投射在对应范围的区间，将每个区间的变量值的累计频数（Frequency）映射在位置通道 y 轴上，以柱体编码数据，从而形成变量值的频数分布图。

注意：柱形图是名义型变量的变量值的频数分布图，例如，欧洲生产的汽车的马力（Horsepower）分布情况，如图 3.23 所示。

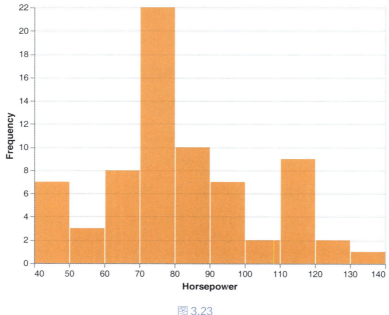

图 3.23

　　在直方图的绘制过程中，使用类 alt.X()的关键字参数 bin 将数量型变量离散化，从而将数量型变量转换成若干个区间，全部变量值都会落在区间中。使用类 alt.Y()的汇总函数 count 计数落在每个区间的变量值频数。由于数据集包含 3 个地区，所以使用实例方法 transform_filter()选择欧洲地区的汽车数据，作为位置通道的映射数据及编码数据的来源。实现代码如下所示。

```python
import altair as alt
import altair_viewer
from vega_datasets import data

df = data("cars")

chart = alt.Chart(df).transform_filter(alt.datum.Origin=="Europe"
                                       ).mark_bar(color="#F58518",
                                                  opacity=0.8).encode(
    x=alt.X("Horsepower",
            axis=alt.Axis(title="Horsepower"),
            bin=True,
            type="quantitative"),
    y=alt.Y(aggregate="count",
            axis=alt.Axis(tickMinStep=2,title="Frequency"),
            type="quantitative"),
```

```
)
altair_viewer.display(chart,inline=True)
```

对于关键字参数 bin，可以使用类 alt.BinParams()调整箱体的数值范围，由原来 10 个单位的宽度扩大到 20 个单位的宽度。其中，关键字参数 extent 设置箱体的数值范围的起止位置，使用关键字参数 step 设置箱体宽度，如图 3.24 所示。

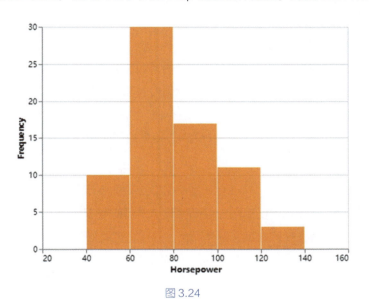

图 3.24

核心的实现代码如下所示。

```
...
chart = alt.Chart(df).transform_filter(alt.datum.Origin=="Europe"
                                        ).mark_bar(color="#F58518",
                                                    opacity=0.8).encode(
        x=alt.X("Horsepower",
                axis=alt.Axis(title="Horsepower"),
                bin=alt.BinParams(extent=[20,160],step=20),
                type="quantitative"),
        y=alt.Y(aggregate="count",
                axis=alt.Axis(title="Frequency"),
                type="quantitative"))
...
```

说明：离群值的可视化识别方法。

在使用数据集进行统计可视化的过程中，需要了解给定的数据集和变量，需要知道离群值（outlier）是什么，如何识别离群值。离群值一般是指远离大部分变量值的数值或是距平均值两个标准差范围之外的变量值，也就是超出$(\mu \pm 2\sigma)$区间范围的数值。从可视化的角度考虑，可以使用直方图、散点图、一维条形码图或箱线图快速识别离群值。

3.4.5 热力图

热力图使用表格形式实现数据可视化。热力图在表格中运用颜色饱和度（视觉暗示）表达单元格中的数字的相对数量级，饱和度越高，数值越大，饱和度越低，数值越小，从而可以直观看到数据的最大值和最小值，以及数据的分布特征。在热力图中，图例是必要的组成元素（也就是颜色标尺），用来说明颜色饱和度和数值之间的映射关系。

在热力图中，统计可视化的核心就是使用二维平面展示三维数据。这种可视化方法与气泡图类似，不同的是使用颜色编码第三个维度的数据，也就是使用标记属性通道 color 映射第三个维度的数据。具体而言，分别将位置通道 x 轴和位置通道 y 轴作为变量 x 和变量 y 的映射通道，标记属性通道 color 作为变量 z 的映射通道，使用矩形编码数据。同时，使用颜色标尺表示变量 z 的数值和颜色的对应关系，如图 3.25 所示。

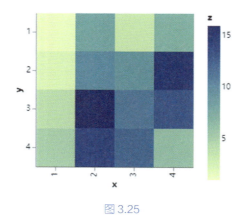

图 3.25

实现代码如下所示。

```
import altair as alt
import pandas as pd
import altair_viewer

df = pd.DataFrame([{"x":1,"y":1,"z":1},{"x":1,"y":2,"z":2},{"x":1,"y":3,"z":4},{"x":1,"y":4,"z":5},
                   {"x":2,"y":1,"z":8},{"x":2,"y":2,"z":10},{"x":2,"y":3,"z":16},{"x":2,"y":4,"z":14},
                   {"x":3,"y":1,"z":3},{"x":3,"y":2,"z":9},{"x":3,"y":3,"z":11},{"x":3,"y":4,"z":12},
                   {"x":4,"y":1,"z":7},{"x":4,"y":2,"z":15},{"x":4,"y":3,"z":13},{"x":4,"y":4,"z":6}])

chart = alt.Chart(df,width=200,height=200).mark_rect().encode(x="x:O",y="y:O",color="z:Q")
altair_viewer.display(chart,inline=True)
```

Pandas 的类 pd.DataFrame() 的关键字参数 data 使用字典列表的数据结构，这种数据结构与 alt.Data(values = [{"a": "D", "b": 3}, {"a": "B", "b": 6}, {"a": "A", "b": 5}]) 关键字参数 values 的值相同，使用关键字参数 width 和 height 分别设置画布的宽度和高度。实例方法 encode() 的关键字参数 color 使用变量 z 动态地映射每个矩形的颜色。如果实例方法 mark_rect() 使用关键字参数 color，那么只能将全部的矩形设置成一种颜色，如图 3.26 所示。

实现代码变化的部分如下所示。

```
alt.Chart(df,width=200,height=200).mark_rect(color="#86D0BB").encode(x="x:O",y="y:O")
```

实例方法 mark_rect() 的关键字参数 color 的取值可以是 Hex（十六进制）格式的颜色值。

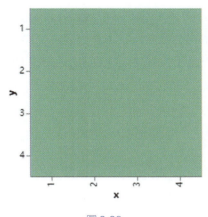

图 3.26

3.4.6 变量类型对颜色标尺的作用

在标记属性通道 color 中，将变量 z 分别改成名义型变量和次序型变量，观察热力图和图例的变化情况，理解变量类型对标记属性通道 color 编码数据的影响，也就是颜色量尺映射方式的影响，如图 3.27 所示。

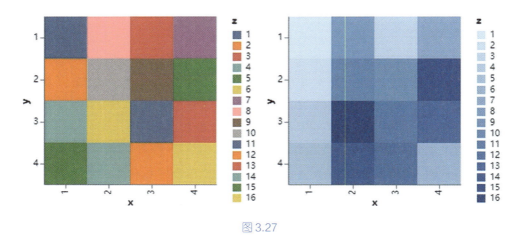

图 3.27

3.4.7 动手实践：展示不同时间的最高气温的分布情况

将时间型变量转换为次序型变量，是将连续型变量转换为离散型变量的过程，也就是变量离散化的过程。在很多应用场景的编码通道中，将离散化变量映射在位置通道上，使用柱体或矩形编码数据可以获得更好的统计可视化效果。例如，在数据集 seattle-weather 中，变量 date 是时间型变量，使用日期函数 date() 和 month() 分别获得每月中的天和月份；同时，将这两个变量离散化，也就是将这两个变量的变量类型定义为次序型变量，而不是时间型变量；使用矩形编码每天的最高气温；颜色方案使用 greenblue，颜色标尺记录最高气温和颜色的映射关系，如图 3.28 所示。

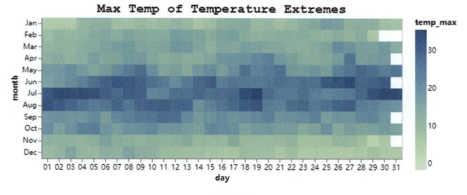

图 3.28

在图 3.28 中，每个矩形方块都代表月份中的一天，由于每个月份的天数不尽相同，所以会出现有的月份中的矩形方块没有编码颜色的情况。颜色饱和度较高的部分主要集中在 6、7、8 月，可见这 3 个月经常出现高温天气，尤其是 7 月的高温天气更加频繁。高温天气的热力图的实现方法如下所示。

（1）导入需要的数据集，并且加载数据集。

```
import altair as alt
from vega_datasets import data

source = data.seattle_weather()
```

（2）在编码通道中，在位置通道 x 轴上，使用 date() 函数获得月份中的天，将变量类型设定为次序型变量，将时间型变量离散化。同样地，在位置通道 y 轴上，使用 month() 函数获得月份，变量类型也设置为次序型变量。在标记属性通道 color 中，使用颜色编码数量型变量 temp_max，颜色方案使用 greenblue，这样，不同的最高气温编码不同色调及饱和度的颜色。使用图例说明颜色和最高气温的映射关系，很多时候，图例起到颜色标尺的作用。

```
encode(
    x=alt.X(
        "date(date):O",
        axis=alt.Axis(
            labelAngle=0,
            title="day"
        )
    ),
    y=alt.Y(
```

```
        "month(date):O",
        axis=alt.Axis(title="month")
    ),
    color=alt.Color(
        "temp_max:Q",
        scale=alt.Scale(
            scheme=alt.SchemeParams(name="greenblue")
        )
    )
)
```

（3）使用对象 Chart 的实例方法 mark_rect()编码变量 temp_max，使用矩形
编码最高气温。

```
alt.Chart(
    source
).mark_rect()
```

（4）使用对象 Chart 的实例方法 properties()设置画布的宽度、高度和标题内容。

```
properties(
    height=200,
    width=500,
    title=alt.TitleParams(
        "Max Temp of Temperature Extremes",
        font="Courier New",
        fontSize=18
    )
)
```

也可以调整颜色方案，使用颜色方案 magma，使用更加"热烈"的色调凸显高
温天气，效果如图 3.29 所示。

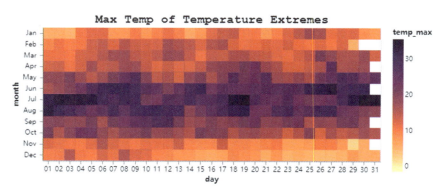

图 3.29

这里使用类 alt.SchemeParams()设置颜色方案名称和颜色标尺的对应法则。具体而言，使用关键字参数 name 设置颜色方案，使用关键字参数 extent 设置颜色和最高气温的对应法则，关键字参数 extent 的默认取值是[0,1]。因此，参数值[1,0.1]表示使用单调递减的映射关系，同时，只使用颜色方案的一部分颜色模式。颜色的色调越深，对应的气温越高，颜色的色调越浅，对应的气温越低。实现代码如下所示。

```
color=alt.Color(
        "temp_max:Q",
        scale=alt.Scale(
            scheme=alt.SchemeParams(
                name="magma",
                extent=[1,0.1]
            )
        )
)
```

3.4.8　动手实践：展示文本注释与颜色的映射关系

热力图的每个矩形方块使用颜色编码数据，不同的色调和饱和度与不同的数值对应。进一步地，将具体的数值添加在矩形方块上，可以更加直观地建立颜色和数值的映射关系，使用更加细化的颗粒度描述颜色标尺。而且，对于数值型文本注释，数值在不同的区间范围内，使用不同的颜色编码数据，如图 3.30 所示。

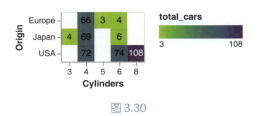

图 3.30

实现方法如下所示。

（1）导入数据集和加载数据集 cars。

```
import altair as alt
from vega_datasets import data

source = data.cars()
```

（2）使用数据汇总加工器 transform_aggregate()，汇总不同产地中的不同汽缸数量的频数分布。在编码通道中，分别使用位置通道 *x* 轴和位置通道 *y* 轴编码变量 Cylinders（汽缸数量）和 Origin（产地）。生成基础对象 base。

```
base = alt.Chart(
    source
).transform_aggregate(
    total_cars="count()",
    groupby=["Origin","Cylinders"]
).encode(
    x=alt.X(
        "Cylinders:O",
        axis=alt.Axis(labelAngle=0)
    ),
    y="Origin:N"
)
```

（3）在热力图中，调用对象 base 的实例方法 mark_rect()编码数据，使用矩形方块编码坐标轴的有序实数对。在标记属性通道 color 中，使用类 alt.Color()的关键字参数 scale 设置颜色方案。在类 alt.Scale()中，使用类 alt.SchemeParams()完成具体的颜色方案和颜色模式的设置任务，将返回值传递给关键字参数 scheme。最后，将类 alt.Scale()的返回值传递给关键字参数 scale；使用类 alt.Legend()将图例（颜色标尺）水平放置，将返回值传递给关键字参数 legend。

```
heatmap = base.mark_rect().encode(
    color=alt.Color(
        "total_cars:Q",
        legend=alt.Legend(direction="horizontal"),
        scale=alt.Scale(
            scheme=alt.SchemeParams(
                name="VIRIDIS",
                extent=[0.9,0.1]
            )
        )
    )
)
```

（4）在文本注释中，调用对象 base 的实例方法 mark_text()编码数据，使用文本注释编码坐标轴的有序实数对。在编码通道中，使用文本通道 text 编码汇总频数，使用变量 total_cars 的取值作为文本注释。在标记属性通道 color 中，使用 API 函数 condition()，按照条件表达式的判断结果，用不司的颜色编码注释文本。具体而言，若汇总频数大于 100，则使用 API 函数 value() 编码文本注释，使用白色编码汇总频数；若汇总频数小于或等于 100，则使用黑色编码汇总频数；条件表达式还可以使用 alt.datum.Expression 形式的 alt.datum.total_cars > 100。

```
text = base.mark_text().encode(
    color=alt.condition(
        "datum.total_cars>100",
        alt.value("white"),
        alt.value("black")
    ),
    text="total_cars:Q"
)
```

（5）使用运算符"+"将文本注释放在热力图的矩形方块上，使得文本注释与矩形方块的颜色建立映射关系。

```
heatmap + text
```

使用实例方法 mark_bar() 也可以绘制热力图，使用柱体编码最高气温，唯一的统计可视化上的区别是矩形方块之间存在留白。可以分别在类 alt.X() 和类 alt.Y() 中，使用关键字参数 scale 去掉留白。具体而言，使用类 alt.Scale() 的关键字参数 paddingInner 去掉量尺上的标记之间的留白，也就是矩形方块之间的留白，关键字参数 paddingOuter 去掉量尺上的标记和图形区域的边框之间的留白；使用也就是矩形方块和图形边框之间的留白。绘制变量 Origin（产地）和变量 Cylinders（汽缸数量）的热力图，其中，使用颜色编码变量 Cylinders。效果如图 3.31 所示。

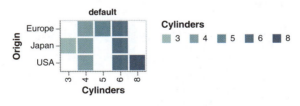

图 3.31

使用实例方法 mark_bar() 绘制热力图的实现代码如下所示。

```
import altair as alt
from vega_datasets import data

source = data.cars()
```

```
alt.Chart(
    source
).mark_bar().encode(
    x=alt.X(
        "Cylinders:O"
    ),
    y=alt.Y(
        "Origin:N"
    ),
    color=alt.Color(
        "Cylinders:O",
        legend=alt.Legend(direction="horizontal"),
        scale=alt.Scale(scheme="tealblues")
    )
).properties(
    title=alt.TitleParams(
        text="default",
        fontSize=10
    )
)
)
```

使用实例方法 mark_rect() 绘制热力图时，类 alt.Scale() 的关键字参数 paddingInner 和关键字参数 paddingOuter 的默认参数值如下所示。

```
scale=alt.Scale(paddingInner=0,paddingOuter=0)
```

在实例方法 mark_bar() 中，关键字参数 paddingInner 和 paddingOuter 的默认参数值都是 0.1，两个关键字参数的使用方法主要分为 4 种情况。

（1）在位置通道 x 轴上，将矩形方块和图形边框之间的留白距离设置为 0.5。效果如图 3.32 所示。

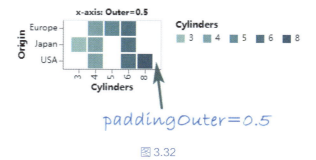

图 3.32

实现代码如下所示。

```
x=alt.X(
        "Cylinders:O",
        scale=alt.Scale(paddingOuter=0.5)
)
```

（2）在位置通道 x 轴上，将矩形方块和图形边框之间的留白距离设置为 0.5，将矩形方块之间的留白距离设置为 0.2。效果如图 3.33 所示。

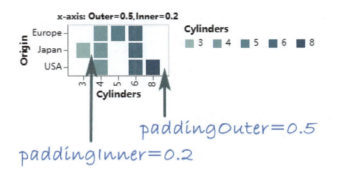

图 3.33

实现代码如下所示。

```
x=alt.X(
        "Cylinders:O",
        scale=alt.Scale(paddingOuter=0.5,paddingInner=0.2)
)
```

（3）在位置通道 x 轴上，将矩形方块之间的留白距离设置为 0.2；在位置通道 y 轴上，将矩形方块之间的留白距离设置为 0.5。效果如图 3.34 所示。

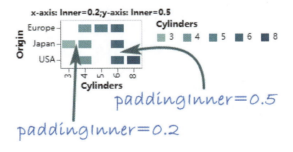

图 3.34

实现代码如下所示。

```
x=alt.X(
        "Cylinders:O",
        scale=alt.Scale(paddingInner=0.2)
),
y=alt.Y(
        "Origin:N",
        scale=alt.Scale(paddingInner=0.5)
)
```

（4）在位置通道 x 轴上，将矩形方块之间的留白距离设置为 0；在位置通道 y 轴上，将矩形方块之间的留白距离设置为 0。统计可视化效果与使用实例方法 mark_rect() 相同。效果如图 3.35 所示。

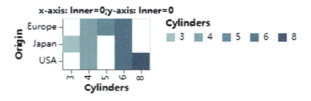

图 3.35

实现代码如下所示。

```
x=alt.X(
        "Cylinders:O",
        scale=alt.Scale(paddingInner=0)
),
y=alt.Y(
        "Origin:N",
        scale=alt.Scale(paddingInner=0)
)
```

第 4 章　理解数据

变量如同糖果盒，数据如同各种口味和样式的糖果。要想更好地了解和认识糖果，可以将糖果按照不同口味分类，也可以按照不同样式分类，之后装入糖果盒中。理解数据的过程与之类似，可以使用子区通道分区理解数据，可以使用分层图形综合理解数据，可以连接图形全面理解数据，还可以使用变量矩阵分区理解数据。这些理解数据的方法既有从变量取值的角度着手，也有从标记组合的角度切入，还有从变量组合的角度展开，运用分类、组合、交叉等数据分析技术综合全面地理解数据。

4.1　使用子区通道分区理解数据

从变量类型的取值情况来讲，名义型变量的取值是样本个体的类别分类，也就是不同的分类变量值或类型变量值。例如，汽车生产地区是名义型变量，变量值包括欧洲、日本和美国，比较这 3 个地区的汽车马力分布情况，也可以完成横向比较的任务。从而，以更细化的颗粒度理解汽车生产地区变量，再与汽车马力变量组合，又从微观层面理解不同地区的汽车马力分布情况，而不是宏观地考察汽车马力分布情况。使得对数据的理解更加细化，对问题的分析更加聚焦，思考的维度更加多元。另外，子区通道主要使用关键字参数 facet 或架构包装器 Facet，也可以使用子区通道 row 以不同的行分区展示变量值,或使用子区通道 column 以不同的列分区展示不同的变量值。

4.1.1　比较不同地区的汽车马力分布情况

　　在第 3 章中,我们使用直方图观察欧洲生产的汽车的马力分布情况。进一步地,可以使用子区通道实现比较不同地区的汽车马力分布情况,综合比较不同地区的汽车马力,如图 4.1 所示。

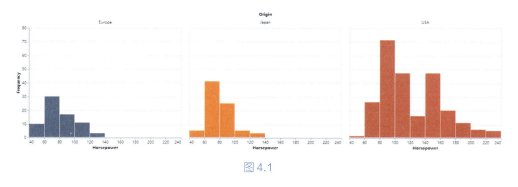

图 4.1

　　核心的实现代码如下所示。

```
...
chart = alt.Chart(df).mark_bar().encode(
    x=alt.X("Horsepower",axis=alt.Axis(title="Horsepower"),bin=True,type="quantitative"),
    y=alt.Y(aggregate="count",axis=alt.Axis(title="Frequency"),type="quantitative"),
    color=alt.Color("Origin",legend=None),
    facet=alt.Facet("Origin",type="nominal"))
...
```

　　(1)由于使用子区通道分区显示不同地区的汽车马力分布情况,所以不需要使用图例注释不同颜色对应的地区名称。

```
color=alt.Color("Origin",legend=None)
```

　　(2)使用子区通道 facet 将汽车生产地区变量作为分区标准,每个子区可以展示一个地区的汽车马力分布情况,变量取值的枚举数量决定区面的个数,也就是子区的个数。

```
facet=alt.Facet("Origin",type="nominal")
```

　　可以使用关键字参数 columns 设定子区的列数,也就是每行子区的个数,默认是一行展示所有子区，这与子区通道 column 的作用相同。下面两行代码的作用相同。

```
facet=alt.Facet("Origin",type="nominal")
column=alt.Column("Origin",type="nominal")
```

子区通道 row 是每个子区分布在一行的布局形式，自然地，使用关键字参数 columns 也可以实现相同的布局形式。下面两行代码的作用相同。

```
facet=alt.Facet("Origin",columns=1,type="nominal")
row=alt.Row("Origin",type="nominal")
```

使用关键字参数 columns 可以实现子区通道 row 的布局形式，如图 4.2 所示。

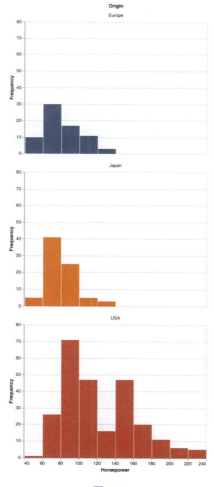

图 4.2

4.1.2　动手实践：分区展示不同年份的每月平均降雨量

在第 3 章的图 3.9 中，我们使用面积图描述了西雅图从 2012 年到 2015 年的每个月的平均降雨量统计情况。接下来，进一步拆分平均降雨量，以年份为分区标准，使用阶梯图将具体年份的每月平均降雨量分区展示，如图 4.3 所示。

图 4.3

核心的实现代码如下所示。

```
...
chart = alt.Chart(df).mark_area(
    color="lightblue",
    interpolate="step",
    line=True,
    opacity=0.8
).encode(
    alt.X("month(date):T",
            axis=alt.Axis(format="%b",
                            formatType="time",
                            labelAngle=-15,
                            labelBaseline="top",
                            labelPadding=5,
                            title="month")),
    y="mean(precipitation):Q",
    facet=alt.Facet("year(date):Q",
                    columns=4,
                    header=alt.Header(
                        labelColor="red",
                        labelFontSize=15,
                        title="Seattle Monthly Precipitation from 2012 to 2015",
                        titleFont="Calibri",
                        titleFontSize=25,
                        titlePadding=15)
                    )
```

```
)
    …
```

在类 alt.X() 中，使用 month 提取时间型变量 date 的月份，映射在位置通道 x 轴上，使用汇总函数 mean() 计算平均降雨量，使用折线作为编码数据的标记样式。在实例方法 encode() 中，使用子区通道 facet 设置分区，使用 year 提取时间型变量 date 的年份，作为拆分从 2012 年到 2015 年每个月的平均降雨量的分区标准，从而将每年的不同月份的平均降雨量分别显示在对应的子区上。使用关键字参数 columns 设置子区的列数，使用关键字参数 header 设置子区序号和子区标题的相关文本内容。具体而言，使用 Header 架构包装器设置文本内容，也就是使用类 alt.Header() 的关键字参数完成文本内容的设置任务，关键字参数的含义如下所示。

- labelColor：序号标签颜色。
- labelFontSize：序号标签大小。
- title：子区标题。
- titleFont：子区字体。
- titleFontSize：子区字体大小。
- titlePadding：子区标题与序号标签的留白距离。

4.1.3　练习：绘制不同月份的年平均降雨量时间序列图

在第 3 章的图 3.9 中，显示 7 月的平均降雨量最小，与其相邻的 6 月和 8 月的平均降雨量也都很小。自然地，我们会对这些月份下不同年份的平均降雨量感兴趣。可以使用子区通道 facet 分区展示不同月份下不同年份的平均降雨量的时间序列图，如图 4.4 所示。

在图 4.4 中，7 月的年平均降雨量都很小，整体趋势也很平稳，没有出现剧烈波动。6 月的年平均降雨量是逐年下降的，8 月的年平均降雨量是逐年上升的，也都没有出现大幅波动。相反地，其他月份的年平均降雨量基本上波动情况很明显，尤其是 2 月、3 月，以及 9 月至 12 月。

提示：具体实现方法参见附录 A。

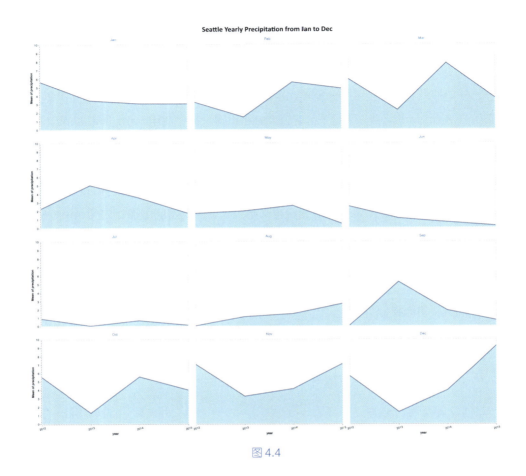

图 4.4

4.2　使用分层图形综合理解数据

在 2D 平面上，通常使用两个位置通道映射数据，使用一种标记样式编码数据，形成统计图形。柱形图表示不同类型的频数分布，散点图表示不同变量的相关关系，折线图表示数量型变量的时间序列趋势，等等。但是，表达的统计信息还不够综合，使用的统计量还不够多元。为此，可以将多种统计图形组合起来形成分层图形，从而使用多种统计量表达更加丰富的统计信息。分层图形可以使用 API 函数 layer()或运算符 "+" 将多个统计图形组合起来。

注意：分层图形中的统计图形的放置有先后顺序的区别，使用 API 函数 layer()

或运算符 "+" 前面的统计图形处于图层的下面，后面的统计图形处于图层的上面，实现原理就像图层一样，层层叠加，如图 4.5 所示。

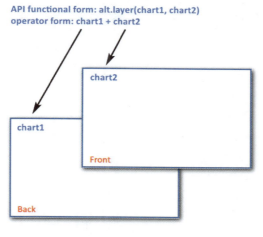

图 4.5

4.2.1　使用描述统计量刻画变量取值的分布偏斜方向和程度

描述统计量的术语主要有均值（mean）、中位数（median）、众数（mode）、偏度（skewness）、峰度（kurtosis）、标准差和方差等。

从定量的角度而言，使用偏度系数可以刻画变量取值的频数分布的非对称形状，也就是非对称分布的程度，偏度系数的计算公式如下所示。

$$S_K = \frac{3(\text{Mean} - \text{Median})}{\text{Standard Deviation}},\ S_K \in [-3,3]$$

从可视化的角度而言，比较均值、中位数和众数 3 个统计量的数值大小，也可以刻画变量取值的分布偏斜方向和程度。偏斜方向分为左偏分布、对称分布和右偏分布。偏度系数和频率分布的关系如下所示。

- $S_K = 0 \Longrightarrow$ Normal and Symmetrical
- $S_K < 0 \Longrightarrow$ Negatively or Left skewed
- $S_K > 0 \Longrightarrow$ Positively or Right skewed

偏态分布的均值、中位数和众数的数值关系如图 4.6 所示。

图 4.6

将均值、中位数和众数以垂直参考线的标记样式添加到直方图上，形成分层图形。依据这些参考线的位置关系，考察频数分布属于左偏分布、对称分布还是右偏分布，如图 4.7 所示。

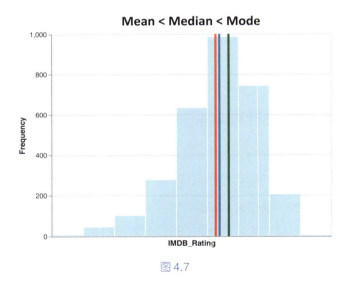

图 4.7

从图 4.7 中可以观察到均值、中位数和众数的位置关系：均值最小、中位数居中和众数最大。因此，图 4.7 的频数分布属于左偏分布，但是偏斜的程度不大。实现方法如下所示。

（1）导入需要的包和数据集。

```
import altair as alt
import altair_viewer
import pandas as pd
from vega_datasets import data
```

（2）生成指定数据集。

```
df = data.movies()
```

（3）使用 API 函数 mode() 计算众数。

```
modeDataFrame = pd.DataFrame({"mode":df["IMDB_Rating"].mode()})
```

（4）使用类 Chart() 加载数据集，生成对象存储在变量 base 中。

```
base = alt.Chart(df)
```

（5）隐藏位置通道 x 轴的刻度线、刻度标签，离散化数量型变量，使用位置通道 y 轴计数每个区间的频数，调整刻度线的数量和刻度线的间隔单位。使用柱体编码数据，设置标记的颜色和透明度，获得直方图对象。

```
bar = base.mark_bar(
    color="lightblue",
    opacity=0.8,
).encode(
    x=alt.X("IMDB_Rating:Q",
            bin=True,
            axis=alt.Axis(labels=False,
                          ticks=False,
                          title="IMDB_Rating")
           ),
    y=alt.Y("count():Q",
            axis=alt.Axis(tickCount=6,
                          tickMinStep=200,
                          title="Frequency")
           )
)
```

（6）分别生成均值对象、中位数对象和众数对象，使用 API 函数 value() 设置参考线的宽度。

```
# Mean reference line
meanLine = base.mark_rule(color="red").encode(
    x="mean(IMDB_Rating):Q",
    size=alt.value(3))

# Median reference line
medianLine = base.mark_rule(color="steelblue").encode(
    x="median(IMDB_Rating):Q",
    size=alt.value(3)
)
```

```
# Mode reference line
modeLine = alt.Chart(modeDataFrame).mark_rule(color="green").encode(
    x="mode:Q",
    size=alt.value(3))
```

（7）使用 API 函数 layer()分别将直方图、均值参考线、中位数参考线和众数参考线从下往上放置，生成有上下顺序的分层图形。

```
alt.layer(
    bar,meanLine,medianLine,modeLine
)
```

（8）使用实例方法 properties()设置图形标题、标题字体和标题字号。

```
properties(
    title=alt.TitleParams(text="Mean < Median < Mode",
                          font="Calibri",
                          fontSize=20))
```

注意：如果将直方图放在上面，均值参考线、中位数参考线和众数参考线放在下面，也就是将 API 函数 layer()的位置参数 bar 对象放在其他位置参数的后面，那么生成分层图形的实现代码如下所示。

```
alt.layer(
    meanLine,medianLine,modeLine,bar
)
```

这样，直方图遮挡住均值参考线、中位数参考线和众数参考线，使得直方图在上面，其他图形在下面，如图 4.8 所示。

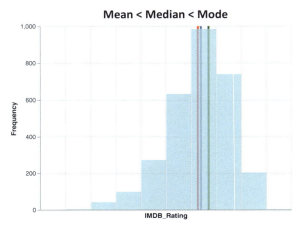

图 4.8

4.2.2　练习：绘制风速的均值、最大值和最小值的趋势变化曲线

将不同的描述统计量的趋势变化曲线放在同一个图形框中，形成分层图形。描述风速的均值、最大值和最小值以月份作为时间单位的时间序列图，如图 4.9 所示。

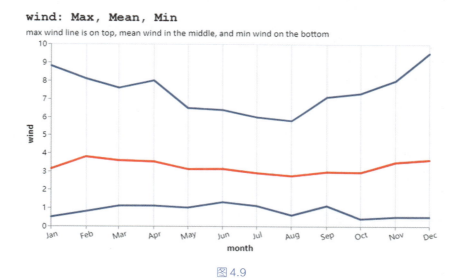

图 4.9

提示：具体实现方法参见附录 A。

4.3　通过连接图形全面理解数据

在散点图中，使用两个位置通道描述变量之间的相关关系，每一个位置通道的变量的频数分布却不能在散点图中清晰直观地呈现出来。如果将一个位置通道的变量的直方图和散点图连接起来，就可以了解更多有关变量的信息。以散点图连接直方图为例，连接图形的方式主要包括：散点图添加水平直方图、散点图添加垂直直方图、散点图添加水平直方图和垂直直方图。连接图形既可以使用 API 函数 hconcat()，也可以使用运算符"|"。当然，连接图形的模式不仅仅局限在散点图连接直方图，还有散点图连接柱形图、折线图连接折线图和面积图连接面积图等。

4.3.1　散点图连接直方图了解更多的变量信息

　　在数据集 seattle-weather 中，可以使用散点图刻画降雨量（precipitation）和风速（wind）的相关关系。在降雨的天气里，描述降雨量和风速的相关关系可以获取很多信息。将水平直方图与散点图连接起来，可以获取更多有关天气的信息。我们将描述降雨量和风速的散点图与描述风速的水平直方图连接，如图 4.10 所示。

　　在图 4.10 中，降雨量映射在位置通道 *x* 轴上，风速映射在位置通道 *y* 轴上。由于风速的离散程度不高，导致很多标记相互覆盖，无法有效地分辨不同风速对应的降雨量。这样，可以使用直方图刻画风速在位置通道 *y* 轴上的频数分布，进一步掌握风速的分布特征及与降雨量的相关关系。实现方法如下所示。

　　（1）导入需要的包和加载数据集。

```
import altair as alt
import altair_viewer
from vega_datasets import data

df = data("seattle_weather")
```

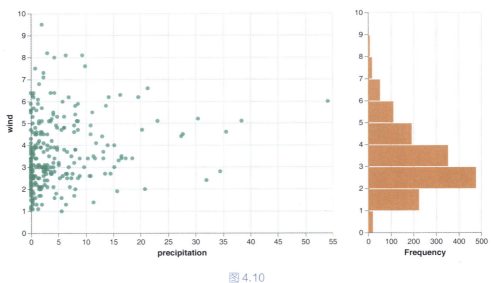

图 4.10

　　（2）绘制降雨量和风速的散点图，隐藏降雨天气状况的图例，使用颜色方法 dark2。

```
chart = alt.Chart(df).mark_circle().encode(
    x=alt.X("precipitation",
            axis=alt.Axis(labelAlign="center")),
    y="wind",
    color=alt.Color("weather",
                    legend=None,
                    scale=alt.Scale(
                        scheme="dark2"
                        )
                    )
                    ).transform_filter(
    alt.datum.weather=="rain"
)
```

（3）绘制风速的直方图，使用关键字参数 labelExpr 格式化刻度标签，使用数学函数 round()四舍五入小数，隐藏 y 轴的坐标轴标签。

```
hist = alt.Chart(df).mark_bar(color="#E48F4D").encode(
    x=alt.X("count()",
            axis=alt.Axis(
                labelAlign="center",
                title="Frequency")),
    y=alt.Y(
        "wind:Q",
        bin=True,
        axis=alt.Axis(
            labelExpr="round(datum.value)",
            title=None))).properties(width=150)
```

（4）使用运算符"|"，将散点图与水平直方图连接，展示图形。

```
altair_viewer.display(chart|hist,inline=True)
```

在图 4.10 中，由于降雨量过多地集中在[0,5]，导致很多标记相互覆盖和重叠，无法有效地分辨不同降雨量与不同风速的标记。这样，可以使用直方图刻画降雨量在位置通道 x 轴上的频数分布，进一步地掌握降雨量的分布特征及降雨量与风速的相关关系。我们将描述降雨量和风速关系的散点图与描述降雨量的垂直直方图连接，如图 4.11 所示。

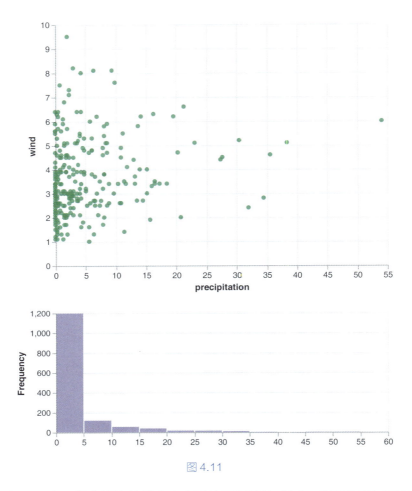

图 4.11

在图 4.11 中，散点图连接垂直直方图使用运算符"&"，实现代码如下所示。

```
altair_viewer.display(chart&hist,inline=True)
```

其他部分的实现代码与图 4.10 的实现代码类似，不再赘述。

4.3.2 练习：散点图连接水平直方图和垂直直方图，分别刻画降雨量和风速的频数分布

如果将图 4.10 和图 4.11 组合起来，也就是散点图连接水平直方图和垂直直方图，那么就可以同时刻画降雨量的频数分布和风速的频数分布，进一步地掌握降雨量和风

速的相关关系，如图 4.12 所示。

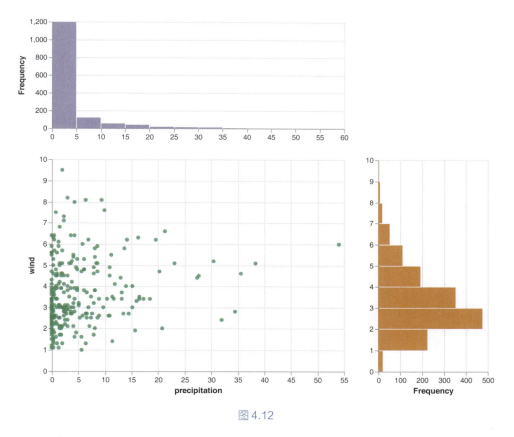

图 4.12

提示：运算符"|"和"&"与 API 函数 hconcat()和 vconcat()都有前后连接对象的位置顺序要求，具体实现方法参见附录 A。

4.4　使用变量矩阵分区理解数据

在分析变量之间相关关系的过程中，经常需要分析一个变量与不同变量的相关关系，也就是变量矩阵。通过变量矩阵，可以考察不同变量之间的相关关系，从而快速确定需要分析的变量。例如，在多元回归分析中，变量之间存在多重共线性的情况，使用变量矩阵可以直观地发现存在线性相关关系的变量。在主成分分析中，使用变量矩阵可以辅助找出主成分变量的组成变量，以及辅助确定主成分变量是否存在相关关系。在聚类分析中，使用变量矩阵可以快速地识别聚类模式和聚类数量。

数据集 iris 由 3 种鸢尾花的花瓣长度、宽度与萼片长度、宽度组成。数据集 iris 的前 5 行数据记录如图 4.13 所示。

	sepalLength	sepalWidth	petalLength	petalWidth	species
0	5.1	3.5	1.4	0.2	setosa
1	4.9	3.0	1.4	0.2	setosa
2	4.7	3.2	1.3	0.2	setosa
3	4.6	3.1	1.5	0.2	setosa
4	5.0	3.6	1.4	0.2	setosa

图 4.13

每行数据观察值分别是萼片的长度（sepalLength）、萼片的宽度（sepalWidth）、花瓣的长度（petalLength）、花瓣的宽度（petalWidth）和鸢尾花的种类。花瓣与萼片的长度和宽度是数量型变量，鸢尾花种类是名义型变量。使用变量矩阵描述鸢尾花的花瓣与萼片的长度和宽度关系，也就是说，使用变量矩阵描述每种鸢尾花的sepalLength、sepalWidth、petalLength 和 petalWidth 的聚类模式和聚类数量。每种鸢尾花使用一种 CSS 颜色字符串编码标记，如图 4.14 所示。

在图 4.14 中，每种类别的鸢尾花都聚集在一起，不同类别的鸢尾花相互重叠的程度很低，因此，变量矩阵可以很好地展现不同种类的鸢尾花的花瓣与萼片的长度、宽度的聚类模式和聚类数量。

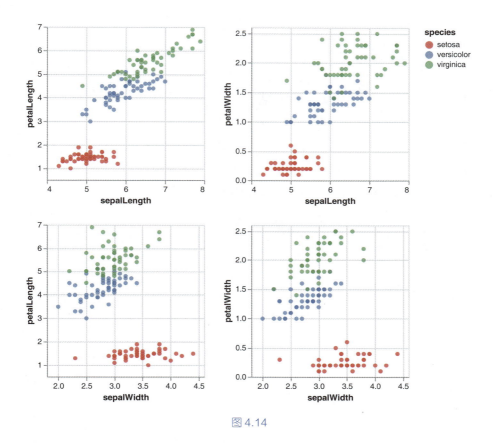

图 4.14

> **说明：** 数据集 iris 也是机器学习中的聚类分析和判别分析的经典训练数据集。

图 4.14 的实现方法如下所示。

（1）在实例方法 encode() 的位置通道 x 轴中，类 alt.X() 使用 API 函数 repeat() 将 row 与位置通道 x 轴绑定起来，返回值传递给类 alt.X() 的关键字参数 field。

```
alt.X(
        alt.repeat("row"),
        scale=alt.Scale(
                padding=1.0,
                zero=False
        )
        type="quantitative")
```

（2）在实例方法 encode() 的位置通道 y 轴中，类 alt.Y() 使用 API 函数 repeat() 将 column 与位置通道 y 轴绑定起来，返回值传递给类 alt.Y() 的关键字参数 field。

```
alt.Y(
        alt.repeat("column"),
        scale=alt.Scale(
            padding=1.0,
            zero=False
        )
        type="quantitative")
```

（3）在对象 Chart 的实例方法 repeat()中，关键字参数 row 和 column 与 API 函数 repeat()的 row 和 column 存储的列表相同,也就是关键字参数 row 和 column 与 alt.repeat("row")和 alt.repeat("column")相对应。

```
repeat(
    row=["sepalLength", "sepalWidth"],
    column=["petalLength", "petalWidth"]
)
```

（4）展示对象 RepeatChart。

```
altair_viewer.display(chart,inline=True)
```

第 5 章　探索数据

数据就像一片浩瀚的海洋，在海洋下面蕴藏着无数等待探索和发现的信息。最好的探索方式就是与海洋互动，用好奇心发现蕴藏在海洋深处的未知世界。探索数据就是一个与数据互动的过程，动态地挖掘数据价值，发现数据规律，洞察数据关系。而且，与数据互动的过程也是高效、简便地分析数据的方式。从用户使用界面（GUI）的角度来看，与数据互动的过程就是数据交互，将鼠标光标悬停在数据上，通过拖曳/滑动/缩放图形区域、选定区间等交互方式，完成探索数据，进一步分析数据和研究数据的过程。

5.1　让鼠标光标停留在标记上出现变量取值提示

5.1.1　实现方法

探索场景：在散点图中，由于变量取值的离散程度不高，会出现标记相互重叠覆盖的情况，从而导致标记的变量取值无法有效识别。

解决方案：可以将鼠标光标停留在标记上，标记对应的变量取值以文本框的形式显示，同时调整标记大小，这样，每个标记的变量取值就可以有效识别，如图 5.1 所示。

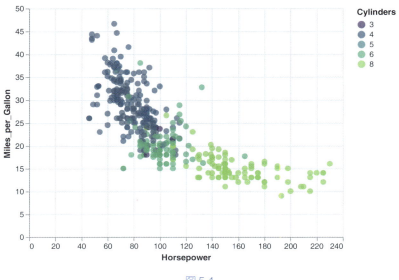

图 5.1

实现方法如下所示。

（1）导入需要的包和加载数据集。

```
import altair as alt
import altair_viewer
from vega_datasets import data

df = data("cars")
```

（2）在实例方法 mark_point()中，使用具有填充颜色的圆形标记编码数据。

```
mark_point(filled=True,size=60)
```

（3）在实例方法 encode()中，分别将变量 Horsepower 和变量 Miles_per_Gallon 映射在位置通道 x 轴和位置通道 y 轴上，将变量 Cylinders 映射在标记属性通道上，使用类 alt.Scale()指定颜色方案 viridis，传递给类 alt.Color()的关键字参数 scale。

```
encode(
    x="Horsepower:Q",
    y="Miles_per_Gallon:Q",
    color=alt.Color(
        "Cylinders:O",
        scale=alt.Scale(scheme="viridis")),
    tooltip=["Horsepower","Miles_per_Gallon","Cylinders"]
```

```
)
```

（4）在实例方法 encode()的提示文本通道中，将变量列表传递给关键字参数
tooltip，指定提示文本所包含的变量。

```
tooltip=["Horsepower","Miles_per_Gallon","Cylinders"]
```

（5）使用实例方法 interactive()完成数据交互的任务。

```
interactive()
```

使用实例方法 interactive()不仅可以添加提示文本，还可以在图形区域使用鼠标
的滑轮放大和缩小统计图形，以及在图形区域使用鼠标拖曳图形区域移动统计图形，
如图 5.2 所示。

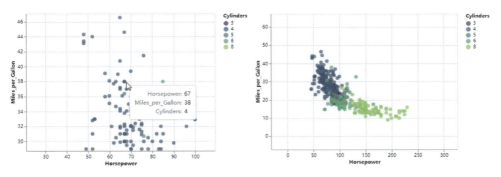

图 5.2

因此，通过移动统计图形可以局部地分析数据，通过放大统计图形可以进一步地
分析一些存在相互覆盖情形的标记，通过添加提示文本可以重点关注局部范围内的数
据和一些离群点。这种动态分析数据的过程是静态地展示统计图形所无法比拟的。数
据交互是探索数据直观有效的实现方法。

5.1.2　练习：时间序列图的时间型变量和数量型变量的提示文本

时间序列图是分析数量型变量的趋势变化和周期规律的经典统计图形。但是，由
于时间跨度过长，导致具体时点的数值没有办法精确识别，只能大致分析一段时期的
数值变化，没有充分发挥时间序列图的使用价值。通过添加提示文本，就可以将重点

关注的具体时间的数值给出有效注释，使得时间序列图成为金融、生物领域的重要分析工具，如图 5.3 所示。

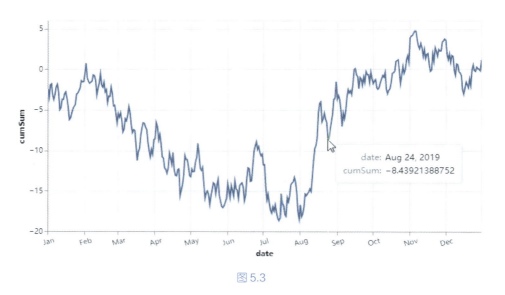

图 5.3

进一步地，可以通过滚动鼠标的滑轮放大局部折线图，查看具体时点的数值及周围时点的数值变化，如图 5.4 所示。

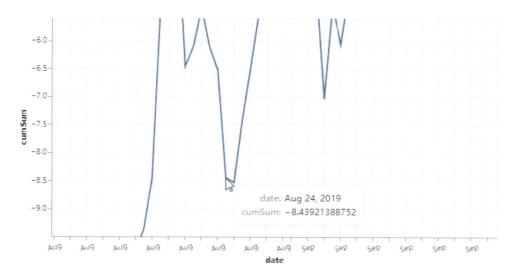

图 5.4

提示：具体实现方法参见附录 A。

5.2　点击鼠标和拖曳鼠标实现图形区域选择

5.2.1　实现方法

探索场景：在散点图中，我们希望通过点击鼠标后拖曳鼠标的方式选中一部分图形区域，而且这部分图形区域在颜色上与未选中的图形区域可以相互区别。进一步地，通过移动鼠标还可以将选中的图形区域转变为与其他区域同样大小，实现动态分析选中图形区域的交互效果。

解决方案：API 函数 selection()可以捕获来自事件的交互。事件交互主要包括悬停鼠标、点击鼠标、拖曳鼠标和滑动鼠标等。事件交互的 API 函数 selection()的返回对象 Selection 可以称为图形区域选择器。使用选择器需要有清晰明确的目标，否则选择器产生的交互效果就会大打折扣。API 函数 condition()可以接收对象 Selection，与函数 selection()一起使用改变统计图形的元素。事件交互的 API 函数包括 selection_interval()、selection_single()和 selection_multi()，使用 API 函数 selection()的关键字参数 type 可以实现相同的交互效果。API 函数 selection()的关键字参数 type 可以使用的参数值分别是字符串"interval"、"single"和"multi"。与这 3 个字符串参数值相对应的 API 函数分别是 selection_interval()、selection_single()和 selection_multi()。

API 函数 selection_interval()可以制作类似刷子的工具，划定图形区域。将 API 函数 selection_interval()的返回值 Selection 传递给实例方法 add_selection()，可以实现点击鼠标后拖曳鼠标以选定图形区域、移动图形区域的交互效果，如图 5.5 所示。

实现方法如下所示。

```
import altair as alt
import altair_viewer
from vega_datasets import data
```

```
brush = alt.selection_interval()

df = data("cars")

chart = alt.Chart(df).mark_point(filled=True,size=60).encode(
    x="Horsepower:Q",
    y="Miles_per_Gallon:Q",
    color=alt.Color(
        "Origin:N",
        scale=alt.Scale(scheme="set2"))
).add_selection(brush)

altair_viewer.display(chart,inline=True)
```

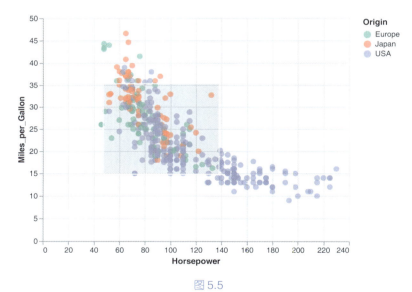

图 5.5

在图 5.5 中，划定的图形区域还没有实现真正意义上的交互，因为划定的图形区域与未划定的图形区域没有颜色上的区分。因此，可以将对象 Selection 传递给 API 函数 condition()，实现标记属性通道 color 的对象 Selection 的条件颜色编码。将划定的图形区域使用颜色方案 set2 编码变量 Origin，未划定的图形区域使用 CSS 颜色字符串编码变量 Origin，使用 API 函数 value() 设定 CSS 颜色字符串编码变量 Origin。这样，如果点击鼠标后拖曳鼠标选定图形区域，那么选定的图形区域就与未选定的图形区域有颜色上的不同，如图 5.6 所示。

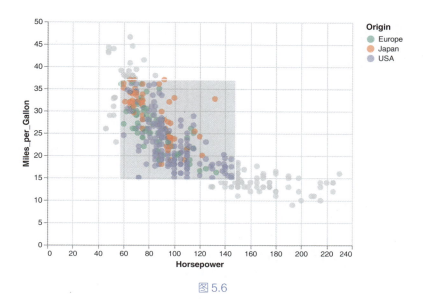

图 5.6

实现方法如下所示。

（1）使用 API 函数 selection_interval()生成对象 Selection，将对象 Selection 传递给变量 brush。

```
brush = alt.selection_interval()
```

（2）在实例方法 encode()的标记属性通道 color 中，使用 API 函数 condition() 将对象 Selection 传递给标记属性通道 color，有条件地编码 Origin，划定的图形区域使用颜色方案 set2 编码变量 Origin，未划定的图形区域使用 API 函数 value()按照 CSS 颜色字符串"lightgray"编码变量 Origin。最后，将对象 Selection 传递给实例方法 add_selection()，增加图形区域的交互效果。

```
chart = alt.Chart(df).mark_point(filled=True,size=60).encode(
    x="Horsepower:Q",
    y="Miles_per_Gallon:Q",
    color=alt.condition(brush,
                        alt.Color("Origin:N",
                                  scale=alt.Scale(scheme="set2")),
                        alt.value("lightgray"))
).add_selection(brush)
```

（3）展示具有交互效果的图形区域。

```
altair_viewer.display(chart,inline=True)
```

通过点击和拖曳鼠标实现图形的区域选择。

API 函数 selection_interval()不仅可以应用在单幅图形上，还可以应用在连接图形上。通过点击鼠标和拖曳鼠标，同步划定不同图形上对应数据记录的图形区域，如图 5.7 所示。

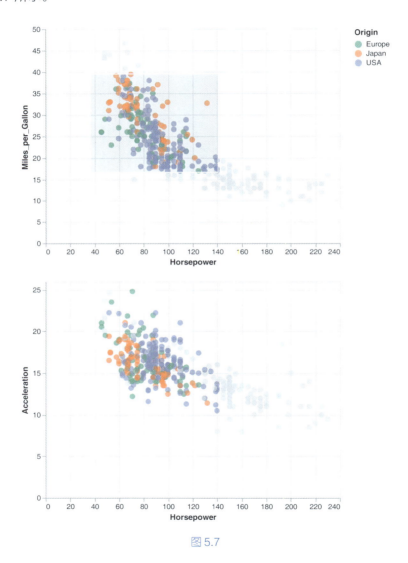

图 5.7

实现方法如下所示。

（1）使用 API 函数 selection_interval()生成对象 Selection，将对象 Selection
传递给变量 brush。

```
brush = alt.selection_interval()
```

（2）在实例方法 encode()中，将变量 Horsepower 映射在位置通道 *x* 轴上，不
指定映射在位置通道 *y* 轴上的变量。最后，将对象 Selection 传递给实例方法
add_selection()，增加图形区域的交互效果。

```
chart = alt.Chart(df,height=300).mark_point(filled=True,size=60).encode(
    x="Horsepower:Q",
    color=alt.condition(brush,
                        alt.Color("Origin:N",
                                 scale=alt.Scale(scheme="set2")),
                        alt.value("lightgray"))
).add_selection(brush)
```

（3）在 API 函数 vconcat()中，分别使用实例方法 encode()将变量
Miles_per_Gallon 和 Acceleration 映射在位置通道 *y* 轴上。

```
alt.vconcat(
    chart.encode(y="Miles_per_Gallon:Q"),
    chart.encode(y="Acceleration:Q")
)
```

在 API 函数 selection_interval()中，使用关键字参数 encodings 指定图形区域
的选择只与一个位置通道绑定。由于图 5.7 中的位置通道 *x* 轴上的映射变量相同，所
以使用关键字参数 encodings 将图形区域的选择与位置通道 *y* 轴绑定，也就是变量
Miles_per_Gallon 和 Acceleration，如图 5.8 所示。

与图 5.7 的实现代码不同的部分如下所示。

```
brush = alt.selection_interval(encodings=["y"])
```

说明：API 函数 condition()的第 1 个位置参数可以是对象 Selection、
expr.Expression、datum.Expression、string。第 2 个和第 3 个位置参数分别是
第 1 个位置参数返回值为真和返回值为假的参数值。

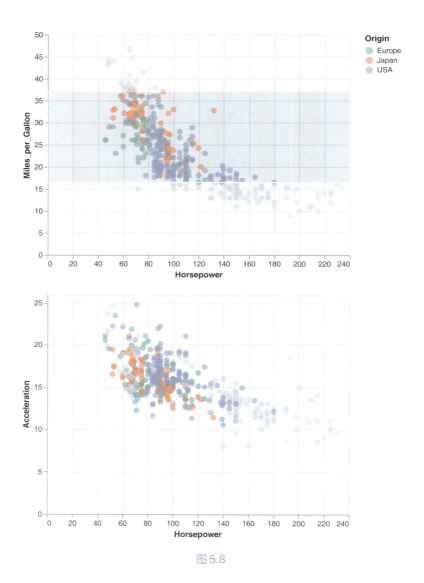

图 5.8

5.2.2　动手实践：动态选定时间区间的时间序列面积图

　　分析时间型变量与数量型变量的变化关系和波动趋势，除了可以使用折线编码数据，还可以使用区域编码变量。特别地，在描述波动趋势方面，面积图由于使用填充颜色（包围原则），所以刻画数值的变化程度和变化趋势要比折线图更直观，如图 5.9 所示。

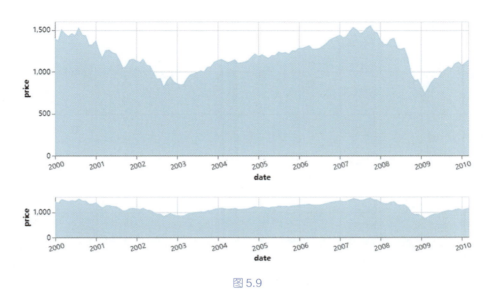

图 5.9

在图 5.9 中，虽然将以年份为单位的价格变化趋势和变化程度清晰地描绘出来了，但是要想进一步分析具体年份下的具体月份或年份区间内的价格就稍显不足了。这样，可以使用区间范围选择刷 selection_interval()，将位置通道 x 轴的量尺与选择刷绑定，使 x 轴的坐标轴区间范围与选择刷的划定区域——对应，如图 5.10 所示。

在图 5.10 中，选定下方面积图的 2002 年至 2004 年区间，上方面积图的 x 轴的坐标轴区间范围会相应显示与选定的年份区间相对应的时间区间，而且随着下方面积图的选定区间左右移动，上方面积图的坐标轴区间范围也会相应地变化，产生 x 轴区间选择与坐标轴区间范围变化的交互联动效果。

实现方法如下所示。

（1）导入需要的包，使用属性 url 获得 URL 来源的数据集 sp500。数据集 sp500 是标准普尔 500 指数。

```
import altair as alt
from vega_datasets import data

df = data.sp500.url
```

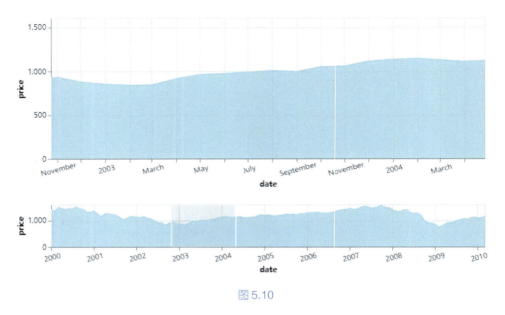

图 5.10

（2）将位置通道 *x* 轴作为选择区间，使用 API 函数 selection_interval()将对象 Selection 传递给变量 brush。

```
brush = alt.selection_interval(encodings=["x"])
```

（3）将上方面积图的位置通道 *x* 轴与区间范围选择刷 brush 绑定起来，实现区间选择与坐标轴区间范围变动相互联动。

```
upper = alt.Chart(df).mark_area(
    line={"color":"lightblue"},
    color="lightblue",
    opacity=0.9
).encode(
    x=alt.X(
        "date:T",
        axis=alt.Axis(
            labelAlign="center",
            labelAngle=-15,
            labelPadding=5
        ),
        scale=alt.Scale(domain=brush)
    ),
    y="price:Q"
).properties(
    width=600,
```

```
        height=200
)
```

（4）在下方面积图中，将区间范围选择刷 brush 传递给实例方法 add_selection()，增加区间范围选择的交互效果。

```
lower = alt.Chart(df).mark_area(
    line={"color":"lightblue"},
    color="lightblue",
    opacity=0.9
).encode(
    x=alt.X(
        "date:T",
        axis=alt.Axis(
            labelAlign="center",
            labelAngle=-15,
            labelPadding=5
        )
    ),
    y="price:Q"
).properties(
    width=600,
    height=60
).add_selection(brush)
```

（5）使用 API 函数 vconcat()将两个面积图以垂直放置的形式连接起来，实现区间选择与坐标轴区间范围变动的交互联动效果。

```
alt.vconcat(upper, lower)
```

API 函数 selection_interval()除了使用关键字参数 encodings，还可以使用关键字参数 empty。关键字参数 empty 可能取值的含义如下。

- "all"：在没有区域选定的情况下，图形区域的所有标记默认选定。
- "none"：在没有区域选定的情况下，图形区域的所有标记默认都不选中。

关键字参数 empty 默认取值"all"，两种取值的统计图形和交互效果如图 5.11 所示。

在使用鼠标点击和拖曳图形区域之后，两种取值实现的区域选择如图 5.12 所示。

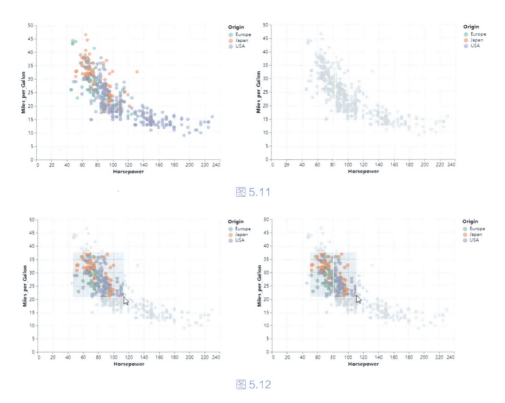

图 5.11

图 5.12

关键字参数 bind 可以使 API 函数 selection_interval()与坐标轴的量尺绑定。关键字参数 bind 可以使 API 函数 selection_interval()实现与实例方法 interactive() 相同的交互效果：移动和缩放图形区域，如图 5.13 所示。

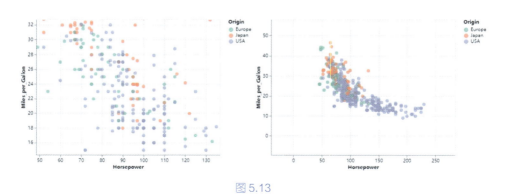

图 5.13

实现方法如下所示。

```
scales = alt.selection_interval(bind='scales')
```

与 API 函数 selection_interval()使用关键字参数 bind 实现的交互效果比较而言，实例方法 interactive()实现这种交互效果更简洁。

5.3 点击鼠标实现标记选择

5.3.1 实现方法

探索场景：在热力图中，不同颜色的矩形标记纵横排列，整体分析变量取值的分布特征和变化特点是其主要作用之一。现在我们希望对感兴趣的单个矩形标记进行重点分析，实现局部分析的目标。

解决方案：API 函数 selection_single()可以通过点击鼠标将选中的矩形标记保留，其他没有选中的矩形标记使用其他颜色编码矩形标记。图 5.14 是不同年份对应月份的气温最大值的均值热力图，使用颜色标尺记录不同均值对应的标记颜色。

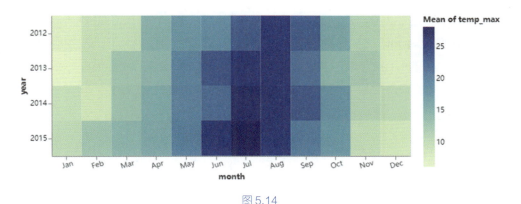

图 5.14

在使用鼠标点击 2014 年 6 月的矩形标记之后，这个矩形标记就被保留，其他矩形标记使用灰色编码，与保留矩形标记相互区分，如图 5.15 所示。

实现方法如下。

（1）导入需要的包。

```
import altair as alt
import altair_viewer
```

```
from vega_datasets import data
```

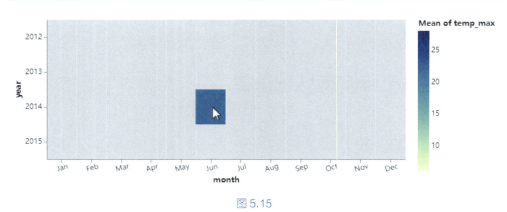

图 5.15

（2）调用 API 函数 selection_single()，将返回值 Selection 传递给变量 single。

```
single = alt.selection_single()
```

（3）加载数据集。

```
source = data.seattle_weather()
```

（4）在实例方法 encode() 的标记属性通道 color 中，将对象 Selection 传递给 API 函数 condition()，可以增加的交互效果包括：鼠标点击矩形标记；选中的矩形标记使用类 alt.Color() 按照颜色方案 yellowgreenblue 对气温最大值的均值编码颜色；未选中的矩形标记使用 API 函数 value() 按照 CSS 颜色字符串"lightgray"编码颜色。

```
alt.Chart(source).mark_rect().encode(
    x=alt.X(
        "month(date):O",
        axis=alt.Axis(
            labelAlign="center",
            labelAngle=-15,
            title="month"
        )
    ),
    y=alt.Y(
        "year(date):O",
        axis=alt.Axis(
            labelAlign="right",
            labelPadding=2,
            title="year"
        )
    ),
```

```
        color=alt.condition(
            single,
            alt.Color(
                "mean(temp_max):Q",
                scale=alt.Scale(scheme="yellowgreenblue")
            ),
            alt.value("lightgray")
        )
    )
)
```

（5）使用实例方法 properties()设置画布的高度和宽度。

```
properties(
    height=200,
    width=500
)
```

（6）使用实例方法 add_selection()加载对象 Selection，增加鼠标点击标记选中的交互效果。

```
add_selection(single)
```

（7）展示具有交互效果的热力图。

```
altair_viewer.display(chart,inline=True)
```

5.3.2　动手实践：滑动鼠标实现标记选择

除了点击鼠标选中标记，还可以使用鼠标光标悬停的方式选中标记，而且可以选中离鼠标光标最近的标记。实现方法和参数含义如下所示。

```
single_nearest = alt.selection_single(on="mouseover", nearest=True)
```

- on：事件交互名称。
- nearest：鼠标光标悬停在标记附近是否产生事件交互。

将对象 Selection 传递给 API 函数 condition()和实例方法 add_selection()，实现鼠标光标悬停在相邻标记附近就可以选中标记的交互效果，如图 5.16 所示。

因此，API 函数 selection_single(on="mouseover", nearest=True)设定交互模式，API 函数 condition()设定交互表现形式，实例方法 add_selection()增加交互效果。

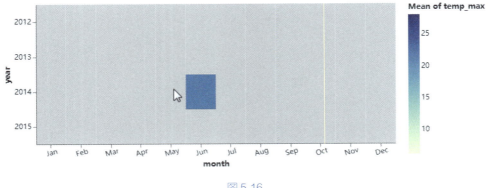

图 5.16

5.4　点击鼠标实现图形区域选择

5.4.1　实现方法

　　探索场景：在热力图中，使用 API 函数 selection_single()点击鼠标只能选择一个标记或使用鼠标光标悬停的方式选中一个标记。那么，如何实现点击鼠标或移动鼠标可以选择若干标记，从而选择局部的图形区域。

　　解决方案：API 函数 selection_multi()可以按住 Shift 键点击鼠标，将选中的矩形标记保留，其他没有选中的矩形标记使用其他颜色编码矩形标记，从而连续选择若干标记，如图 5.17 所示。

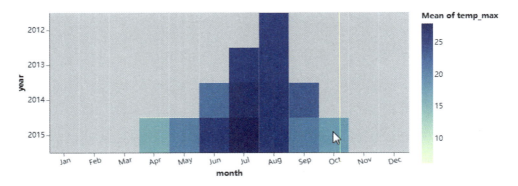

图 5.17

实现方法如下所示。

（1）导入需要的包。

```
import altair as alt
import altair_viewer
from vega_datasets import data
```

（2）调用 API 函数 selection_multi()，将返回值 Selection 传递给变量 multi。

```
multi = alt.selection_multi()
```

（3）加载数据集。

```
source = data.seattle_weather()
```

（4）在实例方法 encode() 的标记属性通道 color 中，将对象 Selection 传递给 API 函数 condition()，可以增加的交互效果包括：按住 Shift 键点击鼠标连续选中矩形标记；选中的矩形标记使用类 alt.Color() 按照颜色方案 yellowgreenblue 对气温最大值的均值编码颜色；未选中的矩形标记使用 API 函数 value() 按照 CSS 颜色字符串"lightgray"编码颜色。

```
alt.Chart(source).mark_rect().encode(
    x=alt.X(
        "month(date):O",
        axis=alt.Axis(
            labelAlign="center",
            labelAngle=-15,
            title="month"
        )
    ),
    y=alt.Y(
        "year(date):O",
        axis=alt.Axis(
            labelAlign="right",
            labelPadding=2,
            title="year"
        )
    ),
    color=alt.condition(
        multi,
        alt.Color(
            "mean(temp_max):Q",
            scale=alt.Scale(scheme="yellowgreenblue")
        ),
```

```
        alt.value("lightgray")
    )
)
```

（5）使用实例方法 properties()设置画布的高度和宽度。

```
properties(
    height=200,
    width=500
)
```

（6）使用实例方法 add_selection()加载对象 Selection，增加按住 Shift 键点击鼠标连续选中标记的交互效果。

```
add_selection(multi)
```

（7）展示具有交互效果的热力图。

```
altair_viewer.display(chart,inline=True)
```

5.4.2 动手实践：滑动鼠标实现图形区域的选择

使用 API 函数 selection_multi()的关键字参数 on 和 toggle 还可以通过移动鼠标的简便方式，动态连续地选择若干标记，不需要按住 Shift 键点击鼠标选中图形区域。实现方法和参数含义如下所示。

```
multi = alt.selection_multi(on="mouseover",toggle=False,empty="none")
```

- on：事件交互名称。
- toggle：鼠标光标悬停与移动是否可以切换选中标记与未选中标记。
- empty：选中全部标记"all"，还是不选中全部标记"none"。

将对象 Selection 传递给 API 函数 condition()和实例方法 add_selection()，可以实现移动鼠标光标动态连续地选中标记的交互效果，如图 5.18 所示。

因此，API 函数 selection_multi(on="mouseover",toggle=False,empty="none")设定交互模式，API 函数 condition()设定交互表现形式，实例方法 add_selection()增加交互效果。

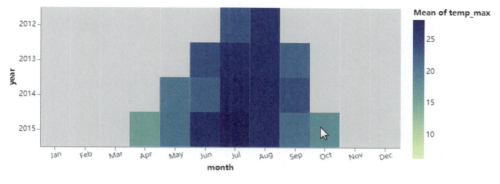

图 5.18

5.4.3　练习：鼠标光标悬停在注释文本上交互显示标记

探索场景：在散点图中，鼠标光标悬停在标记上出现注释文本，但是鼠标光标悬停的标记周围也会存在很多标记，这些标记会干扰选中标记和注释文本的有效识别。

解决方案：图形区域所有标记以灰色编码，使用鼠标光标悬停的方式选中标记，而且可以选中离鼠标光标最近的标记，选中的标记以其他颜色显示。同时，动态地给标记添加注释文本。这样，每个标记和对应的注释文本就都可以有效识别。另外，在子区 Europe 与 USA 的位置通道 x 轴和 y 轴上，都有若干标记，实例方法 mark_*() 的关键字参数 invalid 可以使得存在缺失值的变量取值也使用标记编码，而不是将存在缺失值的变量取值过滤掉，如图 5.19 所示。

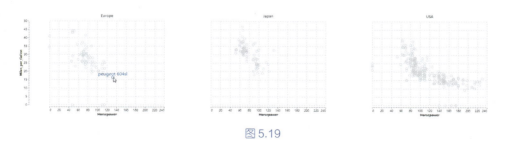

图 5.19

按住 Shift 键，悬停鼠标和滑动鼠标可以连续交互显示若干标记，如图 5.20 所示。

图 5.20

提示：具体实现方法参见附录 A。

5.4.4　动手实践：缺失值的可视化识别方法 2

在数据清理环节，缺失值的识别和处理需要耗费很多时间和精力。从可视化角度，借助统计图形交互式地识别缺失值也不失为一种高效直观的分析方法。这种可视化识别方法主要使用实例方法 mark_*()的关键字参数 invalid 和实例方法 transform_filter() 识别缺失值。然后，使用 API 函数 selection_multi() 和实例方法 add_selection()交互式地展示编码缺失值的标记。

实例方法 mark_*()的关键字参数 invalid 的默认取值是"filter"，如果变量取值有缺失值，那么在编码数据的过程中会忽略这些缺失值。另一个取值是"none"，如果变量取值有缺失值，那么编码数据的过程中这些缺失值会转化成数值 0。

实例方法 transform_filter()的过滤条件可以使用字符串，如果有多个条件表达式，逻辑连接符的"且"使用&&，逻辑连接符的"或"使用||。例如，逻辑连接符"且"的使用方法如下所示。

```
"datum.Origin=='USA' && !isValid(datum.Horsepower)"
```

使用数据集 cars，识别变量 Horsepower 的缺失值及对应变量 Miles_per_Gallon 的取值。使用柱体编码数据，当鼠标光标悬停在柱体上面时，会显示变量 Miles_per_Gallon 的取值，使用颜色方案 tableau10 编码变量 Name，如图 5.21 所示。

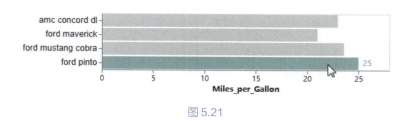

图 5.21

按住 Shift 键，可以连续选中多个柱体，如图 5.22 所示。

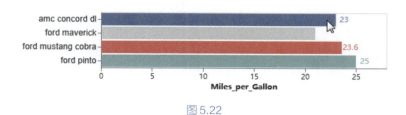

图 5.22

实现方法如下所示。

（1）导入需要的包。

```
import altair as alt
from vega_datasets import data
```

（2）加载数据集。

```
source = data.cars()
```

（3）使用 API 函数 selection_multi() 的关键字参数 on 设置鼠标悬停的交互方式，关键字参数 empty 设置图形区域的全部标记都不选中。返回对象 Selection。

```
multi = alt.selection_multi(on="mouseover",empty="none")
```

（4）在类 alt.X() 中，使用类 alt.Axis() 的关键字参数 labelAlign 设置位置通道 x 轴的刻度标签的对齐方法、grid 设置网格线的显示模式、tickMinStep 设置刻度线之间的最小间距。在类 alt.Y() 中，使用类 alt.Axis() 的关键字参数 labelFont 设置刻度标签的字体、labelFontSize 设置刻度标签的字体大小、tickMinStep 设置刻度线之间的最小间距。在标记属性通道 color 中，使用 API 函数 condition() 设置对象 Selection 的颜色交互模式。使用实例方法 transform_filter() 筛选出变量 Origin 的取值是'USA'，且变量 Horsepower 的取值没有 NaN 的数据记录。

```
base = alt.Chart(source).encode(
    x=alt.X(
```

```
                "Miles_per_Gallon:Q",
                axis=alt.Axis(
                    labelAlign="center",
                    grid=False,
                    tickMinStep=4
                ),
                scale=alt.Scale(domain=[0,27])
            ),
            y=alt.Y(
                "Name:N",
                axis=alt.Axis(
                    labelFont="Arial",
                    labelFontSize=12,
                    title=None,
                    zindex=1
                )
            ),
            color=alt.condition(
                multi,
                alt.Color(
                    "Name:N",
                    legend=None,
                    scale=alt.Scale(scheme="tableau10")
                ),
                alt.value("lightgray")
            )
        ).transform_filter(
            "datum.Origin=='USA' && !isValid(datum.Horsepower)"
        )
```

（5）在实例方法 mark_bar()中，使用柱体标记编码数据，而且使用关键字参数 invalid 将缺失值转化成数值 0。传递对象 Selection 给实例方法 add_selection()，增加交互效果。

```
chart = base.mark_bar(invalid=None).add_selection(multi)
```

（6）在标记属性通道 opacity 中，使用 API 函数 condition()设置对象 Selection 的透明度的交互模式。在文本通道中，将变量 Miles_per_Gallon 映射成文本内容。

```
text = base.mark_text(dx=12,invalid=None).encode(
    opacity=alt.condition(
        multi,
        alt.value(1),
        alt.value(0)
    ),
```

```
        text="Miles_per_Gallon:Q"
)
```

（7）使用运算符"+"将柱形图和文本分层显示，形成分层图形。

```
chart+text
```

5.5　元素交互实现图形区域选择

API 函数 selection()可以捕获来自元素的交互。元素交互包括点选下拉列表、点击单选按钮、点选复选框（复选按钮）和拖动滑块。下拉列表、单选按钮、复选框和滑块称为输入元素。在图 5.23 中，4 幅图形左下角的输入元素分别对应下拉列表、单选按钮、复选框和滑块。

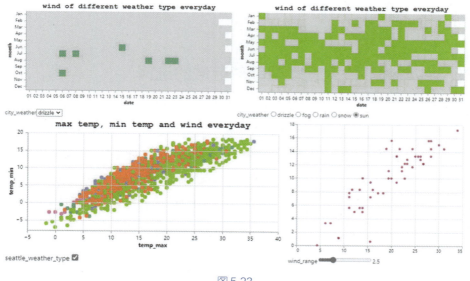

图 5.23

使用属性 bind 可以使 API 函数 selection ()与输入元素绑定。属性 bind 之所以可以使 API 函数 selection()与输入元素绑定，是因为使用 API 函数 selection()可以将输入元素添加到图形区域中，从而将输入元素与对象 Selection 绑定。

元素交互的 API 函数包括 binding_select()、binding_radio()、binding_checkbox()和 binding_range()。输入元素和 API 函数的对应关系如表 5.1 所示。

表 5.1

输入元素	API 函数	使用方法
下拉列表: 从列表中选择一项	binding_select()	返回值传递给 API 函数 selection_single()的关键字参数 bind
单选按钮: 选择一项	binding_radio()	返回值传递给 API 函数 selection_single()的关键字参数 bind
复选框: 选择或不选择	binding_checkbox()	返回值传递给 API 函数 selection_single()的关键字参数 bind
滑块: 在一个数值范围内移动	binding_range()	返回值传递给 API 函数 selection_ single()的关键字参数 bind

元素交互的 API 函数 binding_*()的返回对象 Selection 可以称为图形内容选择器。同样地，使用选择器需要有清晰明确的目标，否则选择器产生的交互效果就会大打折扣。API 函数 condition()可以接收对象 Selection，与函数 selection()一起使用改变统计图形的内容。

5.5.1　点选下拉列表实现图形区域的选择

使用 API 函数 binding_select()可以将名义型变量的不同取值以下拉列表选项的形式列出。例如，变量 weather 的不同天气类型。使用关键字参数 options 存储下拉列表选项。使用变量 single 存储返回值 BindRadioSelect，将返回值 BindRadioSelect 传递给 API 函数 selection_single()的属性 bind，实现列表选项与点选的交互方式绑定。属性 fields 选定名义型变量，从而作为关键字参数 options 的下拉列表选项的取值来源。属性 init 设置下拉列表的默认选项。属性 name 定义下拉列表的名称。

实现方法如下所示。

```
input_dropdown = alt.binding_select(
    options=["drizzle","fog","rain","snow","sun"]
)

single = alt.selection_single(
    fields=["weather"],
    bind=input_dropdown,
    init={"weather":"drizzle"},
    name="city"
```

)

　　使用数据集 seattle-weather 查看全年不同天气类型的数量分布及对应的风速。
例如，选择天气类型"sun"，同时，鼠标光标悬停之处会交互式地以文本提示形式显
示风速，如图 5.24 所示。

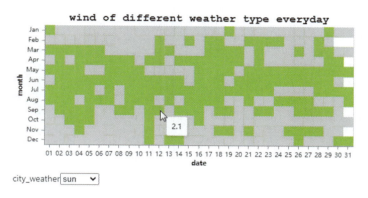

图 5.24

　　在实例方法 encode() 中，使用信息提示通道 tooltip 编码变量 wind 的风速数据，
以文本提示形式显示风速数据。使用实例方法 add_selection() 增加点选下拉列表的
交互效果。具体的实现方法如下所示。

```
chart = alt.Chart(source).mark_rect().encode(
    x=alt.X(
        "date(date):O",
        axis=alt.Axis(
            labelAlign="center",
            labelAngle=0,
            labelPadding=5,
            title="month"
        )
    ),
    y=alt.Y(
        "month(date):O",
        axis=alt.Axis(
            labelPadding=5,
            title="year",
            zindex=1
        )
    ),
    color=alt.condition(
```

```
            single,
            alt.Color(
                "weather:N",
                legend=None,
                scale=alt.Scale(scheme="set2")
            ),
            alt.value("lightgray")
        ),
        tooltip="wind:Q"
    ).properties(
        height=200,
        width=500,
        title=alt.TitleParams(
            "wind of different weather type everyday",
            font="Courier New",
            fontSize=18
        )
    ).add_selection(single)
```

5.5.2 练习：使用条件查询过滤数据记录，实现图形区域的选择

在实例方法 transform_filter()中，条件查询不仅可以使用条件表达式，还可以使用对象 Selection。API 函数 binding_select()将下拉列表选项传递给 API 函数 select_single()的属性 bind，属性 fields 设定下拉列表选项归属的变量。每次选择一项，实例方法 transform_filter()就将下拉列表中选择好的选项作为条件查询，临时删除其他选项对应的数据记录。从而，使图形区域只出现与选项对应的数据记录的标记。将位置通道 x 轴和 y 轴分别映射变量 temp_max 和 temp_min，下拉列表的选项是变量 weather 的取值，提示信息通道 tooltip 使用列表存储变量 date 和变量 wind。鼠标光标悬停之处会交互式地以文本提示形式显示日期和风速，如图 5.25 所示。

在下拉列表中，选择"sun"，实例方法 transform_filter()保留选项"sun"对应的数据记录，过滤掉其他选项对应的数据记录，从而使得图形区域只出现与选项对应的标记，避免其他标记覆盖和遮挡造成的视觉认知障碍，以及降低其他标记对应的提示文本的信息干扰。排除冗余信息之后的交互图形，如图 5.26 所示。

提示：具体实现方法参见附录 A。

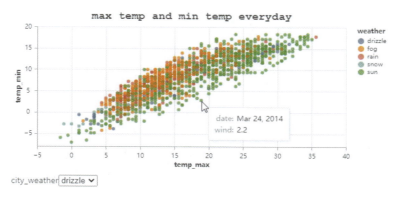

图 5.25

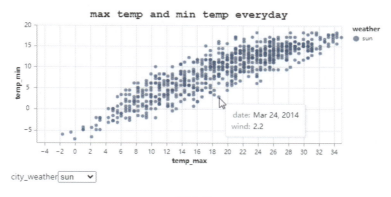

图 5.26

5.5.3　使用单选按钮实现图形区域的选择

　　与下拉列表不同，单选按钮枚举可以选择的全部选项，每次选择一个选项。在实现方法上，使用 API 函数 binding_radio()、关键字参数 options 设置与变量取值对应的选项内容。使用变量 single 存储返回值 BindRadioSelect，将返回值 BindRadioSelect 传递给 API 函数 selection_single()的属性 bind，实现按钮选项与点选的交互方式绑定。属性 fields 选定名义型变量，从而作为关键字参数 options 的按钮选项的取值来源。属性 name 定义单选按钮的名称。

　　实现代码如下所示。

```
input_radio = alt.binding_radio(
    options=["drizzle","fog","rain","snow","sun"]
)

single = alt.selection_single(
    fields=["weather"],
    bind=input_radio,
    name="city"
)
```

通过点选按钮选择一种天气类型，图形区域就会交互式地展示与选定天气类型对应的数据记录的标记，同时，鼠标光标悬停之处会交互式地以文本提示形式显示风速，如图 5.27 所示。

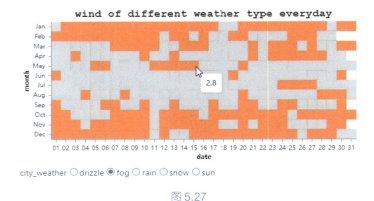

图 5.27

在实例方法 encode() 中，使用信息提示通道 tooltip 编码变量 wind 的风速数据，以数值信息形式交互显示风速数据。使用实例方法 add_selection() 增加点选按钮的交互效果。具体的实现方法和 5.5.1 节的代码实现部分相同。

5.5.4 动手实践：使用连接图形以图形联动方式实现图形区域的选择

在连接图形中可以将其中一个图形设置为点选按钮的功能，点击图形中的一个标记，与这个标记相对应的数据记录就会在另一个图形中展示，使得两个图形具有联动效应。例如，点选右侧散点图的天气类型"fog"标记，与天气类型"fog"对应的数据记录就显示在左侧热力图中，热力图与散点图之间的交互联动效果如图 5.28 所示。

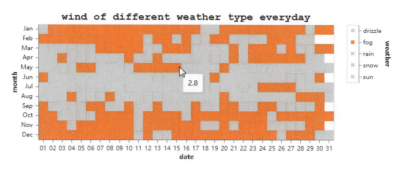

图 5.28

具有点选功能的标记及放置在坐标轴右侧的位置通道 y 轴的实现代码如下所示。

```
legend = alt.Chart(source).mark_square().encode(
    y=alt.Y("weather",axis=alt.Axis(orient="right")),
    color=color
).add_selection(single)
```

由于热力图的标记样式是矩形，所以散点图使用实例方法 mark_square()编码变量的标记样式。在类 alt.Y()中，使用类 alt.Axis()的关键字参数 orient 设置坐标轴的方向，位置通道 y 轴放置在图形区域的右侧。使用实例方法 add_selection()增加点选标记选择数据记录的交互效果。

在热力图中，使用实例方法 interactive()增加文本信息提示的交互效果。为了使得点选标记选择数据记录的交互效果可以在热力图中实现联动效果，我们在热力图和散点图的标记属性通道 color 中，传递给 API 函数 condition()相同的参数值。实现代码如下所示。

```
color=alt.condition(
        single,
        alt.Color(
            "weather:N",
            legend=None,
            scale=alt.Scale(scheme="set2")
        ),
        alt.value("lightgray")
)
```

使用 API 函数 selection_single()的关键字参数 fields，设置散点图的点选变量取值选择数据记录的交互模式。实现代码如下所示。

```
single = alt.selection_single(
```

```
        fields=["weather"]
    )
```

使用运算符"|"将热力图和散点图水平连接,增加点击标记符号和热力图的标记之间的联动效果。实现代码如下所示。

```
chart | legend
```

还可以将 API 函数 selection_single()换成 selection_multi(),实现连续选择多个标记符号的交互效果。实现代码如下所示。

```
multi = alt.selection_multi(
    fields=["weather"]
)
```

对应地,需要将 single 换成 multi 的代码位置共有两处,实现代码如下所示。

```
color=alt.condition(
        multi,
        alt.Color(
            "weather:N",
            legend=None,
            scale=alt.Scale(scheme="set2")
        ),
        alt.value("lightgray")
)

legend = alt.Chart(source).mark_square().encode(
    y=alt.Y("weather",axis=alt.Axis(orient="right")),
    color=color
).add_selection(multi)
```

通过按住 Shift 键,可以连续点选标记符号,选择多个天气类型,如图 5.29 所示。

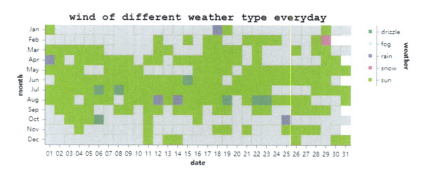

图 5.29

5.5.5　练习：点选图例的标记符号实现图形区域的选择

图例使用可视化形式展示编码不同颜色的标记对应的变量取值，这些变量取值归属的变量是标记属性通道 color 的映射变量。因此，图例具有变量取值枚举的作用。对照来看，单选按钮也具有变量取值枚举的功能。如果需要选择某一个变量取值对应的数据记录，除了点选单选按钮，还可以点击图例中的标记符号选择变量取值对应的数据记录。具有连续多选功能的图例，如图 5.30 所示。

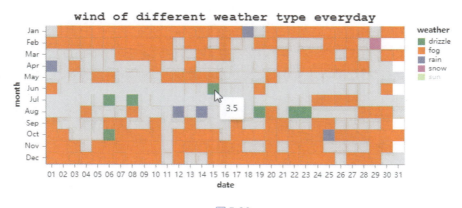

图 5.30

提示：在 API 函数 selection_multi()中，将图例"legend"传递给属性 bind，从而代替连接图形中的散点图。具体实现方法参见附录 A。

5.5.6　拖动滑块实现图形区域的选择

拖动滑块可以动态地选择数值型变量的取值、交互式地筛选图形区域，以及选定数值对应的数据记录的标记。

滑块的初始位置是在滑竿的中间点，可以左右滑动滑块选择不同取值对应的数据记录的图形区域标记。在具体的实现原理上，需要用到 API 函数 binding_range()，使用关键字参数 min、max 和 step 分别设置滑块滑动范围的起止位置和滑动步长，关键字参数 name 定义滑块的名称。使用变量 single 存储返回值 BindRange，将返回值 BindRange 传递给 API 函数 selection_single()的属性 bind，实现滑块与滑动的交互方式绑定。属性 fields 选定名义型变量，从而作为滑块滑动的取值来源。属性

init 设置滑块的初始放置的位置。具体的实现方法如下所示。

```
input_slider = alt.binding_range(
    min=0,max=10,step=0.1,name="wind_range"
)

single = alt.selection_single(
    fields=["wind"],
    bind=input_slider,
    init={"wind":0.0}
)
```

将滑块向右滑动，与滑块所在位置对应的数据记录就会筛选出来，在图形区域里，与滑块所在数值对应的标记就会呈现出来。例如，当滑块在起始位置时，图形区域没有标记，随着滑块向右滑动到 1.8 的数值位置，图形区域出现与风速 1.8 对应的全部数据记录的标记，如图 5.31 所示。

使用实例方法 transform_filter()临时删除干扰的数据记录，降低标记覆盖和遮挡导致交互效果变差的影响，如图 5.32 所示。

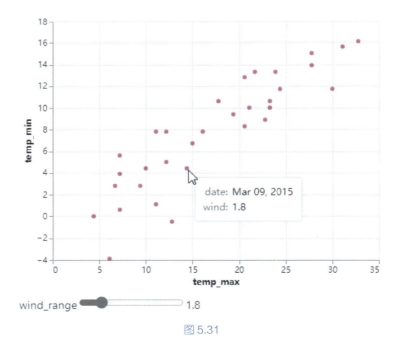

图 5.31

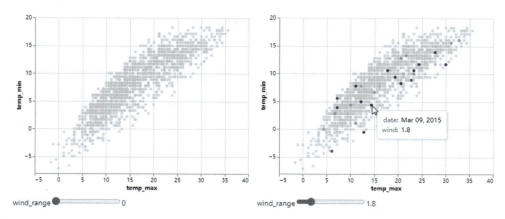

图 5.32

第 3 篇
实践

　　实践是最好的学习方式之一，这也是本书的核心理念。本篇首先使用不同的统计图形探索分析不同的数据集，在这个过程中，使用数据加工箱中的数据加工器完成数据预处理的步骤。然后，使用不同领域的案例全面地探索分析数据的可能应用场景和实现方法。

第 6 章　应用数据

在前面的章节中，我们分别讲解了认识数据、理解数据和探索数据的相关内容。这些内容都是应用数据的铺垫知识。应用数据也是为了更好地认识数据、理解数据和探索数据。这些过程相辅相成。应用数据的关键环节是获得优质的数据集，数据集是由不同变量类型的变量所组成的有限行数的数据记录。结合分析的目的和数据集的组成结构，可以更好地发现、探索和挖掘数据集的潜在价值。

6.1　滑珠图

滑珠图是一种组合图形，由折线图和散点图组合而成。借助滑珠在滑竿上的位置变化，可以很清晰地比较同一类型，以及不同类型的数值差异。如果使用堆积条形图，则会增加认知负担。因此，滑珠图适合应用于同种类型数值差异的纵向比较和不同类型数值差异的横向比较。

6.1.1　比较不同国家人群的预期寿命的变化情况

应用场景：在数据集 countries 中，数量型变量 life_expect 表示预期寿命，数量型变量 fertility 表示出生率，时间型变量 year 表示年份，名义型变量 country 表示国家。下面尝试分析不同国家人群在一定时间跨度内预期寿命的变化情况，例如，从 1960 年到 2000 年，每个国家人群的预期寿命的变化情况，如图 6.1 所示。

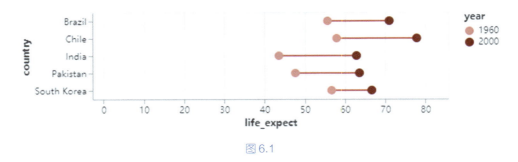

图 6.1

解决方案：使用位置通道 x 轴编码数量型变量 life_expect；使用位置通道 y 轴编码名义型变量 country；使用标记属性通道 color 编码时间型变量 year。使用圆形标记编码预期寿命；为了表示预期寿命的变化，使用直线将一个国家不同年份的圆形标记连接起来。

实现方法如下所示。

（1）加载数据集。

```
source = data.countries.url
```

（2）使用实例方法 transform_filter()筛选比较的国家和比较的年份,从而获得子数据集。使用类 alt.Chart()获得对象 Chart。

```
base = alt.Chart(source).transform_filter(
    filter={"field": "country",
            "oneOf": ["Brazil","Chile","India","Pakistan","South Korea"]}
).transform_filter(
    filter={"field": "year",
            "oneOf": [1960, 2000]}
)
```

（3）绘制滑竿。使用细节通道 detail 编码名义型变量 country，使不同国家的折线不连接，绘制间断平行的折线。

```
lineChart = base.mark_line(color="#db646f").encode(
    x="life_expect:Q",
    y="country:N",
```

```
        detail="country:N"
)
```

（4）绘制滑珠。在类 alt.Scale()中，使用关键字参数 range 存储颜色列表，使用关键字参数 domain 存储年份列表，使用不同颜色编码不同年份的圆形标记。

```
pointChart = base.mark_point(
    size=100,
    opacity=1,
    filled=True
).encode(
    x="life_expect:Q",
    y="country:N",
    color=alt.Color("year:O",
        scale=alt.Scale(
            domain=["1960", "2000"],
            range=["#e6959c", "#911a24"]
        )
    )
)
```

（5）使用运算符"+"将滑竿和滑珠组合起来。

```
chart = lineChart + pointChart
```

（6）绘制具有交互效果的滑珠图。

```
chart.interactive()
```

6.1.2　动手实践：使用网格线表示滑竿的滑珠图

下面我们保留 6.1.1 节中的散点图，去掉折线图，使用位置通道 y 轴的网格线代替折线图。把网格线作为同一类型的数量变化的位置参照系，相当于使用细节通道 detail 的折线图，便于横向比较不同类型，效果如图 6.2 所示。

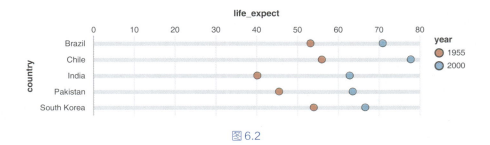

图 6.2

实现方法如下所示。

（1）在实例方法 mark_point()中，使用关键字参数 size 设置圆形标记的大小，使用关键字参数 stroke 设置圆形标记的边界颜色，使用关键字参数 strokeWidth 设置边界宽度。

```
mark_point(
    filled=True,
    opacity=0.9,
    size=80,
    stroke="black",
    strokeWidth=0.7
)
```

（2）在实例方法 transform_filter()中，使用类 alt.FieldOneOfPredicate()筛选满足条件的数据记录。其中，使用关键字参数 field 设置筛选变量，使用关键字参数 oneOf 设置筛选变量取值的枚举列表，相当于逻辑连接词"或"。先后两次使用实例方法 transform_filter()，表示先从数据集 countries 中筛选变量 country 满足指定国家的数据记录，形成临时数据集，再从临时数据集中筛选变量 year 满足指定年份的数据记录，生成最终的临时数据集。

```
transform_filter(
    alt.FieldOneOfPredicate(
        field="country",
        oneOf=["China", "India", "United States", "Indonesia", "Brazil"]
    )
).transform_filter(
    alt.FieldOneOfPredicate(
        field="year",
        oneOf=[1955, 2000]
    )
)
```

（3）在散点图的位置通道 y 轴中，类 alt.Axis()使用关键字参数 grid 显示网格线，使用关键字参数 gridColor 设置网格线的颜色，使用关键字参数 gridWidth 设置网格线的宽度。

```
y=alt.Y(
        "country:N",
        axis=alt.Axis(
            grid=True,
            gridColor="lightgray",
```

```
                gridWidth=5,
                labelPadding=10,
                ticks=False,
            )
        )
```

（4）在散点图的位置通道 *x* 轴中，类 alt.Axis()使用关键字参数 domain 隐藏轴脊，使用关键字参数 labelAlign 设置刻度标签的对齐方式，使用关键字参数 orient 设置坐标轴的位置，使用关键字参数 ticks 隐藏刻度线，使用关键字参数 titlePadding 设置坐标轴标签与刻度标签的距离。

```
x=alt.X(
            "life_expect:Q",
            axis=alt.Axis(
                domain=False,
                labelAlign="center",
                orient="top",
                ticks=False,
                titlePadding=10
            )
        )
```

（5）使用实例方法 configure_view()隐藏图形边框。

```
chart.configure_view(strokeWidth=0)
```

说明：使用位置通道 *x* 轴或 *y* 轴中的关键字参数 axis 可以隐藏刻度模块和装饰模块的组成要素。具体而言，使用类 alt.Axis()的关键字参数隐藏刻度模块和装饰模块的组成要素。

以位置通道 *x* 轴为例，具体的关键字参数和设置方法如表 6.1 所示。

表 6.1

组成要素	关键字参数	隐藏方法
坐标轴	axis	axis=None
轴脊	domain	axis=alt.Axis(domain=False)
刻度线	ticks	axis=alt.Axis(ticks=False)
刻度标签	labels	axis=alt.Axis(labels=False)
网格线	grid	axis=alt.Axis(grid=False)
坐标轴标题	title	axis=alt.Axis(title=None)

6.1.3 练习：描绘数量波动的总体趋势——棒棒糖图

棒棒糖图可以认为是单侧滑珠图，用于比较司一类型的数量变化或不同时间的总体趋势。在实现方法上，可以使用柱形图和散点图形成分层图形，为了更好地突出总体趋势的平均水平，可以添加均值线。分层图形的层次顺序分别是均值线、柱形图和散点图，如图 6.3 所示。

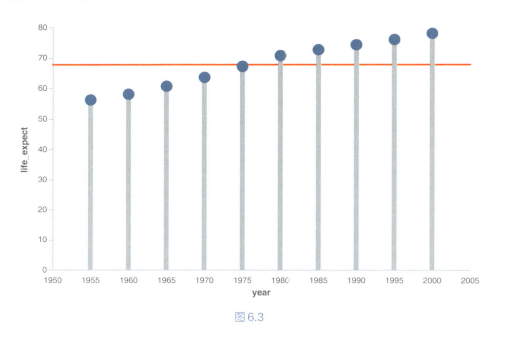

图 6.3

在柱形图的实例方法 encode()中，标记属性通道 color 可以使用 API 函数 condition()，将柱形图按照筛选条件编码颜色。具体而言，时间型变量 year 的取值等于 1975 的柱体，使用"orange"编码颜色，否则，使用"gray"编码颜色，如图 6.4 所示。

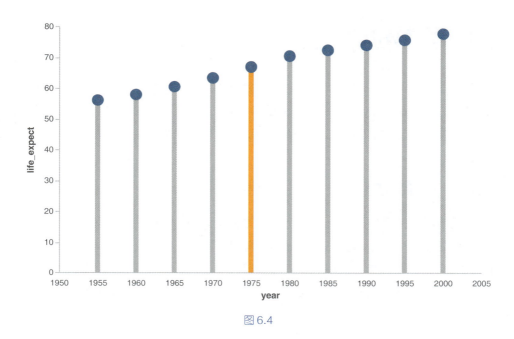

图 6.4

实现方法如下所示。

```
color=alt.condition(
        "datum.year=='1975'",
        alt.value("orange"),
        alt.value("gray")
)
```

说明： string 筛选条件"datum.year=='1975'"的等价表达方式如下所示。

- PredicateComposition：alt.FieldEqualPredicate(field= "year",equal=1975)
- alt.datum.Expression：(alt.datum.year>='1975') & (alt. datum.year<='1975')

绘图技巧：

　　在使用长度或高度编码数据时，例如，条形图、子弹图和棒棒糖图，坐标轴的量尺始终从数值 0 开始，否则，会降低数量变化的绝对比较。 如果使用位置编码数据，例如，散点图、点图和折线图，那么坐标轴的量尺可以不从数值 0 开始。这种处理坐标轴量尺的方式有时很有用，例如，可以降低标记之间的相互覆盖或遮挡的程度。

提示： 具体实现方法参见附录 A。

6.2　连线散点图

　　散点图是探索两个数量型变量的相关关系的统计图形。散点图还有一个用途就是刻画两个数量型变量的数量变化。为了更好地描述数量变化，可以按照时间的先后顺序将这些圆形标记连接起来，绘制连线散点图，勾勒时间型数量变化线。

6.2.1　探索不同年份的数量变化

　　应用场景：在数据集 driving 中，数量型变量 gas 表示油价，数量型变量 miles 表示人均行驶里程，时间型变量 year 表示年份。将数量型变量 miles 映射在位置通道 x 轴上，将数量型变量 gas 映射在位置通道 y 轴上，使用圆形标记编码数据。我们按照年份将圆形标记连接起来，即连线散点图，用于描绘不同年份下的油价和人均行驶里程的关系，以及油价对人均行驶里程的动态影响，如图 6.5 所示。

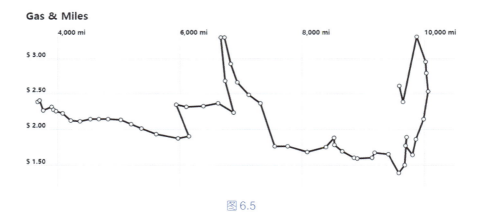

图 6.5

　　为了更好地了解一些重要拐点，我们可以使用实例方法 interactive()显示标记的年份、人均行驶里程和油价的提示信息。同时，滑动鼠标滑轮放大特定年份的局部折线，如图 6.6 所示。

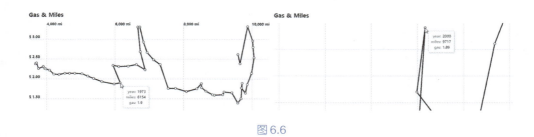

图 6.6

解决方案：因为油价和人均行驶里程在不同年份下都有波动，有时上涨有时下降，如图 6.7 所示。

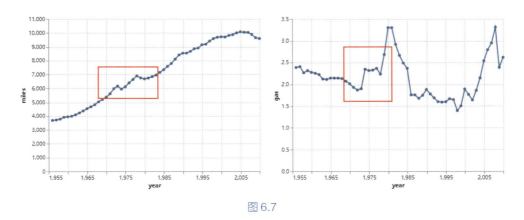

图 6.7

如果只是使用散点图描绘油价和人均行驶里程的关系，则没有反映时间因素对油价的影响，以及不同年份油价对人均行驶里程变化的动态影响过程。因此，我们使用顺序通道 order 按照时间型变量 year 设置标记的连接顺序，增加时间因素，刻画时间因素对油价的影响与不同年份的油价和人均行驶里程的动态变化关系。

实现方法如下所示。

（1）加载数据集。

```
source = data.driving()
```

（2）在实例方法 mark_line() 中，使用关键字参数 color 设置折线颜色，使用关键字参数 point 设置圆形标记的颜色、大小、标记边界颜色和宽度，使用关键字参数 strokeCap 设置连接标记的折线的端点风格，使用关键字参数 strokeJoin 设置连接标记的折线之间的连接风格，使用关键字参数 strokeWidth 设置折线宽度。

```
mark_line(
    color="black",
    point={"color":"white",
            "size":50,
            "stroke":"black",
            "strokeWidth":1},
    strokeCap="round",
    strokeJoin="round",
    strokeWidth=3
)
```

（3）在实例方法 encode() 的位置通道 x 轴中，类 alt.Axis() 的关键字参数含义如下。

- domain：是否显示轴脊。
- labelAlign：刻度标签的对齐方式。
- labelBaseline：刻度标签底线的对齐方式。
- labelExpr：刻度标签的样式，datum.value 设置数字样式，datum.label 设置字符串样式。
- labelFontSize：刻度标签的大小。
- labelFontWeight：刻度标签的字体风格。
- orient：坐标轴的位置，"top"表示将坐标轴放置在顶部，"bottom"表示将坐标轴放置在底部。
- tickCount：刻度线的数量。
- tickMinStep：刻度线之间的最小距离。
- ticks：是否显示刻度线。
- title：坐标轴的标题。

```
alt.X(
        "miles",
        axis=alt.Axis(
            domain=False,
            labelAlign="left",
            labelBaseline="top",
            labelExpr="datum.label+' mi'",
            labelFontSize=12,
            labelFontWeight="bold",
            orient="top",
            tickCount=4,
```

```
                  tickMinStep=2000,
                  ticks=False,
                  title=None
          ),
          scale=alt.Scale(zero=False)
)
```

（4）在实例方法 encode() 的位置通道 *y* 轴中，使用类 alt.Axis() 的关键字参数 format 设置刻度标签的数字格式。

```
alt.Y(
          "gas",
          axis=alt.Axis(
                  domain=False,
                  format=".2f",
                  labelAlign="left",
                  labelBaseline="bottom",
                  labelExpr="'$ '+datum.label",
                  labelFontSize=12,
                  labelFontWeight="bold",
                  tickCount=4,
                  tickMinStep=0.5,
                  ticks=False,
                  title=None
          ),
          scale=alt.Scale(zero=False)
)
```

（5）使用顺序通道 order 设置标记的连接顺序。使用时间型变量 year 设置标记，按照年份的先后顺序将标记连接起来。

```
order="year"
```

（6）使用提示信息通道 tooltip 设置鼠标悬停在标记上交互出现提示文本。提示文本的排列顺序是时间型变量 year、数量型变量 miles 和数量型变量 gas。

```
tooltip=["year","miles","gas"]
```

（7）在实例方法 properties() 中，类 alt.TitleParams() 的关键字参数含义如下。

- anchor：图形标题的起始位置。
- dy：图形标题垂直方向的移动距离，正值表示向下移动，负值表示向上移动。
- font：图形标题的字体。
- fontSize：图形标题的字体大小。

- text：图形标题的内容。

（8）使用实例方法 configure_view()的关键字参数 strokeWidth 设置图形边框的宽度。将数值 0 传递给关键字参数 strokeWidth，相当于隐藏图形边框。

```
chart.configure_view(strokeWidth=0)
```

6.2.2　动手实践：使用文本注释使连线散点图成为时间故事线

为了使连线散点图的时间因素的作用更加明显，可以在原有连线散点图的基础上增加文本注释，凸显油价和人均行驶里程沿时间线的数量变化轨迹，如图 6.8 所示。

图 6.8

在原有连线散点图的实现代码的基础上，增加文本注释的实现方法如下所示。

（1）在连线散点图上，使用实例方法 mark_text()增加年份的文本注释。同时，使用实例方法 transform_filter()筛选有限个数的指定年份的数据记录。具体而言，使用类 alt.FieldOneOfPredicate()获得年份文本注释的临时数据集。

```
text = alt.Chart(source).mark_text(dy=-10).encode(
    x="miles",
    y="gas",
    text="year"
).transform_filter(
    alt.FieldOneOfPredicate(
        field="year",
        oneOf=[1956,1967,1974,1990,2000,2010])
)
```

（2）在连线散点图上，使用实例方法 mark_text() 增加描述型文本内容。其中，使用关键字参数 lineBreak 按照指定的分隔符将单行文本字符串分成多行字符串，使用关键字参数 lineHeight 设置多行字符串的整体高度。在实例方法 transform_filter() 中，使用逻辑连接符 "&" 选择单条数据记录，只有两个条件表达式同时满足才可以获得临时数据集。

```
textAnnotate = alt.Chart(source).mark_text(
    align="center",
    dy=-50,
    fontSize=12,
    fontWeight="bold",
    lineBreak="\n",
    lineHeight=20,
    text="cheap gas,\nlonger commutes"
).encode(
    x="miles",
    y="gas"
).transform_filter(
    (alt.datum.miles==4827) & (alt.datum.gas==2.14)
)
```

（3）使用运算符 "+" 将连线散点图、年份的文本注释和描述型文本内容组合在一起。

```
chart_text = chart + text + textAnnotate
```

（4）使用实例方法 configure_view() 的关键字参数 strokeWidth 隐藏图形边框。

```
chart.configure_view(strokeWidth=0)
```

6.3　箱线图

箱线图可以刻画数量型变量的分布特征、分布形态、异常值。箱线图主要由 5 个统计量组成：下边界、下四分位数（Q1）、中位数（Median）、上四分位数（Q3）和上边界。其中，下边界和上边界统计量需要使用四分位距统计量（Interquartile Range，IQR）。四分位距统计量等于上四分位数减去下四分位数，即 $IQR = (Q3 - Q1)$。5 个统计量的概念和计算方法如下所示。

- 下边界：下四分位数减去正数乘以四分位距，即 $Q1 - k \cdot \text{IQR}$。
- 下四分位数（Q1）：变量取值由小到大排列，处于 25% 位置的数值。
- 中位数（Median）：变量取值由小到大排列，处于 50% 位置的数值。
- 上四分位数（Q3）：变量取值由小到大排列，处于 75% 位置的数值。
- 上边界：上四分位数加上正数乘以四分位距，即 $Q3 + k \cdot \text{IQR}$。

变量取值在区间范围 $[Q1 - k \cdot \text{IQR}, Q3 + k \cdot \text{IQR}]$ 外的数值称为离群值（Outliers），因此，箱线图也是识别离群值的有效方法。离群值过多地分布在上边界一侧，则变量取值的频数分布在右侧呈现"拖尾"形态。离群值过多地分布在下边界一侧，则变量取值的频数分布在左侧呈现"拖尾"形态。通过观察分位数之间的相对位置，可以考察变量取值的频数分布特征。箱线图的组成结构示意图如图 6.9 所示。

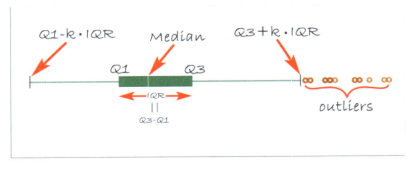

图 6.9

6.3.1　探索不同天气类型的风速分布特征和分布形态

应用场景：在数据集 seattle-weather 中，名义型变量 weather 表示天气类型，数量型变量 wind 表示风速，时间型变量 date 表示天气记录的日期。可以使用箱线图分析不同天气类型的风速分布，以及不同天气类型的异常风速的分布特征。另外，还可以比较不同天气类型的风速分布的差异，分析不同天气类型下的风速离群值及分布特征，进一步分析天气类型和风速的关系，如图 6.10 所示。

解决方案：使用实例方法 mark_boxplot() 绘制箱线图。将名义型变量 weather 映射在位置通道 x 轴上，数量型变量 wind 映射在位置通道 y 轴上，名义型变量 weather 映射在标记属性通道 color 上。从而，使得不同天气类型对应不同颜色的箱线图，以垂直方式并列放置在图形区域中。

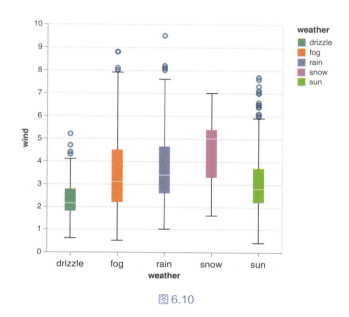

图 6.10

箱线图的实现方法如下所示。

（1）在实例方法 mark_boxplot()中，使用类 alt.MarkConfig()的关键字参数 color 设置离群点的颜色，返回值传递给关键字参数 outliers。

```
mark_boxplot(
    outliers=alt.MarkConfig(
        color="steelblue"
    ),
    ticks=True
)
```

（2）在实例方法 encode()中，使用类 alt.X()的关键字参数 labelAngle 设置 *x* 轴刻度标签的旋转角度，顺时针旋转为正角度，逆时针旋转为负角度。

```
x=alt.X(
        "weather:N",
        axis=alt.Axis(
            labelAngle=0,
            labelFontSize=12,
            labelPadding=5,
        )
)
```

（3）在标记属性通道 color 中，使用变量 weather 编码箱线图的颜色，使用类 alt.Scale() 的关键字参数 scheme 设置颜色方案。

```
color=alt.Color(
        "weather:N",
        scale=alt.Scale(scheme="set2")
)
```

（4）使用实例方法 properties() 的关键字参数 width 设置画布的宽度。

```
chart.properties(width=300)
```

6.3.2　动手实践：垂直连接分区直方图补充箱线图的分布特征

使用箱线图分析风速的分布特征，主要是借助几个位置描述型统计量来概括和刻画的，也是通过类似的方式识别离群值的。在这个过程中，风速的完整分布特征没有得到有效呈现。因此，可以使用连接图形的方法将箱线图和直方图连接起来，全面地刻画风速的分布特征和分布形态，以及离群值的分布特征。而且，为了与不同天气类型的箱线图对应，不同天气类型的直方图使用子区通道分区呈现，将风速的分区直方图和箱线图一一对应，如图 6.11 所示。

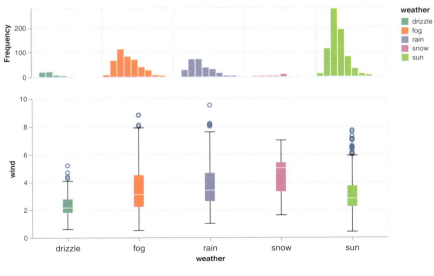

图 6.11

在图 6.11 中，天气类型"rain"的风速较大，特别是大风的情况较多。虽然天气类型"snow"的风速明显比其他天气类型的风速要大，但是大风情况几乎没有。天气类型"sun"的风速普遍较小，而且大风的情况较少出现，这种"大风"也明显小于"rain"和"fog"的正常风速水平。天气类型"drizzle"的风速水平明显低于其他天气类型的风速水平，即使大风也就在天气类型"snow"的风速的中位数左右波动。

在箱线图的基础上，我们绘制直方图，再将分区直方图与箱线图连接，实现方法如下所示。

（1）在实例方法 encode() 的类 alt.X() 中，使用关键字参数 bin 将位置通道 *x* 轴上的变量 wind 离散化，形成区间数据。使用关键字参数 axis 隐藏 *x* 轴的坐标轴。

```
x=alt.X(
        "wind:Q",
        bin=True,
        axis=None
)
```

（2）在实例方法 encode() 的类 alt.Y() 中，使用汇总函数 count() 计数不同风速区间内的频数，使用关键字参数 axis 设置 *y* 轴的坐标轴标题。

```
y=alt.Y(
        "count(wind):Q",
        axis=alt.Axis(
            title="Frequency"
        )
)
```

（3）在实例方法 encode() 的类 alt.Color() 中，使用变量 weather 映射到标记属性通道 color 上，将不同天气类型的标记编码不同的颜色，使用关键字参数 scale 设置颜色方案 set2。

```
color=alt.Color(
        "weather:N",
        scale=alt.Scale(scheme="set2")
)
```

（4）在实例方法 encode() 的类 alt.Column() 中，使用变量 weather 作为子区通道 column 的分区变量，以列的排列方式划分子区通道。使用关键字参数 header 设置分区标题的颜色，使用 spacing 设置子区直方图的间隔距离，使用关键字参数 title

设置分区变量的子区通道标题。

```
column=alt.Column(
        "weather:N",
        header=alt.Header(labelColor="white"),
        spacing=0,
        title=None
)
```

（5）使用运算符"&"以垂直方式将分区直方图和箱线图连接起来。

```
histChart & boxplotChart
```

6.3.3 水平连接分区直方图补充箱线图的分布特征

箱线图除了有垂直放置的呈现形式，还有水平放置的呈现形式。相应地，需要使用水平连接分区直方图的方式完整呈现风速的分布特征，如图 6.12 所示。

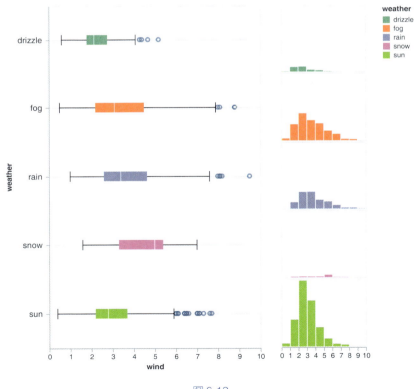

图 6.12

提示：整体的实现思路与 6.3.1 节相同，一些细节上的区别主要有以下 3 个地方。

（1）使用子区通道 row 以行的排列方式设置子区通道。

（2）水平连接分区直方图除了使用运算符"|"，还可以使用 API 函数 hconcat()。

（3）在直方图的位置通道 y 轴上，使用关键字参数 axis 设置刻度模块和装饰模块。在类 alt.Axis()中，使用关键字参数 domain 隐藏坐标轴的轴脊，使用关键字参数 grid 隐藏装饰模块的网格线，使用关键字参数 labels、ticks 和 title 分别隐藏坐标轴的刻度标签、刻度线和坐标轴标题。

6.3.4　核密度估计加工器

概率密度曲线是直方图的平滑拟合。可以使用非参数方法估计概率密度曲线，这种估计方法被称为核密度估计（Kernel Density Estimation，KDE）。核密度估计采用平滑的曲线拟合变量取值的频率，进而估计变量的概率密度曲线。实例方法 transform_density()使用一维核密度估计方法对变量的概率密度曲线进行非参数估计。实例方法 transform_density()的主要参数的含义如下。

- density：估计概率密度曲线的变量名称。
- as_：使用核密度估计方法完成变量的概率密度曲线估计之后，生成两个变量。这两个变量分别表示估计概率密度曲线的样本数据和概率密度函数，使用列表存储字符串形式的变量，默认的参数值是["value", "density"]。
- groupby：分组变量名称。
- extent：获得样本数据的抽样区间，使用闭区间[min,max]表示抽样区间的最小值和最大值。

使用核密度估计的概率密度曲线刻画风速的概率分布，可以更好地描述风速的分布特征，同时结合箱线图，全面了解不同天气类型的风速分布特征和分布形态，如图 6.13 所示。

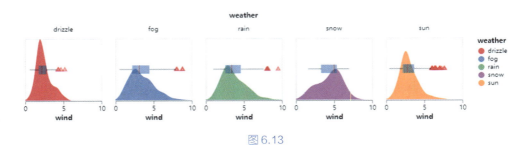

图 6.13

在图 6.13 中，天气类型"sun"的风速离群值较多而且分布均匀，使得概率密度曲线呈现"拖尾"的分布形态，天气类型"fog"和"rain"的概率密度曲线也呈现明显"拖尾"的分布形态。

核心的实现方法如下所示。

（1）设置箱线图的样式。在实例方法 mark_boxplot()中，使用关键字参数 median 设置中位数的标记颜色，使用关键字参数 opacity 设置箱线图的透明度，参数值越小透明度越高。使用关键字参数 outliers 设置离群值的标记样式和颜色。使用关键字参数 ticks 隐藏上下边界线。

```
mark_boxplot(
    median=alt.MarkConfig(color="#e41a1c"),
    opacity=0.55,
    outliers=alt.MarkConfig(
        color="#e41a1c",
        shape="triangle"
    ),
    ticks=False
)
```

（2）设置箱线图的颜色。在实例方法 encode()中，使用 API 函数 value()映射到标记属性通道 color 上，使用一种颜色编码分区箱线图。

```
color=alt.value("#1f78b4")
```

（3）使用核密度估计加工器，估计概率密度函数。使用实例方法 transform_density()估计变量 wind 的概率密度函数。使用关键字参数 as_设置样本数据的变量名称和概率密度函数名称。使用关键字参数 groupby 分区显示变量 weather 不同天气类型的概率密度曲线。使用 extent 设置样本数据的取值范围。

```
transform_density(
    "wind",
    as_=["wind_sample","pdf"],
```

```
        groupby=["weather"],
        extent=[0,10]
)
```

（4）使用 API 函数 layer()先后将概率密度曲线和箱线图放置在图形区域，形成分层图形，返回值是对象 Chart。然后，使用实例方法 facet()按照变量 weather 分区显示分层图形。

```
chart = alt.layer(KDEChart,boxplotChart).facet("weather:N")
```

6.3.5　动手实践：通过比较均值和众数的大小分析概率密度曲线的偏斜方向和程度

在 4.2.1 节中，通过比较均值和众数的大小关系，可以分析变量取值的频数分布的偏斜方向和程度。当均值小于众数时，变量取值的频数分布呈现左偏分布。反之，变量取值的频数分布呈现右偏分布。由于概率密度曲线是频数分布的平滑拟合曲线，将风速的均值添加到风速的概率密度曲线上，则可以了解风速的概率密度曲线的偏斜方向和程度，如图 6.14 所示。

在图 6.14 中，天气类型"snow"的变量 wind 的概率密度曲线呈现左偏分布，偏斜程度也较大。其他天气类型对应的风速的概率密度曲线呈现右偏分布，偏斜程度不大。

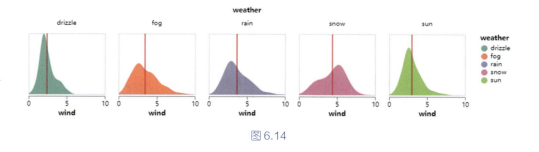

图 6.14

6.3.6　数据离散加工器

数量型变量和时间型变量都属于连续型变量，名义型变量和次序型变量都属于离散型变量。很多应用场景经常需要将连续型变量转换成离散型变量，连续型变量的主要特征之一就是两个相邻数值之间可以无限划分，离散型变量的两个相邻数值之间不可以继续划分，因此，以区间为单位将连续型变量切分，转换成离散型变量。这时候，变量的取值是区间，在一个区间单位内，包括若干变量取值，更简便的方法是以数值表示划分的区间，如图 6.15 所示。

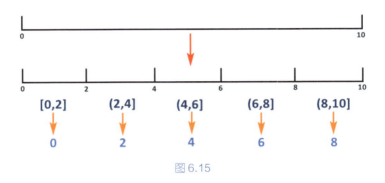

图 6.15

虽然变量离散化的过程可以使用位置通道 x 轴或 y 轴的属性 bin 实现，但是如果尝试将离散化之后的变量存储起来，然后作为新变量继续在其他编码通道中使用，就需要使用数据离散加工器，也就是实例方法 transform_bin()。

实例方法 transform_bin()的关键字参数的含义如下所示。

- as_：变量离散化之后的字段名称。
- field：需要离散化的变量名称。
- bin：设置变量离散化的相关属性。

使用直方图的箱体顶部中点的连线可以近似拟合概率密度曲线，为了更好地估计概率密度曲线可以使用平滑曲线。同时，使用信息提示通道 tooltip 以文本提示的形式显示每个风速区间范围内的风速频数。在天气类型"sun"中，变量 wind 的直方图，以及箱体顶部中点的连线的平滑拟合曲线，如图 6.16 所示。

可以使用链式规则组合使用多个数据加工器，组合数据加工器可以搭建一个有具体功能的数据加工箱。在数据加工箱中，可以将一个数据加工器的生成变量传递给下一个数据加工器，作为下一个数据加工器的输入变量，这个传递过程可以像链条一样从左向右地传递下去。例如，先后分别使用数据过滤加工器、数据离散加工器和数据汇总加工器，如图 6.17 所示。

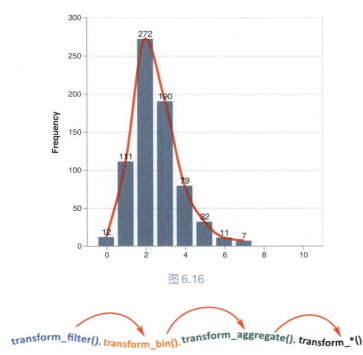

图 6.16

transform_filter(). transform_bin(). transform_aggregate(). transform_*()

图 6.17

组合使用数据加工器的实现方法如下所示。

（1）在实例方法 transform_filter()中，使用类 alt.FieldEqualPredicate()筛选天气类型是"sun"的数据记录，形成临时数据集，作为其他数据加工器的数据集。

```
transform_filter(
    alt.FieldEqualPredicate(
        field="weather",
        equal="sun"
    )
)
```

（2）在实例方法 transform_bin()中，使用关键字参数 as_存储离散化变量，单个数字形式的离散化变量的取值表示不同的区间范围。使用关键字参数 field 存储原始变量，使用关键字参数 bin 调整首个箱体中点的起始位置。

```
transform_bin(
    as_="binned_wind",
    field="wind",
    bin=alt.BinParams(anchor=0.0)
```

```
)
```

（3）在实例方法 transform_aggregate()中，将离散化变量作为分组变量传递给关键字参数 groupby，使用计数函数 count()统计离散化变量的每个取值的频数，将频数传递给新变量。

```
transform_aggregate(
    cou_wind="count(binned_wind)",
    groupby=["binned_wind"]
)
```

（4）在实例方法 encode()中，使用关键字参数 scale 设置位置通道 x 轴的量尺范围。将新变量映射到位置通道 y 轴上，使用关键字参数 titlePadding 调整坐标轴标题和刻度标签的间隔距离。

```
x=alt.X(
        "binned_wind:Q",
        axis=alt.Axis(
            labelAlign="center",
            grid=False,
            title=None
        ),
        scale=alt.Scale(domain=[0,10])
),
y=alt.Y(
        "cou_wind:Q",
        axis=alt.Axis(
            title="Frequency",
            titlePadding=10
        ),
        scale=alt.Scale(domain=[0,300])
)
```

（5）在直方图中，将实例方法 transform_aggregate()生成的新变量映射到信息提示通道 tooltip 上，使得鼠标光标悬停在直方图的柱体上面，可以显示风速区间范围内的频数。

```
histChart = base.mark_bar(
    color="steelblue",
    size=20,
    opacity=0.9
).encode(
    tooltip=["cou_wind:Q"]
)
```

（6）在折线图中，使用关键字参数 interpolate 设置曲线的插补方法。

```
lineChart = base.mark_line(
    color="red",
    interpolate="monotone",
    size=3,
    opacity=0.8
)
```

（7）使用实例方法 mark_text() 添加文本注释。将变量 cou_wind 传递给文本通道 text。

```
textChart = base.mark_text(dy=-6).encode(text="cou_wind:Q")
```

（8）使用运算符"+"将平滑曲线作为直方图的柱体顶部中点的连线，增加频数的文本注释。

```
histChart + lineChart + textChart
```

6.3.7　数据汇总连接加工器

实例方法 transform_joinaggregate() 和实例方法 transform_aggregate() 的使用方法类似，关键字参数的含义也相同。一个是存储汇总函数计算结果的汇总变量，一 个 是 存 储 分 组 结 果 的 变 量 groupby。 不 同 的 地 方 是 实 例 方 法 transform_joinaggregate() 可以将生成的汇总变量与"临时"数据集连接起来，将新变量添加到"临时"数据集中。在计算过程中，如果使用分组变量 groupby，就按照分组变量的取值将新变量和"临时"数据集一一对应起来，如果没有使用分组变量，就直接将新变量添加到"临时"数据集中。例如，对数据集 seattle-weather 而言，先 后 分 别 使 用 实 例 方 法 transform_filter()、 transform_bin()、 transform_aggregate() 和 transform_joinaggregate() 生成"临时"数据集，"临时"数据集的数据记录如表 6.2 所示。

表 6.2

binned_wind	cou_wind	total_cou_wind	prop	weather
0	12	714	0.02	sun
1	111	714	0.16	sun
2	272	714	0.38	sun

续表

binned_wind	cou_wind	total_cou_wind	prop	weather
3	190	714	0.27	sun
4	79	714	0.11	sun
5	32	714	0.04	sun
6	11	714	0.02	sun
7	7	714	0.01	sun

　　直方图的每个区间的频数可以使用绝对数形式，也可以使用相对数形式，前者是频次分布，后者是频率分布。频率分布直方图可以更好地连接概率密度曲线，从概率的角度解释变量取值落入每个区间的可能程度。直方图中的柱体越高，表示变量取值落入柱体对应区间的概率越大。离群点落入柱体对应区间的概率越小，概率密度曲线会出现"拖尾"的形态。在图 6.16 基础上，我们使用频数的相对数形式，生成频率分布直方图，如图 6.18 所示。

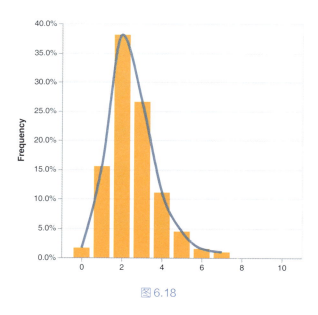

图 6.18

　　与图 6.16 的实现代码比较，图 6.18 的实现代码的变化部分主要集中在数据加工器部分，在原有数据加工器的基础上，继续增加数据汇总连接加工器和计算加工器。也就是先后增加实例方法 transform_joinaggregate() 和实例方法 transform_calculate()，如下所示。

```
...
alt.Chart(
    source
).transform_filter(
    alt.FieldEqualPredicate(
        field="weather",
        equal="sun"
    )
).transform_bin(
    as_="binned_wind",
    field="wind",
    bin=alt.BinParams(anchor=0.0)
).transform_aggregate(
    cou_wind="count(binned_wind)",
    groupby=["binned_wind"]
).transform_joinaggregate(
    total_cou_wind="sum(cou_wind)"
).transform_calculate(
    prob="datum.cou_wind/datum.total_cou_wind"
)
...
```

使用实例方法 transform_joinaggregate()将频数分布变量 cou_wind 传递给函数 sum()，合计变量 binned_wind 的每个取值的频数，也就是汇总变量 cou_wind 的 取 值 。 使 用 变 量 total_cou_wind 存 储 频 数 合 计 值 。 使 用 实 例 方 法 transform_calculate()计算变量 binned_wind 的每个取值的频率，也就是频数和频数合计值做除法运算，使用变量 cou_wind 的取值作为分子，变量 total_cou_wind 的频数合计值作为分母，使用变量 prob 存储变量 binned_wind 的每个取值的频率，生成新变量 prob。实例方法 transform_calculate()的四则运算表达式的等价形式如下所示。

```
prob=alt.datum.cou_wind/alt.datum.total_cou_wind
```

如果需要使用函数表达式或逻辑表达式，除了使用 string 形式表达式，还可以使用 alt.expr.Expression 形式表达式。以计算三角函数的正弦值为例，实例方法 transform_calculate()的函数表达式主要有以下形式。

- string： "sin(datum.x * PI / 2)"
- alt.expr.Expression： alt.expr.sin(alt.datum.x * alt.expr.PI / 2)

注意：在位置通道 x 轴或 y 轴中，关键字参数 axis 的架构包装器 alt.Axis()的关键字参数 labelExpr 也可以使用 string 形式，但是变量部分只能使用 value 或 label，也就是使用"datum.value "或"datum.label "表示变量取值的数值或字符串，例如，计算三角函数的正弦值的 string 形式表达式"sin(datum.value * PI / 2)"。关键字参数 format 设置刻度标签的样式，将".1%"传递给关键字参数 format 设置百分比格式。也可以将"format(datum.value,'.1%')"传递给关键字参数 labelExpr 设置相同的百分比格式。

6.3.8　动手实践：计算小雨天气的出现天数

实例方法 transform_aggregate() 和实例方法 transform_joinaggregate() 的区别在于前者汇总计算之后会将新变量与"临时"数据集连接，后者汇总计算之后只生成新变量，因此，需要新变量参与表达式的计算。例如，变量的逻辑判断或变量的标准化。使用实例方法 transform_joinaggregate() 可以满足计算要求。例如，合计不同天气类型的小雨天气的数量，其中，判断小雨天气需要使用逻辑判断，降雨量大于平均降雨量记为 1，表示大雨，否则，记为 0，表示小雨。分别使用实例方法 transform_aggregate() 和实例方法 transform_joinaggregate() 计算降雨量的平均值 mean(precipitation)。使用数据计算加工器 transform_calculate() 判断降雨量的类型，也就是降雨量与平均降雨量进行比较。逻辑判断表达式的有效形式如下所示。

- (ifTest?thenValue:elseValue)：
  "datum.precipitation>datum.mea_precipitation?1:0"
- if(test,thenValue,elseValue)：
  "if(datum.precipitation>datum.mea_precipitation,1,0)"
- alt.expr.Expression：
  alt.expr.if_(alt.datum.precipitation>alt.datum.mea_precipitation,1,0)

使用新变量 newPrecipitation 存储降雨量类型，变量取值是 1，值标签是大雨，变量取值是 0，值标签是小雨。

使用数据过滤加工器 transform_filter() 按照 alt.datum.newPrecipitation==0 筛选降雨量类型是小雨的数据记录。

使用"*"表示"joinaggregate"和"aggregate"，形成"临时"数据集的实

现代码如下所示。

```
alt.Chart(source).transform_*(
    mea_precipitation="mean(precipitation)"
).transform_calculate(
    newPrecipitation="datum.precipitation>datum.mea_precipitation?1:0"
).transform_filter(
    alt.datum.newPrecipitation==0
)
```

在实例方法 encode() 中，使用计数函数 count() 合计小雨天气的出现天数。将合计值映射到位置通道 x 轴上。

```
encode(
    x="count(newPrecipitation):Q",
)
```

使用 API 函数 vconcat() 垂直连接数据汇总加工器。使用数据汇总加工器的频数柱形图如图 6.19 所示。

```
alt.vconcat(chart1,chart2)
```

在图 6.19 中，使用数据汇总加工器的频数柱形图（下方柱形图）无法有效比较降雨量和平均降雨量的大小，原因就在于使用数据汇总加工器 transform_aggregate() 虽然可以生成新变量，但是新变量无法与"临时"数据集有效连接，从而形成数据集新的变量。因此，每条数据记录的降雨量无法与对应的平均降雨量比较大小关系，结果就是无法得到正确的计数结果。

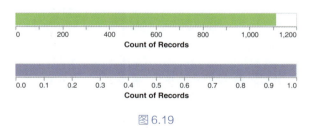

图 6.19

说明：实例方法 transform_aggregate() 和实例方法 transform_joinaggregate() 是否使用分组变量 groupby 的区别，主要在于是否区分组别计算数据记录的平均降雨量。例如，使用天气类型变量 weather 作为分组变量 groupby 的分组依据，不使用分组变量和使用分组变量计算平均降雨量的区别，如图 6.20 所示。

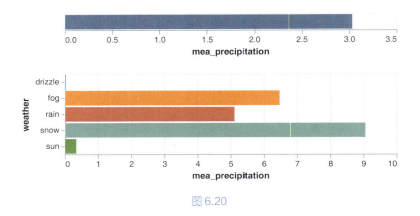

图 6.20

6.3.9 练习：按照月份统计不同降雨量类型出现的天数

不使用分组变量 groupby，使用数据汇总连接加工器 transform_joinaggregate() 计算平均降雨量 mea_precipitation。使用数据计算加工器 transform_calculate() 分别量化小雨和大雨的降雨量类型。按照月份绘制小雨和大雨出现天数的趋势面积图，分析每个月降雨量的特点和随时间变化的降雨量的趋势变化，效果如图 6.21 所示。

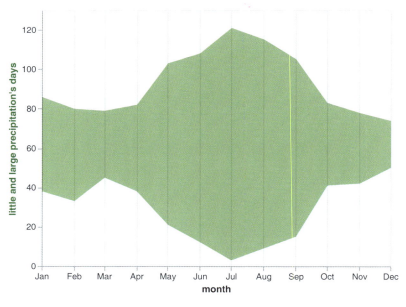

图 6.21

提示：分别使用位置通道 *y* 和次要位置通道 *y2* 编码小雨天数变量和大雨天数变量。使用时间单位变换加工器 transform_timeunit()生成月份变量 month。具体实现方法参见附录 A。

6.4　探索数据的累积汇总和秩的排序及滞后变换——窗口变换加工器

6.4.1　窗口变换加工器的应用

实例方法 transform_window()通过迭代计算形成新变量，类似使用新窗口迭代映射原始变量，形成窗口汇总（即窗口变换加工器），迭代计算的过程包括累积求和、累积计数、累积频率、秩的排序、行号标注、分位数计算、滞后等值和领先等值等。实例方法 transform_window()的参数的含义如下所示。

- window：原始变量的迭代计算方法。
- frame：迭代计算的移动区间。
- groupby：变量取值的分组。
- sort：变量取值的排序。

对窗口变换而言，关键字参数 sort 具有重要的作用。如果使用关键字参数 sort，那么相同的变量取值会被赋予相同的位置属性，从而排列在一起。如果不使用关键字参数 sort，那么变量取值的排序方法会按照变量取值的观察顺序排列。使用字典数据结构存储排序变量的名称，使用列表存储字典。使用关键字参数 sort 和不使用关键字参数 sort，两者窗口汇总的统计可视化效果如图 6.22 所示。

图 6.22 的具体实现方法如下所示。

（1）在列表 nums 中，元素没有按照升序或降序排列，而是随机排列的。

```
nums = [1,2,1,3,4,5,2,6,7,6,7,8,6,2,6]
```

（2）使用 Pandas 的类 DataFrame()生成数据框对象 data，作为数据集。

```
data = pd.DataFrame({"nums":nums})
```

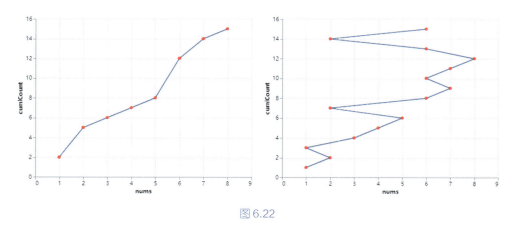

图 6.22

（3）在使用关键字参数 sort 的窗口汇总图形中，使用实例方法 transform_window()累积计数变量 nums 的元素频数。其中，使用计数函数 count() 迭代计数列表 nums 中的元素频数，使用关键字参数 frame 设置迭代计数的移动区间，列表[None, 0]表示累积计数到当前元素，使用变量 nums 作为排序变量，"field" 作为字典的键，"nums"作为与键对应的键值，字典{"field":"nums"}存储在列表中，将列表传递给关键字参数 sort。

```
transform_window(
    sort=[{"field":"nums"}],
    frame=[None, 0],
    cumlCount="count(nums)"
)
```

（4）在不使用关键字参数 sort 的窗口汇总图形中，为了更好地显示不使用排序变量的统计可视化之间的差别，在实例方法 encode()中，使用顺序通道 order 将累积计数的频数按照列表 nums 中的元素观察顺序连接起来。

```
encode(
    x=alt.X(
        "nums:Q",
        scale=alt.Scale(domain=[0,9])
    ),
    y="cumlCount:Q",
    order="ycuml:Q"
)
```

（5）在实例方法 mark_line()中，使用关键字参数 color 设置折线颜色，将字典传递给关键字参数 point，设置圆形标记的颜色，使用关键字参数 strokeJoin 设置由圆形标记相连的折线之间的连接风格。

```
mark_line(
    color="steelblue",
    point={"color":"red"},
    strokeJoin="round"
)
```

下面，通过几个应用案例讲解窗口变换加工器的不同应用场景和迭代计算类型。

6.4.2　动手实践：累积求和的柱形图

在窗口变换加工器中，累积求和是通过求和函数 sum() 迭代计算变量取值的和，从而获得窗口汇总变量。为了更好地理解关键字参数 sort 的使用方法和关键字参数 sort 对累积求和的作用，我们使用对照图的方式，比较两者统计可视化之间的差别，如图 6.23 所示。

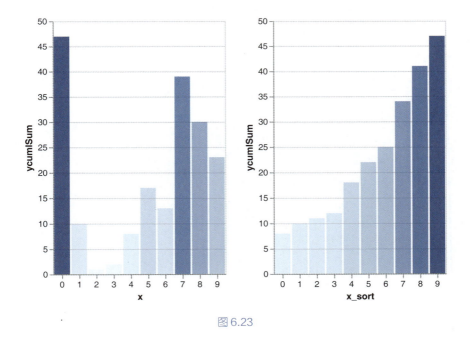

图 6.23

图 6.23 的具体实现方法如下所示。

（1）加载需要的包和构建数据框对象，生成数据集 data。

```
import altair as alt
import numpy as np
import pandas as pd

x = np.array([2,3,4,1,6,5,9,8,7,0])
y = np.array([1,1,6,2,3,4,6,7,9,8])


data = pd.DataFrame(
    {"x": x,
     "y": y}
)
```

（2）使用实例方法 transform_window()计算数组 *x* 的元素观察顺序，对应累积求和数组 *y* 中的元素，获得窗口汇总变量。

```
transform_window(
    ycumlSum="sum(y)"
)
```

（3）在实例方法 encode 中，使用填充通道 fill 和透明度通道 opacity 映射窗口汇总变量，同时隐藏图例。将窗口汇总变量映射在位置通道 *y* 轴上，数组 *x* 映射在位置通道 *x* 轴上。

```
encode(
    x=alt.X(
        "x:O",
        axis=alt.Axis(
            labelAngle=0,
            title="x"
        )
    ),
    y=alt.Y(
        "ycumlSum:Q",
        axis=alt.Axis(title="ycumlSum")
    ),
    fill=alt.Fill("ycumlSum:Q",legend=None),
    opacity=alt.Opacity("ycumlSum:Q",legend=None)
)
```

（4）在实例方法 transform_window()中，使用关键字参数 sort 按照数组 *x* 的元素大小排列，对应累积求和数组 *y* 中的元素，获得窗口汇总变量。

```
transform_window(
    sort=[{"field":"x"}],
```

```
        ycumlSum="sum(y)"
)
```

（5）使用 API 函数 hconcat()对照显示不使用关键字参数 sort 和使用关键字参数 sort 的统计可视化之间的差别。

```
alt.hconcat(chart1,chart2)
```

6.4.3　指数图

指数图通常以折线图的形式展示，与折线图不同的是数据的计算方法。在折线图中，不同时期的数据是标志值，即不同时期的数据不存在累积；在指数图中，不同时期的数据是指标值，即不同时期的数据是前面时期数据的累积（包括当前时期）。因此，指数图可以理解为一种累积折线图。指数图适用于时间序列数据的分析场景，特别是销售领域和教育领域的探索分析。

在销售领域，经常需要比较分析同种产品的不同型号的销售量，尤其是随着时间的推移，累积销售量的趋势变化。例如，一家数码电子产品商店，同一品牌数码产品的不同型号的累积销售量的变化趋势和波动程度，如图 6.24 所示。

图 6.24

累积销售量的指数图的实现方法如下所示。

（1）导入需要的包。使用 API 函数 read_excel()读取 Excel 文件，转换成 Pandas

的 DataFrame，使用关键字参数 parse_dates 将数量型变量 Year 解析为时间型变量。

```
import altair as alt
import pandas as pd

data = pd.read_excel(
    "Index_Chart_Altair.xlsx",
    sheet_name="Sales",
    parse_dates=["Year"]
)
```

（2）不同型号的数码产品的历史销售数据是以横向数据的数据结构形式存储的。变量名称和数据记录如表 6.3 所示。

表 6.3

Year	Product_A	Product_B	Product_C	Product_D	Product_E	Product_F
2005	208	148	172	317	104	247
2006	560	221	133	303	177	353
2007	325	310	202	4866	710	579
2008	261	123	668	1459	219	694
2009	1932	419	801	263	152	442
2010	829	301	793	154	877	382
2011	303	248	668	337	778	499
2012	131	179	245	215	120	285
2013	422	392	275	180	167	137
2014	340	144	379	154	1336	410
2015	259	547	330	1080	3786	370
2016	138	877	2994	3633	1120	755
2017	143	782	1892	140	2189	524
2018	269	587	1100	206	142	885
2019	686	323	632	441	646	971
2020	584	147	810	636	588	847

为了读取数据集和使用数据集，我们需要将横向数据转换成纵向数据。可以使用横向数据转换加工器完成横向数据的转换任务。使用实例方法 transform_fold()将历史销售数据除年份变量 Year 之外的变量放在列表里存储，作为位置参数值，关键字

参数 as_ 指定横向数据转换后的产品变量名称和销售量变量名称 as_=["product","sale"]。另外，使用实例方法 transform_window() 按照产品分组计算累积销售量的窗口汇总变量。

```
alt.Chart(
    data
).transform_fold(
    fold,
    as_=["product","sale"]
).transform_window(
    cumlSale="sum(sale)",
    groupby=["product"]
)
```

（3）使用实例方法 mark_line() 绘制累积销售量的指数图。在实例方法 encode() 中，将时间型变量 Year 映射在位置通道 x 轴上，将窗口汇总变量 cumlSale 映射在位置通道 y 轴上，将产品变量 product 映射在标记属性通道 color 上，将不同的产品编码不同的颜色。

```
mark_line().encode(
    x=alt.X(
        "Year:T",
        axis=alt.Axis(
            domain=False,
            grid=False,
            labelAlign="center",
            labelAngle=0,
            labelFontSize=13,
            labelPadding=10,
            tickCount=4,
            ticks=False,
            title=None
        ),
    ),
    y=alt.Y(
        "cumlSale:Q",
        axis=alt.Axis(
            domain=False,
            format="~s",
            labelAlign="left",
            labelFontSize=13,
            labelPadding=30,
            ticks=False,
```

```
                title=None,
                titlePadding=5
            )
        ),
        color="product:N"
)
```

（4）对文本注释而言，使用实例方法 transform_aggregate()分组汇总产品的销售量。在编码通道中，将汇总销售量映射在位置通道 y 轴上，标记文本注释的水平位置。将产品名称变量 product 映射在文本通道 text 上，将不同产品名称添加到图形区域。实例方法 mark_text()的关键字参数 dx 表示文本注释的水平移动距离，正值表示向右移动，负值表示向左移动。

```
text = alt.Chart(
    data
).transform_fold(
    fold,
    as_=["product","sale"]
).transform_aggregate(
    saleSum="sum(sale)",
    groupby=["product"]
).mark_text(dx=280).encode(
    y=alt.Y(
        "saleSum:Q",
    ),
    color=alt.Color("product:N",legend=None),
    text="product:N"
)
```

（5）将指数图和文本注释分层添加到图形区域，同时隐藏图形边框。

```
alt.layer(chart,text).configure_view(strokeWidth=0)
```

6.4.4 动手实践：秩的排序

在窗口变换加工器中，秩的排序是通过秩函数 rank()迭代比较变量取值的大小，借助关键字参数 sort 指定排序变量，从而获得窗口汇总变量。关键字参数 sort 指定的变量使用升序排列，变量取值的秩排名也是按照升序排列的，最小的变量取值的秩排名是 1。关键字参数 sort 指定的变量使用降序排列，变量取值的秩排名还是按照升序排列，也就是最大的变量取值的秩排名是 1。特殊地，相同的变量取值，对应的秩排名也一样，紧随其后的不同的变量取值的秩排名，会根据相同变量取值的秩排名为起始值加上相同变量取值的个数，作为随后不同的变量取值的秩排名。例如，降序排列的变量取值有两个变量取值都是 27，对应的秩排名都是 7，紧随其后的变量取值是 22，对应的秩排名就是 9，而不是 8。

　　具体而言，将销售量变量 sale 分别按照升序和降序排列，使用秩的排序函数 rank()比较产品型号 "Product_B" 的销售量。为了更好地理解关键字参数 sort 对秩的排序的作用，我们使用对照图的方式，比较两者的统计可视化之间的差别，如图 6.25 所示。

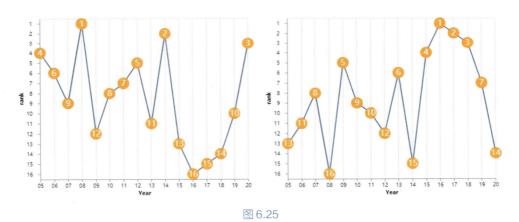

图 6.25

　　在图 6.25 中，使用类 alt.SortField()设置变量 sale 按照关键字参数 order 升序排列。这样，2008 年的销售量最少，相应的秩排名是 1，2016 年的销售量最多，相应的秩排名是 16。类似地，设置变量 sale 按照关键字参数 order 降序排列，2016 年的销售量最多，相应的秩排名是 1，2008 年的销售量最少，相应的秩排名是 16。因此，秩排名是按照变量取值的排列顺序赋值的，变量取值的排列顺序越靠前，对应的秩排名越小，变量取值的排列顺序越靠后，对应的秩排名越大。

　　图 6.25 的实现方法如下所示。

　　（1）导入需要的包和加载数据集。

```
import altair as alt
import pandas as pd

data = pd.read_excel(
```

```
        "Bump_Chart_Altair.xlsx",
        sheet_name="Sales",
        parse_dates=["Year"]
)
```

（2）使用实例方法 transform_fold()将横向数据转换成纵向数据，使用实例方法 transform_filter() 筛 选 出 产 品 型 号 " Product_B "， 使 用 实 例 方 法 transform_window()生成窗口汇总变量 rank，使用类 alt.SortField()升序排列变量 sale 的取值，以列表形式传递给关键字参数 sort，从而使用秩的排序函数 rank()将从小到大的变量 sale 的取值从小到大赋值。

```
fold = ["Product_A","Product_B","Product_C","Product_D ","Product_E","Product_F"]

alt.Chart(
        data
).transform_fold(
        fold,
        as_=["product","sale"]
).transform_filter(
        alt.datum.product=="Product_B"
).transform_window(
        rank="rank()",
        sort=[
                alt.SortField("sale", order="ascending")
        ]
)
```

（3）在实例方法 encode()中，将变量 Year 映射在位置通道 x 轴上，关键字参数 axis 设置刻度标签的样式、对齐方式和刻度线的数量。将窗口汇总变量 rank 映射在位置通道 y 轴上，使用关键字参数 axis 设置刻度标签与刻度线的间隔距离。

```
encode(
        x=alt.X(
                "Year:T",
                axis=alt.Axis(
                        format="%y",
                        labelAlign="center",
                        tickCount=16
                )
        ),
        y=alt.Y("rank:O",axis=alt.Axis(labelPadding=10))
)
```

（4）在对象 base 的基础上，使用实例方法 mark_line() 以折线样式编码数据，同时使用关键字参数 point 设置折线连接点的颜色和大小。使用顺序通道 order 将折线的连接点按照年份变量 Year 的先后顺序有序连接。

```
line = base.mark_line(
    point={"color":"orange","size":500}
).encode(
    order="Year:T"
)
```

（5）在对象 base 的基础上，使用实例方法 mark_text() 以文本样式编码数据，同时设置文本的颜色和大小。使用文本通道 text 显示窗口汇总变量 rank 的取值。

```
text = base.mark_text(
    color="white",
    size=16
).encode(
    text="rank:O"
)
```

（6）使用运算符"+"将文本添加到折线的连接点上。

```
chart1 = line + text
```

（7）类似地，按照上面的实现方法生成降序排列变量 sale 的取值的窗口汇总变量 rank，最后将文本和折线的连接点组成分层图形。

6.4.5 凹凸图

凹凸图从图形组成来讲，主要由折线图和文本注释组成，而且文本注释使用数据标签。与折线图不同的是，数据标签的具体数值对应折线图中的圆形标记的不同位置，例如，具体数值 1 放在最上面的圆形标记里，也就是说，所有的数值 1 在同一条水平线上，而且处在最上面的水平线上。

凹凸图的应用场景主要是分析随时间变化的产品销售额或销售量的排名变化。通过凹凸图不仅可以看出不同时期销售额或销售量的排名变化情况，还可以观察特定时点的销售额或销售量的排名高低，实现了销售额或销售量排名的纵向比较和横向比较。例如，考察和比较产品型号"Product_A""Product_B"和"Product_E"对应的产品类别的销量情况，如图 6.26 所示。

图 6.26

下面介绍一下如何应用数据查找加工器查找数据集的产品型号在另一数据集中的产品类别。

实例方法 transform_lookup() 的实现原理与 Excel 的数据查找函数 VLOOKUP()类似。例如，在数据集 Products 中，有产品型号 type 和产品种类 category 两个变量；在数据集 Sales 中，数据结构形式是横向数据，需要将横向数据转换成纵向数据，形成的数据集有产品销售年份 Year、产品型号 product 和产品销售量 sale 三个变量。数据集 Sales 是主要数据源，数据集 Products 是次要数据源。需要查找数据集 Products 中与产品型号 type 对应的产品种类 category，将查找到的产品种类 category 按照产品型号 type 与数据集 Sales 中的产品型号 product 之间的对应关系作为新的数据列保存在数据集 Sales 中。使用数据集 Sales 的纵向数据的数据结构形式，选取数据集 Sales 的 2005 年和 2006 年的数据记录，数据查找加工器的实现原理如图 6.27 所示。

实例方法 transform_lookup()的关键字参数的含义如下所示。

- lookup：主要数据源的关联变量。
- from_：次要数据源的关联变量和查找变量，使用类 alt.LookupData()的关键字参数 data、key 和 fields 分别设置次要数据源、关联变量和查找变量。

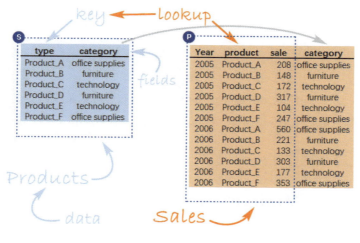

图 6.27

凹凸图的实现方法如下所示。

（1）导入需要的包和加载数据集。数据集 primary_data 是主要数据源，数据集 secondary_data 是次要数据源。

```
import altair as alt
import pandas as pd

primary_data = pd.read_excel(
    "Bump_Chart_Altair.xlsx",
    sheet_name="Sales",
    parse_dates=["Year"]
)

secondary_data = pd.read_excel(
    "Bump_Chart_Altair.xlsx",
    sheet_name="Products"
)
```

（2）由于数据集 primary_data 是横向数据，数据集 secondary_data 是纵向数据，需要使用数据集 primary_data 中的变量在数据集 secondary_data 中查找对应的变量。所以需要将数据集 primary_data 转换成纵向数据。

```
fold = ["Product_A","Product_B","Product_C","Product_D","Product_E","Product_F"]

transform_fold(
    fold,
```

```
        as_=["product","sale"]
    )
```

（3）在转换成纵向数据的数据集 primary_data 中，变量 product 和数据集 secondary_data 中的变量 type 是相同的变量取值，需要查找数据集 secondary_data 的变量 category，两个数据集的对应变量就是变量 product 和 type。从而将变量 category 添加到数据集 primary_data 中。

```
transform_lookup(
    lookup="product",
    from_=alt.LookupData(
        data=secondary_data,
        key='type',
        fields=["category"]
    )
)
```

（4）使用实例方法 transform_filter() 筛选出产品型号 "Product_A" "Product_B" 和 "Product_E"。

```
transform_filter(
    alt.FieldOneOfPredicate(
        field="product",
        oneOf=["Product_B","Product_E","Product_A"]
    )
)
```

（5）使用实例方法 transform_window() 按照年份变量 Year 分组降序排列销量的名次。

```
transform_window(
    rank="rank()",
    sort=[
        alt.SortField("sale", order="descending")
    ],
    groupby=["Year"]
)
```

（6）在实例方法 encode() 中，分别将年份变量 Year 和销量的排列名次映射在位置通道 x 轴和 y 轴上。在位置通道 x 轴上，使用类 alt.Axis() 的关键字参数 domain 隐藏轴脊，使用关键字参数 format 设置刻度标签的样式，使用年份的简写形式，使用关键字参数 labelAlign 设置刻度标签居中对齐，使用关键字参数 labelFontSize 设置刻度标签的字体大小，使用关键字参数 labelPadding 设置刻度标签与刻度线的留白距离，使用关键字参数 ticks 隐藏刻度线，使用关键字参数 title 隐藏坐标轴标题。
在位置通道 y 轴上，使用关键字参数 axis 隐藏坐标轴。

```
encode(
    x=alt.X(
        "Year:T",
        axis=alt.Axis(
            domain=False,
            format="%y",
            labelAlign="center",
            labelFontSize=12,
            labelPadding=5,
            ticks=False,
            tickCount=16,
            title=None
        )
    ),
    y=alt.Y("rank:O",axis=None)
)
```

（7）使用实例方法 properties()设置标题的垂直移动距离、字体样式、字体大小
和文本内容。

```
properties(
    title=alt.TitleParams(
        dy=-4,
        font="Meiryo UI",
        fontSize=16,
        text="Bump Chart about Product Sales by Category (2015-2020)"
    ),
    height=300,
    width=500
)
```

（8）在折线图中，使用实例方法 mark_line()的关键字参数 point 和 size 设置折
线连接点的大小和折线的宽度。在编码通道中，使用标记属性通道 color 编码变量
category，使用不同的颜色编码不同的产品类别。使用关键字参数 legend 设置图例
的相关属性。在类 alt.Legend()中，使用关键字参数 columns 设置图例符号的列数，
使用关键字参数 labelFontSize 设置图例标签的大小，使用关键字参数 legendX 和
legendY 设置图例的位置，使用关键字参数 orient 取消图例的默认位置的设置功能，
使用关键字参数 title 隐藏图例的标题。使用关键字参数 scale 设置产品类别与颜色的

映射关系。

```
line = base.mark_line(
    point={"size":450},
    size=5
).encode(
    color=alt.Color(
        "category:N",
        legend=alt.Legend(
            columns=3,
            labelFontSize=12,
            legendX=0,
            legendY=-16,
            orient="none",
            title=None
        ),
        scale=color_scale
    ),
    order="Year:T"
)
```

（9）在文本注释中，使用实例方法 mark_text() 设置数据标签的颜色和大小。在编码通道中，使用文本通道 text 编码变量 rank，使用不同的销量名次编码不同的数据标签。

```
text = base.mark_text(
    color="white",
    size=16
).encode(
    text="rank:O"
)
```

（10）使用运算符 "+" 依次将折线图和文本注释分层组合起来。

```
line + text
```

6.4.6　动手实践：滞后等值和领先等值

在窗口变换加工器中，滞后等值或领先等值是通过滞后一个位置单位或领先一个位置单位迭代平移对应位置的数值，从而获得窗口汇总。为了更好地理解滞后等值和领先等值的迭代计算原理，我们使用对照图的方式，比较两者的统计可视化之间的差别，如图 6.28 所示。

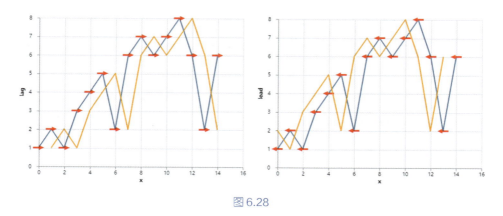

图 6.28

在实例方法 transform_window()中，滞后等值函数 lag(nums)是将列表 nums 的元素对应的位置向右平移一个单位，元素与新位置对应起来，形成滞后等值的窗口汇总变量 ylag。相反地，领先等值函数 lead(nums)是将列表 nums 的元素对应的位置向左平移一个单位，元素与新位置对应起来，形成领先等值的窗口汇总变量 ylead。

使用滞后等值函数 lag(nums)或领先等值函数 lead(nums)分别使得列表 nums 的第一个元素所在的位置或最后一个元素所在的位置出现缺失值。为了更好地将滞后列表或领先列表与原始列表 nums 连接起来，我们需要使用缺失值插补加工器将列表缺少的元素补充完整。

使用实例方法 transform_impute()可以插补缺失值。实例方法 transform_impute()的关键字参数的含义如下所示。

- impute：包含缺失值的变量。
- key：与包含缺失值的变量对应的索引变量。
- method：插补缺失值的方法。
- frame：插补缺失值的方法的数据区间范围。

例如，使用实例方法 transform_impute()插补变量 ylag 的缺失值，实例方法 transform_impute()的关键字参数的设置方法如下所示。

```
transform_impute(
    frame=[-1,1],
    impute="ylag",
    key="x",
    method="mean"
)
```

在实例方法 transform_window()中，使用滞后函数 lag(nums)使得列表 nums 的第一个元素所在的位置出现缺失值，其他位置的元素是列表 nums 原始位置的元素，使用窗口汇总变量 ylag 存储缺失值和平移元素。

使用实例方法 transform_impute()插补变量 ylag 的缺失值。插补方法是均值法，均值法的数据区间范围是缺失值的左右各一个元素，按照与变量 ylag 对应的变量 x 搜索缺失值，插补缺失值的过程如图 6.29 所示。

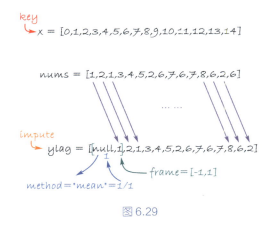

图 6.29

在实例方法 mark_point()中，使用关键字参数 invalid 将缺失值设置为数值 0。这样，就可以将新列表映射在位置通道 y 轴上，索引变量 x 的第一个变量取值对应的数值就不是缺失值，而是数值 0，如图 6.30 所示。

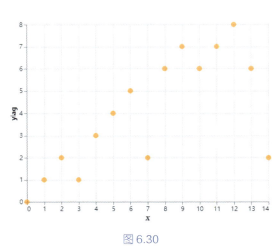

图 6.30

在实例方法 transform_impute()中，分别尝试使用关键字参数 frame 和不使用关键字参数 frame 插补缺失值。其中，关键字参数 frame 的默认参数值是[None,None]，表示全部数据都参与均值计算。两者统计可视化之间的差别如图 6.31 所示。

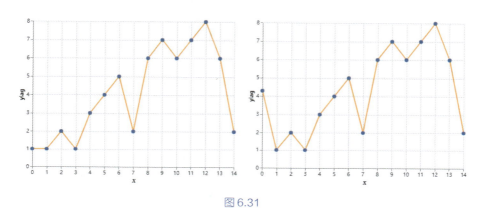

图 6.31

说明：除了可以使用实例方法 transform_impute()插补缺失值，还可以使用位置通道 x 轴或 y 轴的属性 impute。以位置通道 x 轴为例，在类 alt.X()中，关键字参数 impute 的具体设置方法可以通过类 alt.ImputeParams()的关键字参数完成，类 alt.ImputeParams() 的关键字参数的名称和使用方法与实例方法 transform_impute()相同。

6.4.7　瀑布图

在进行财务数据分析时，经常需要进行财务数据的时间序列分析。这种时间序列分析既可以使用相对变化数据，也可以使用绝对变化数据。使用瀑布图可以展示数据的绝对变化量或相对变化量。也就是说，瀑布图的视觉沟通的焦点在数据变化量上，长度可以作为数据变化量的视觉编码。而且，有时候，为了区分增加量和减少量，还可以使用颜色作为另一种视觉编码。借助以上两种视觉编码，有助于完成高效的视觉沟通。例如，考察产品型号"Product_B"的不同年份的绝对变化量，如图 6.32 所示。

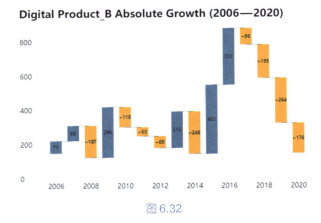

图 6.32

瀑布图的绘制原理主要依据分层图形，即分别将柱形图、水平刻度线和注释文本依次放在图形区域，从而形成分层图形。瀑布图的具体实现方法如下所示。

（1）导入需要的包和加载数据集。

```
import altair as alt
import pandas as pd

data = pd.read_excel(
    "Index_Chart_Altair.xlsx",
    sheet_name="Sales",
    parse_dates=["Year"]
)
```

（2）使用实例方法 transform_fold()将横向数据转换成纵向数据，使用变量 product 存储产品型号，使用变量 sale 存储产品销售量。

```
fold = ["Product_A","Product_B","Product_C","Product_D","Product_E","Product_F"]

alt.Chart(
    data
).transform_fold(
    fold,
    as_=["product","sale"]
)
```

（3）使用实例方法 transform_filter()筛选出产品型号"Product_B"的数据记录。

```
transform_filter(
    alt.datum.product=="Product_B"
)
```

（4）使用实例方法 transform_window()迭代计算变量 sale 的滞后等值，使用变量 ylag 存储滞后等值。

```
transform_window(
     ylag="lag(sale)"
)
```

（5）使用实例方法 transform_impute()插补缺失值。使用关键字参数 impute() 指定需要插补缺失值的变量，插补变量 ylag 的缺失值。使用关键字参数 method 设置插补缺失值的方法，使用均值法作为插补缺失值的方法。使用关键字参数 frame 设置插补缺失值的数据移动范围，使用缺失值右侧的一个数据作为数据范围。使用关键字参数 key 设定搜索缺失值的索引变量，使用年份 Year 作为索引变量。

```
transform_impute(
     frame=[1,1],
     impute="ylag",
     key="Year",
     method="mean"
)
```

（6）使用实例方法 transform_calculate()计算合成变量。使用变量 growth 存储销售量和滞后等值的差值。使用变量 mean 存储销售量和滞后等值的均值。

```
transform_calculate(
     growth="datum.sale-datum.ylag",
     mean="(datum.sale+datum.ylag)/2"
)
```

（7）在柱形图的编码通道中，使用位置通道 x 轴编码年份 Year，使用位置通道 y 轴编码销售量 sale，使用位置通道 y2 轴编码销售量的滞后等值，使用柱体的长度编码销售量和滞后等值的绝对差值，即销售量的绝对增长量。为了区分销售量的绝对变化量的增长类型，使用标记属性通道 color 按照 API 函数 condition()的条件表达式的判断结果，分别将正增长和负增长编码不同的颜色。

```
encode(
     x=alt.X(
          "Year:T",
          axis=alt.Axis(
               domain=False,
               format="%Y",
               grid=False,
               labelAlign="center",
```

```
                labelAngle=0,
                labelFontSize=13,
                labelPadding=8,
                tickCount=8,
                ticks=False,
                title=None
            )
        ),
        y=alt.Y(
            "sale:Q",
            axis=alt.Axis(
                domain=False,
                gridOpacity=0.5,
                gridWidth=0.5,
                labelAlign="left",
                labelFontSize=13,
                labelPadding=30,
                ticks=False,
                title=None,
                titlePadding=5
            )
        ),
        y2="ylag:Q",
        color=alt.condition(
            "datum.sale>=datum.ylag",
            alt.value("steelblue"),
            alt.value("orange")
        )
    )
)
```

（8）在增长量的水平刻度线中，使用实例方法 transform_fold()调整数据集的数据结构形式，将横向数据转换成纵向数据。使用实例方法 transform_filter()的alt.datum.Expression 形式的条件表达式筛选产品型号为"Product_B"的数据记录。进一步地，使用 alt.expr.Expression 形式的条件表达式过滤掉指定的年份。使用逻辑运算符"&"将不同的条件表达式连接起来，将同时满足这些条件的数据记录筛选出来，作为"临时"数据集。

```
alt.Chart(
    data
).transform_fold(
    fold,
    as_=["product","sale"]
).transform_filter(
```

```
        (alt.datum.product=="Product_B") &
        (alt.expr.year(alt.datum.Year)!=2005) &
        (alt.expr.year(alt.datum.Year)!=2020)
)
```

（9）在实例方法 mark_tick()中，使用关键字参数 align 设置刻度线的对齐方式，使用关键字参数 color 设置刻度线的颜色，使用关键字参数 opacity 设置刻度线的透明度，使用关键字参数 xOffset 设置刻度线的水平移动方向。

```
mark_tick(
    align="left",
    color="black",
    opacity=0.3,
    size=30,
    xOffset=15
)
```

（10）在编码通道中，使用位置通道 x 轴编码变量 Year，使用位置通道 y 轴编码变量 sale。

```
encode(
    x=alt.X(
        "Year:T",
    ),
    y=alt.Y(
        "sale:Q",
        axis=alt.Axis(tickMinStep=200)
    )
)
```

（11）在增长量的注释文本中，使用实例方法 transform_filter()筛选出合成变量 growth 的非零取值的数据记录。在编码通道中，使用位置通道 x 轴编码年份 Year，使用位置通道 y 轴编码均值 mean，使用文本通道 text 编码增长量 growth，将增长量的绝对变化量添加到柱形图的柱体上。

```
text = base.transform_filter(
    alt.datum.growth!=0.0
).mark_text(
    color="black",
    size=9
).encode(
    x=alt.X(
        "Year:T"
    ),
```

```
        y=alt.Y(
            "mean:Q",
        ),
        text=alt.Text("growth:Q")
)
```

（12）使用运算符"+"分别将柱形图、增长量的水平刻度线和增长量的注释文本依次放在图形区域，形成分层图形。

```
chart = bar + tick + text
```

（13）使用实例方法 configure_view()去掉图形区域的边框。

```
chart.configure_view(strokeWidth=0)
```

6.4.8　练习：销售量的相对变化量

使用瀑布图可以刻画销售量的相对变化量（增长率），使用瀑布图的改变样式也可以呈现销售量的相对变化量。以 y 轴为分界线，也就是以增长率的 0 值为临界点。大于 0 的增长率使用一种颜色编码柱体，小于 0 的增长率使用一种颜色编码柱体，从而使得 y 轴的上下部分使用不同颜色的柱体，使用柱体的长度编码销售量的增长率。还可以使用文本注释标记正增长率最大的柱体和正增长率最小的柱体，如图 6.33 所示。

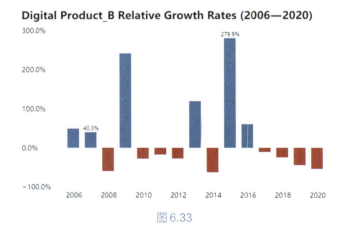

图 6.33

提示：具体实现方法参见附录 A。

6.5 分散型堆积条形图系列

6.5.1 分散型堆积条形图

在调研问卷中，经常需要统计问卷中的问题的不同选项的比例，这些问题一般属于次序型变量或名义型变量。例如，有一份由 8 个问题组成的健康饮食建议的调研问卷，需要统计每个问题的选项占比的分布情况。使用长度和颜色编码每个问题的选项占比，绘制分散型堆积条形图。在分散型堆积条形图中，颜色方案需要使用分散型颜色方案，分散型颜色方案适用于数量型变量，而且数量型变量的取值具有中间值，例如，数值 0 和均值，中间值两侧的数值分别使用递增的饱和度编码渐变的数值。每个问题有 5 个选项，分别是"Strongly disagree"、"Disagree"、"Others"、"Agree"和"Strongly agree"，其中，选项"Others"相当于中间值。因此，使用分散型颜色方案编码 5 个选项的颜色，使用长度编码 5 个选项的选择比例，效果如图 6.34 所示。

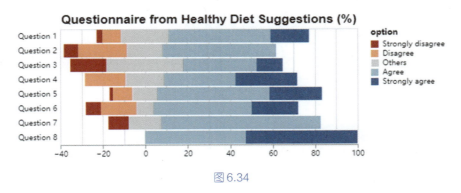

图 6.34

分散型堆积条形图的实现方法如下所示。

（1）使用 Pandas 的类 DataFrame()生成数据框对象。将字典列表传递给关键字参数 data 作为数据源。其中，字典的数据结构形式如下所示。

```
{
"question": "Question 1",
"option": "Strongly disagree",
"percentage": 2.6,
"position_start": -22.6,
"position_end": -20.0
}
```

字典的键分别表示问题名称、选项名称、选项比例、坐标轴上的起始位置和坐标轴上的结束位置。

（2）使用类 alt.Scale() 将问题的选项和 CSS 字符串形式的颜色建立起映射关系，使用关键字参数 domain 存储问题的选项，使用关键字参数 range 存储 CSS 字符串形式的颜色。

```python
color_scale = alt.Scale(
    domain=[
        "Strongly disagree",
        "Disagree",
        "Others",
        "Agree",
        "Strongly agree"
    ],
    range=["#c30d24", "#f3a583", "#cccccc", "#94c6ca", "#1770ab"]
)
```

（3）在编码通道中，将坐标轴的起始位置和坐标轴的结束位置分别映射在位置通道 x 轴和位置通道 x2 轴，从而确定每个选项在 x 轴上的位置和对应的长度。将问题 question 映射在位置通道 y 轴上。在标记属性通道 color 中，使用选项 option 将不同的选择项目编码不同的颜色。使用关键字参数 scale 设定量尺上的不同位置的选项和颜色的映射关系。

```python
alt.Chart(
    source
).mark_bar().encode(
    x=alt.X(
        "position_start:Q",
        axis=alt.Axis(
            labelAlign="center",
            tickMinStep=20,
            title=None
        )
    ),
    x2="position_end:Q",
    y=alt.Y(
        "question:N",
        axis=alt.Axis(
            domain=False,
            labelPadding=5,
            ticks=False,
```

```
                title=None
            )
        ),
        color=alt.Color(
            "option:N",
            scale=color_scale,
        )
    )
)
```

（4）使用实例方法 properties() 的类 alt.TitleParams() 设置图形区域的标题、标题字体和标题字号。

```
properties(
    title=alt.TitleParams(
        text="Questionnaire from Healthy Diet Suggestions (%)",
        font="Arial",
        fontSize=17
    )
)
```

6.5.2 漏斗图

从图形样式角度来讲，漏斗图也是一种分散型堆积条形图，使用长度作为数据变化量或数据绝对量的视觉编码，使用水平柱体编码数据，而且水平柱体是按照数据从大到小的顺序放置的，每个柱体的中间点作为柱体之间的对齐基准线。漏斗图主要用来考察数据的变化过程，这个变化过程可以使用绝对量表示，也可以使用相对量表示，而且这个变化过程是一个连续的业务逻辑流程。例如，互联网的购物场景，从登录购物网站的商品智能推送量、商品页面浏览量、商品页面点击量、加入购物车数量、提交订单直到支付订单的有效订单数的数据变化过程；人力资源的招聘场景，从投递简历的简历数量到完成入职的入职人数。对购物网站来讲，加入购物车是一个令人期望的动作，但是此刻也存在一个巨大的漏斗。虽然访客已经将商品加入购物车，但提交订单后却没有继续支付，最终导致订单作废。使用漏斗图可以很好地刻画购物网站的智能推荐系统的订单转化率（订单转换率指完成支付的有效订单数与商品推送量的比率），如图 6.35 所示。

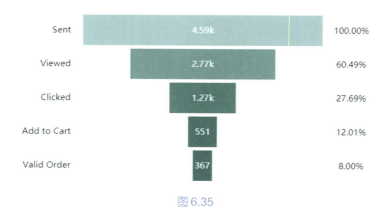

图 6.35

漏斗图绘制的原理主要使用分层图形，分别将条形图和注释文本依次放在图形区域，从而形成分层图形。漏斗图的具体实现方法如下所示。

（1）导入需要的包；使用字典列表存储数据集；使用 Pandas 加载数据集。

```python
import altair as alt
import pandas as pd

data = [
    {"stage":"Sent",
     "value":4586},
    {"stage":"Viewed",
     "value":2774},
    {"stage":"Clicked",
     "value":1270},
    {"stage":"Add to Cart",
     "value":551},
    {"stage":"Valid Order",
     "value":367}
]

source = pd.DataFrame(data)
```

（2）生成基础对象 Chart，作为条形图和文本注释的"临时"数据集，使用变量 base 存储"临时"数据集。使用实例方法 transform_window()生成变量 value 的滞后等值。使用实例方法 transform_impute()插补滞后等值的缺失值。使用实例方法 transform_joinaggregate()的最大值函数 max()生成变量 value 的最大值标量 maxValue，最大值标量 maxValue 的取值都相同。使用实例方法 transform_calculate()生成新的变量 percentage、start_position、end_position，以及新的标量 middle_position、single_position。在编码通道中，将变量 stage 映射在位置通道 *y* 轴上；在类 alt.Y()中，使用类 alt.EncodingSortField()按照新生成的变量 end_position 的取值降序排列变量 stage 的取值，传递给关键字参数 sort。使用实例方法 properties()设置图形区域的宽度和高度。

```
base = alt.Chart(source).transform_window(
    valueLag="lag(value)"
).transform_impute(
    frame=[1,1],
    impute="valueLag",
    key="stage",
    method="mean"
).transform_joinaggregate(
    maxValue="max(value)"
).transform_calculate(
    percentage="datum.value/datum.maxValue",
    start_position="-1*(datum.value/2)",
    end_position="datum.value/2",
    middle_position="datum.value*0",
    single_position="datum.maxValue/2"
).encode(
    y=alt.Y(
        "stage:N",
        axis=alt.Axis(
            domain=False,
            labelFontSize=15,
            ticks=False,
            title=None
        ),
        sort=alt.EncodingSortField(
            field="end_position",
            order=alt.SortOrder("descending")
        )
    )
).properties(height=300,width=450)
```

（3）在条形图中，调用对象 base 的实例方法 mark_bar()使用条形编码数据；使用实例方法 encode()分别将新生成的变量 start_position 和变量 end_position 映射在位置通道 *x* 轴和位置通道 *x2* 轴；将变量 end_position 映射在标记属性通道 color 上，按照变量 end_position 的取值编码条形的颜色，隐藏图例。在类 alt.Scale()中，使用关键字参数 scheme 设置变量 end_position 的取值和颜色的映射关系；使用类 alt.SchemeParams()完成颜色方案和颜色模式的设置任务。其中，颜色模式使用单调递减的映射模式，也就是数值越大颜色饱和度越低，数值越小颜色饱和度越高。类 alt.Scale()的返回值传递给关键字参数 scale。

```
bar = base.mark_bar().encode(
    x="start_position:Q",
    x2="end_position:Q",
    color=alt.Color(
        "end_position:Q",
        legend=None,
        scale=alt.Scale(
            scheme=alt.SchemeParams(name="teals",extent=[0.8,0.1])
        )
    )
)
```

（4）在数值型文本注释中，调用对象 base 的实例方法 mark_text()添加文本注释。在实例方法 encode()的位置通道 x 轴中，使用标量 middle_position 编码数值型文本注释的位置。在实例方法 encode()的文本通道 text 中，使用类 alt.Text()设置文本注释的内容，按照变量 value 依次添加数值型文本注释，使用关键字参数 format 设置数值型文本注释的格式，"s"表示使用千位符，"~"表示去掉不必要的尾部的数值 0，".3"表示数值的精度位数。

```
numberText = base.mark_text(color="white",size=15).encode(
    x="middle_position:Q",
text=alt.Text("value:Q",format=".3~s")
)
```

（5）在百分数型文本注释中，调用对象 base 的实例方法 mark_text()添加文本注释。使用关键字参数 dx 设置文本注释水平向右移动。在实例方法 encode()的位置通道 x 轴中，使用标量 single_position 编码百分数型文本注释的位置。在实例方法 encode()的文本通道 text 中，使用类 alt.Text()设置文本注释的内容，按照新生成的变量 percentage 依次添加百分数型文本注释，使用关键字参数 format 设置百分数型文本注释的格式，"%"表示使用百分数，".2"表示百分数的小数位数。

```
percentText = base.mark_text(dx=50,size=15).encode(
    x="single_position:Q",text=alt.Text("percentage:Q",format=".2%")
)
```

（6）使用运算符"+"依次将条形图、数值型文本注释和百分数型文本注释放置在图形区域中，形成分层图形。

```
chart = bar + numberText + percentText
```

（7）全局配置主要使用实例方法 configure_view()隐藏图形区域的边框。使用实例方法 configure_axisBottom()设置图形区域的底部坐标轴，完成坐标轴的轴脊、网格线、刻度标签、刻度线和坐标轴标题的设置任务。关键字参数的含义如下所示。

- domain：是否显示轴脊。
- grid：是否显示网格线。
- labels：是否显示刻度标签。
- ticks：是否显示刻度线。
- title：是否显示坐标轴标题。

```
newChart = chart.configure_view(
    strokeWidth=0
).configure_axisBottom(
    domain=False,
    grid=False,
    labels=False,
    ticks=False,
    title=None
)
```

（8）显示分层图形 newChart。

6.5.3　动手实践：离散化的颜色标尺

说明：类 alt.SchemeParams()还有一个关键字参数 count，关键字参数 count 表示颜色方案中的颜色个数。

具体而言，在类 alt.Scale()中，关键字参数 scheme 和关键字参数 type 可以配合使用。此时，需要将量尺的类型设置成离散化类型"quantize"。这样，颜色方案中的颜色就与离散化变量的取值区间对应起来，相当于将颜色分块呈现。从而使用关键字参数 count 就可以指定颜色方案中的颜色个数。

既然需要离散化变量，就需要使用数值型变量作为标记属性通道 color 的编码变量。例如，颜色方案使用 yelloworangebrown，使用类 alt.ScaleType()的位置参数

"quantize"可以将量尺离散化，返回值传递给关键字参数 type，离散化处理后的颜色个数设定为 9。因此，颜色方案 yelloworangebrown 可以由 9 种颜色组成，如图 6.36 所示。

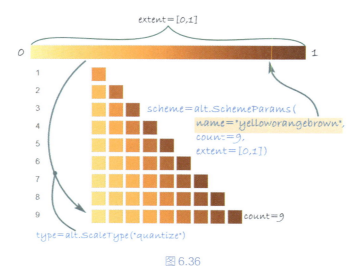

图 6.36

使用关键字参数 type 可以使指定种数的颜色与数值区间建立映射关系。这种映射关系就是颜色标尺，可以使用图例表示颜色标尺。使用关键字参数 type 建立的离散化颜色标尺和不使用关键字参数 type 建立的连续型颜色标尺的统计可视化之间的差别，如图 6.37 所示。

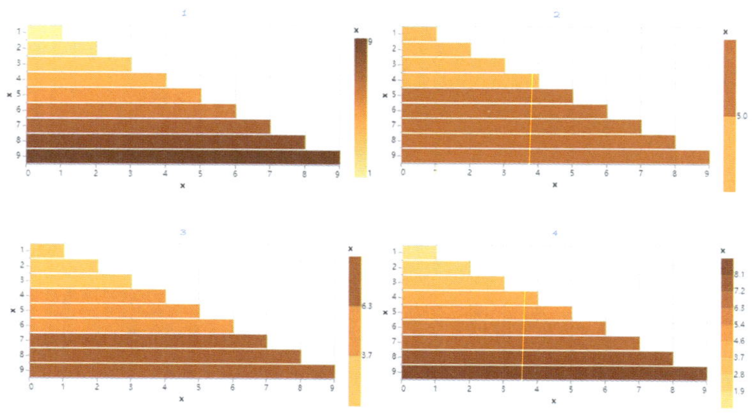

图 6.37

不使用关键字参数 type 的统计可视化如图 6.37 中的子区 1 所示。具体的实现代码如下所示。

```
import numpy as np
import pandas as pd

df = pd.DataFrame({"x":np.arange(1,10,1)})

chart = alt.Chart(df).mark_bar().encode(
    x=alt.X("x:Q"),
    y="x:O",
    color=alt.Color(
        "x:Q",
        scale=alt.Scale(
            scheme=alt.SchemeParams(
                name="yelloworangebrown",
                extent=[0,1]
            )
        )
    )
)

chart
```

使用 Pandas 的类 DataFrame()生成数据框对象。不使用关键字参数 type、颜色标尺是连续渐变的颜色区间，变量取值和颜色是单调递增的映射关系。

使用关键字参数 type，同时颜色个数是 9 的统计可视化如图 6.37 中的子区 4 所示。具体的实现代码如下所示。

```
import altair as alt

df = alt.sequence(1,10,1,as_="x")

chart = alt.Chart(df).mark_bar().encode(
    x=alt.X("x:Q"),
    y="x:O",
    color=alt.Color(
        "x:Q",
        scale=alt.Scale(
            scheme=alt.SchemeParams(
                name="yelloworangebrown",
                count=9,
                extent=[0,1]
```

```
            ),
            type=alt.ScaleType("quantize")
        )
    )
)

chart
```

类 alt.SchemeParams() 的关键字参数 count 设定颜色的个数，类 alt. ScaleType() 将数值型变量 x 离散化，使得不同的数值区间与不同的颜色对应，形成区间个数与颜色个数对应，从而使建立的颜色标尺可以反映数值区间与颜色的映射关系。使用 API 函数 sequence() 生成序列形式的数据集，序列生成器 sequence() 的参数含义如下所示。

- start：序列的起始值，序列包含起始值。
- stop：序列的终止值，序列不包含终止值。
- step：序列的步长值。
- as_：生成序列的名称。

生成数据集的等价形式如下所示。

- pandas.DataFrame({"x":numpy.arange(1,10,1)})
- altair.sequence(1,10,1,as_="x")
- pandas.DataFrame({"x":[1,2,3,4,5,6,7,8,9]})

6.5.4 旋风图

旋风图因形状酷似龙卷风而得名，也是一种组合图形，是由两个水平放置的直方图组合而成的。因此，旋风图很适合比较同一数量区间内的不同类别之间的差异，同时，也可以考察一个类别的数量分布情况。

旋风图可以用于分析人口年龄的分布结构，可以将年龄作为次序型变量映射在位置通道 y 轴上，将不同性别的按照年龄分组计算的不同年份的平均人口映射在位置通道 x 轴上，使用柱体编码不同年龄的平均人口。

首先，从图形组成的角度来讲，分别绘制男性的不同年龄的平均人口条形图和女性的不同年龄的平均人口条形图。在条形图的基础上，分别添加条形图所属类别的文本注释。然后，使用运算符"+"将不同性别的条形图和对应的所属类别的文本注释组合起来，形成分层图形。最后，使用 API 函数 hconcat()将两个分层图形水平连接起来，生成类似"金字塔"形状的人口年龄分布结构的旋风图。效果如图 6.38 所示。

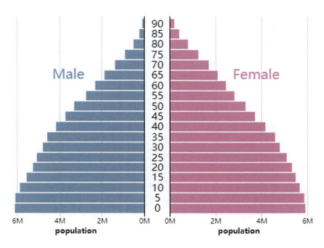

图 6.38

人口年龄的分布结构的实现方法如下所示。

（1）男性的不同年龄的平均人口条形图。

使用实例方法 transform_filter() 筛选男性人口数据。使用实例方法 transform_aggregate()按照年龄计算不同年份的平均人口数量。使用位置通道 x 轴编码平均人口数量，其中，使用类 alt.SortOrder()降序排列 x 轴的刻度标签。使用位置通道 y 轴编码年龄，其中，变量 age 是次序型变量，不是数量型变量。使用类 alt.Scale()设置图形边框与水平柱体的留白距离。使用类 alt.SortOrder()降序排列 y 轴的刻度标签。使用实例方法 mark_bar()编码数据。在标记属性通道 color 中，使用 API 函数 value()编码水平柱体的颜色。

```
leftBase = alt.Chart(
    source
).transform_filter(
    alt.datum.sex==1
).transform_aggregate(
    mea_people="mean(people)",
    groupby=["age"]
).encode(
```

```
        x=alt.X(
            "mea_people:Q",
            axis=alt.Axis(
                domain=False,
                labelAlign="center",
                format="~s",
                tickCount=4,
                ticks=False,
                title="population"
            ),
            sort=alt.SortOrder("descending")
        ),
        y=alt.Y(
            "age:O",
            axis=alt.Axis(
                domainColor="black",
                orient="right",
                labels=False,
                ticks=False,
                title=None,
                zindex=1
            ),
            scale=alt.Scale(paddingOuter=0.3),
            sort=alt.SortOrder("descending")
        )
    ).properties(height=300,width=200)

    leftChart = leftBase.mark_bar().encode(
        color=alt.value("#68A0BB")
    )
```

（2）女性的不同年龄的平均人口条形图。

类似地，筛选女性人口数据，按照年龄分组计算不同年份的平均人口数量。将女性的平均人口映射在位置通道 x 轴上，将年龄映射在位置通道 y 轴上。使用实例方法 mark_bar()绘制条形图。在标记属性通道 color 中，使用 API 函数 value()编码条形图的颜色。

（3）对应男性的人口年龄分布结构的文本注释。

在男性的人口年龄条形图中，使用实例方法 transform_filter()限定文本注释的垂直位置；使用实例方法 transform_calculate()限定文本注释的水平位置。使用实例方法 mark_text()添加文本注释。在编码通道中，将标量映射在位置通道 x 轴上；在文本通道 text 中，使用 API 函数 value()添加文本字符串。

```
leftText = leftBase.transform_filter(
    alt.datum.age==65
).transform_calculate(
    xPosition="2000000"
).mark_text(
    align="right",
    color="#68A0BB",
    dx=-25,
    size=20
).encode(
    x="xPosition:Q",
    text=alt.value("Male")
)
```

（4）对应女性的人口年龄分布结构的文本注释。

类似地，在女性的人口年龄条形图中，在相同的位置添加不同颜色的文本字符串。

（5）首先，使用运算符"+"将条形图和文本注释组合起来，形成分层图形；然后，使用 API 函数 hconcat()将分层图形水平连接起来，从而形成旋风图。

```
alt.hconcat(
    leftChart + leftText,
    rightChart + rightText,
    spacing=2
).configure_view(strokeWidth=0)
```

6.5.4　动手实践：堆积条形图的分层图形——子弹头图

从图形组成的角度来看，子弹头图是由条形图和刻度线图分层组合而成的。用于比较不同时期的数量变化和差距，也经常用于分析预期收入目标与实际收入现状的差距，以及比较项目预计完成时间与实际花费时间的差距。

应用场景：比较学业预估成绩和学业实际成绩。将学业成绩划分 4 个级别，分别是 Grade A、Grade B、Grade C 和 Grade D。学业成绩的每个级别的范围为[0,1]，学业预估成绩和学业实际成绩会在学业成绩的一个级别中。不同年份的学业成绩的每个级别所在的区间范围不同，意味着不同年份的学业表现存在动态变化的情形。学业实际成绩可以纵向比较，定量分析学业实际成绩的优劣状况。

解决方案：使用分层图形完成学业预估成绩和学业实际成绩的比较。学业成绩的 4 个级别使用堆积条形图，学业实际成绩使用条形图，学业预估成绩使用刻度线图。使用长度和位置作为视觉编码，分别编码学业实际成绩和学业预估成绩，比较学业实际成绩和学业预估成绩的差距。效果如图 6.39 所示。

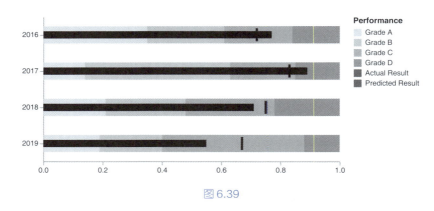

图 6.39

具体的实现方法如下所示。

（1）生成基础对象 Chart。在编码通道中，将成绩级别映射在位置通道 x 轴上，将离散化年份映射在位置通道 y 轴上。同时，变量类型使用次序型变量。在标记属性通道 color 中，使用不同的颜色编码次序型变量 Performance 的不同成绩级别；使用类 alt.Legend() 设置图例符号的大小和类型；使用类 alt.Scale() 建立颜色和成绩级别的映射关系。在顺序通道 order 中，使用类 alt.Order() 的关键字参数 sort 将柱体按照升序排列的成绩级别堆叠起来。

```
base = alt.Chart(
    data
).encode(
    x=alt.X(
        "Change:Q",
        axis=alt.Axis(
            labelAlign="center",
            tickMinStep=0.2,
            title=None
        ),
    ),
    y=alt.Y(
        "year(Year):O",
        axis=alt.Axis(title=None)
```

```
    ),
    color=alt.Color(
        "Performance:O",
        legend=alt.Legend(
            symbolSize=110,
            symbolType="square"
        ),
        scale=color_scale
    ),
    order=alt.Order("Performance",sort="ascending")
)
```

（2）使用对象 Chart 调用实例方法 transform_filter()筛选 4 个级别的学业成绩。使用实例方法 mark_bar()绘制堆积条形图。在实例方法 encode()中，使用 API 函数 value()将常量映射在标记属性通道 size 和 opacity 上。

```
cumlBarChart = base.transform_filter(
    (alt.datum.Performance!="Actual Result") &
    (alt.datum.Performance!="Predicted Result")
).mark_bar().encode(
    size=alt.value(24),
    opacity=alt.value(0.7)
)
```

（3）使用对象 Chart 调用实例方法 transform_filter()筛选学业实际成绩。使用实例方法 mark_bar()绘制条形图。在实例方法 encode()中，使用 API 函数 value()将常量映射在标记属性通道 size 和 opacity 上。

```
barChart = base.transform_filter(
    alt.datum.Performance=="Actual Result"
).mark_bar().encode(
    size=alt.value(10),
    opacity=alt.value(1)
)
```

（4）使用对象 Chart 调用实例方法 transform_filter()筛选学业预估成绩。使用实例方法 mark_tick()绘制刻度线图，其中，关键字参数 size 和 thickness 分别设置刻度线的长度和宽度。在实例方法 encode()中，使用 API 函数 value()将常量映射在标记属性通道 opacity 上。

```
tickChart = base.transform_filter(
    "datum.Performance=='Predicted Result'"
).mark_tick(size=18,thickness=3).encode(
```

```
        opacity=alt.value(1)
)
```

（5）使用运算符"+"依次将堆积条形图、条形图和刻度线图放置在图形区域上，形成分层图形。

```
chart = cumlBarChart + barChart + tickChart
```

（6）使用实例方法 properties()设置画布的高度；使用全局配置实例方法 configure_view()隐藏图形区域的边框；使用全局配置实例方法 configure_axis() 隐藏网格线。

```
chart.properties(
    height=200
).configure_view(
    strokeWidth=0
).configure_axis(
    grid=False
)
```

6.5.5 练习：将堆积条形图变成分层条形图——温度计图

温度计图可以用来比较不同时期的数据变化。从视觉暗示角度来看，温度计图使用长度编码数据，为了区别同一类别不同时期的数据，使用大小编码数据也就是使用条形的长度编码不同时期的数据。例如，比较不同地区在基期和报告期的销售量，使用条形图分别绘制不同地区的基期销售量和报告期销售量，将两个条形图依次放在图形区域里，将基期销售量的条形图放在报告期销售量的条形图下面，形成分层图形。效果如图 6.40 所示。

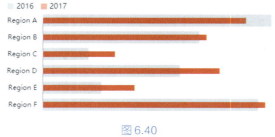

图 6.40

提示：具体实现方法参见附录 A。

6.6 堆积柱形图系列

6.6.1 堆积柱形图

堆积柱形图使用不同颜色编码不同类别，使用长度编码不同类别对应的数值，而且，堆积柱形图需要 3 个变量，一般是两个离散型变量，一个连续型变量。所谓的"堆积"就是不同类别的对应数值的依次排列，"堆积柱形图"就是使用长度编码不同类别对应的数值，不同长度的柱体依次排列。排列方向既可以水平排列形成堆积条形图，也可以垂直排列形成堆积柱形图。为了实现"分类"排列堆积图的目标，在一个离散型变量和一个连续型变量的基础上，我们再使用第二个离散型变量从另一个类别维度分类排列堆积图。例如，分析运动项目的时间消耗数量的分配比例和周期变化规律，具体而言，就是在不同年份里，篮球、足球、跑步、游泳和网球的时间消耗量不尽相同，同一运动项目的不同年份的时间消耗量波动不大。我们可以将年份变量作为一个离散型变量，也就是在位置通道里，将时间型变量作为次序型变量。将运动项目作为另一个离散型变量，不同的运动项目属于不同的类别，时间消耗量是连续型变量。这样，就可以分析不同年份的同一运动项目的波动周期和变化趋势，以及同一年份里的不同运动项目的时间消耗量的分配比例，如图 6.41 所示。

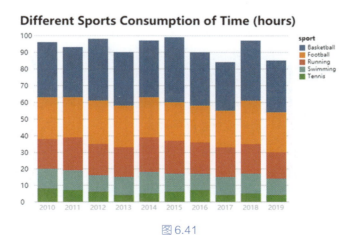

图 6.41

具体而言，堆积图包括堆积百分比面积图、堆积百分比柱形图和量化波形图，它们之间的区别主要体现在位置通道中的属性 stack 的使用方法上，stack="zero"。

堆积柱形图的实现方法如下所示。

（1）导入需要的包，使用 Pandas 的 API 函数 read_excel() 读取 Excel 文件格式的源数据。定义运动项目列表 fold 和颜色方案对象 color_scale。

```
import altair as alt
import numpy as np
import pandas as pd

data = pd.read_excel(
    "Stacked_Chart_Altair.xlsx",
    sheet_name="Sports",
    parse_dates=["Year"]
)

fold = ["Basketball", "Football", "Running", "Swimming", "Tennis"]

color_scale = alt.Scale(
    scheme="tableau10"
)
```

（2）使用实例方法 transform_fold() 将横向数据转换成纵向数据。在编码通道中，将离散化变量 Year 映射在位置通道 x 轴上，类 alt.Axis() 的关键字参数的设置方法如下所示。

- domainColor：使用 CSS 字符串的形式设置轴脊的颜色。
- format：设置刻度标签的样式。
- formatType：设置刻度标签的样式类型。
- labelAngle：设置刻度标签的旋转角度。
- labelColor：使用 CSS 字符串的形式设置刻度标签的颜色。
- labelFontSize：设置刻度标签的字体大小。
- labelPadding：设置刻度标签与刻度线的留白距离。
- ticks：隐藏刻度线。
- title：隐藏坐标轴标题。

类 alt.Axis() 的返回值传递给关键字参数 axis。将变量 hour 映射在位置通道 y 轴上，类 alt.Axis() 的关键字参数的设置方法如下所示。

- domain：隐藏轴脊。

- domainColor：设置轴脊的颜色。
- gridColor：设置网格线的颜色。
- gridDash：设置网格线的线条样式。
- gridOpacity：设置网格线的透明度。
- gridWidth：设置网格线的宽度。
- labelAlign：设置刻度标签的垂直对齐方式。
- labelFontSize：设置刻度标签的字体大小。
- labelPadding：设置刻度标签与刻度线的留白间距。
- ticks：隐藏刻度线。
- title：隐藏坐标轴标题。

在类 alt.Y()中，使用关键字参数 stack 设置以 y 轴为起始线，使用柱体编码不同运动项目对应的时间消耗量，依次将不同运动项目对应的柱体相互叠放在一起。最后，将对象 Chart 存储在变量 base 中。

```python
base = alt.Chart(data).transform_fold(
    fold,
    as_=["sport", "hour"]
).encode(
    x=alt.X(
        "Year:O",
        axis=alt.Axis(
            domainColor="#AEAEAE",
            format="%Y",
            formatType="time",
            labelAngle=0,
            labelColor="#AEAEAE",
            labelFontSize=12,
            labelPadding=5,
            ticks=False,
            title=None,
        )
    ),
    y=alt.Y(
        "hour:Q",
        axis=alt.Axis(
            domain=False,
            domainColor="#AEAEAE",
            gridColor="gray",
            gridDash=[1,2],
```

```
                    gridOpacity=1,
                    gridWidth=1,
                    labelAlign="left",
                    labelFontSize=12,
                    labelPadding=25,
                    ticks=False,
                    title=None
                ),
                stack="zero"
            )
        )
```

（3）使用对象 base 调用实例方法 mark_bar()，使用柱体编码运动项目的时间消耗量。在编码通道中，使用标记属性通道 color 编码变量 sport，将颜色方案对象 color_scale 传递给关键字参数 scale，使用不同颜色编码不同运动项目对应的柱体。调用对象 Chart 的实例方法 properties() 的关键字参数 title 设置画布的标题。在类 alt.TitleParams() 中，关键字参数 anchor 将标题放在图形区域的起始位置，关键字参数 dy 设置标题垂直向上移动，关键字参数 font、fontSize 和 text 分别设置标题的字体、字号和标题的内容。

```
chart = base.mark_bar(size=35).encode(
    color=alt.Color(
        "sport:N",
        scale=color_scale
    )
).properties(
    title=alt.TitleParams(
        anchor="start",
        dy=-5,
        font="calibrib",
        fontSize=21,
        text="Different Sports Consumption of Time (hours)",

    ),
    width=450
)
```

（4）使用对象 Chart 的全局配置实例方法 configure_view() 隐藏图形区域的边框。

```
chart.configure_view(strokeWidth=0)
```

交换变量的映射通道，也就是将变量 hour 映射在位置通道 x 轴上，将变量 Year 映射在位置通道 y 轴上，可以绘制堆积条形图。

6.6.2　堆积百分比柱形图

堆积百分比柱形图是柱形图和饼图的组合图形，柱体之间的填充长度表示百分比的大小。为了使填充长度的大小易于比较，通常将原始数据进行降序排列，从而使填充长度呈现由大到小的视觉效果。换句话讲，即使用长度编码数据，长度和色调作为视觉暗示。

以百分比形式计算不同年份的运动项目的时间消耗量，使用柱体编码百分数形式的时间消耗量，不同年份的百分数之和是数值 1。使用自定义颜色方案编码运动项目。具体而言，在编码通道的位置通道 y 轴上，使用关键字参数 stack 设置百分比形式的堆积图，也就是将"normalize"传递给关键字参数 stack。在实例方法 mark_bar()中，使用柱体编码运动项目的百分数形式的时间消耗量，绘制堆积百分比柱形图。

堆积百分比柱形图的实现方法与堆积柱形图类似。主要区别体现在关键字参数 stack 的取值上。以 y 轴为起始线，将离散化变量 Year 不同年份中的不同运动项目对应的时间消耗量以百分数形式呈现，使用柱体编码百分数，依次将不同运动项目对应的柱体相互叠放在一起。效果如图 6.42 所示。

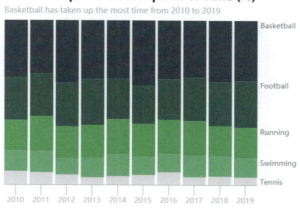

图 6.42

说明：交换变量的映射通道（也就是将变量 hour 映射在位置通道 x 轴上，将变量 Year 映射在位置通道 y 轴上），可以绘制堆积百分比条形图。

另外，可以使用位置通道 x 轴上的量尺调整柱体之间及柱体和图形区域的边框之间的留白距离，代码如下所示。

scale=alt.Scale(paddingInner=0.1,paddingOuter=0)。

6.7 面积图系列

6.7.1 堆积百分比面积图

堆积百分比面积图是面积图和饼图的组合图形，面积之间的填充区域表示百分比的大小。为了使填充区域的大小易于比较，通常将原始数据进行降序排列，从而使得填充区域呈现由大到小的视觉效果。换句话讲，就是使用面积编码数据，将面积和色调作为视觉暗示。

以百分比形式计算不同年份的运动项目的时间消耗量，使用面积编码百分数形式的时间消耗量，不同年份的百分数之和是数值 1。使用自定义颜色方案编码运动项目。具体而言，在编码通道的位置通道 y 轴上，使用关键字参数 stack 设置百分比形式的堆积图。同样地，将"normalize"传递给关键字参数 stack。在实例方法 mark_area()中，使用面积编码运动项目的百分数形式的时间消耗量，绘制堆积百分比面积图。

堆积百分比面积图的实现方法与堆积百分比柱形图类似。主要区别体现在实例方法 mark_*()的类型上，堆积百分比柱形图使用实例方法 mark_bar()，堆积百分比面积图使用实例方法 mark_area()。效果如图 6.43 所示。

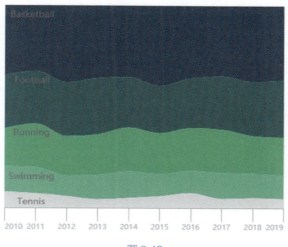

图 6.43

6.7.2　量化波形图

量化波形图是另一种统计可视化效果的堆积面积图。堆积面积图是沿着 y 轴使得不同类别的面积图叠加形成的图形，量化波形图是以一种类别的面积图为分界线将不同类别的面积图围绕分界线上下堆积形成的图形，也是一种时间序列图。使用波浪的高低编码数量型变量的取值，使用颜色编码类别，使用不同的颜色编码不同的类别。

注意：量化波形图中的类别有数量的要求，也就是过多的类别会导致量化波形图的统计可视化效果下降。因此，量化波形图适合分析时间序列数据的趋势变化和波动规律，以及比较不同类别的波动程度。

应用场景：分析依据时间变化的不同行业的失业人数的变化情况和比较不同行业的失业人数的相对规模。

解决方案：使用颜色方案 category20 编码不同的行业类别，也就是名义型变量；使用面积图编码时间型变量和数量型变量的有序实数对；使得波浪形状的面积图编码不同时期的失业人数的绝对数量。将不同行业的面积图分成两部分，每一部分都是堆积面积图，使得两部分堆积面积图分布在指定行业类别的面积图的上下两侧。其中，一部分行业类别对应的面积图放在指定行业的面积图的上面，这些面积图堆叠形成上升形状的波浪；另一部分行业类别对应的面积图放在指定行业的面积图的下面，这些面积图堆叠形成下降形状的波浪。效果如图 6.44 所示。

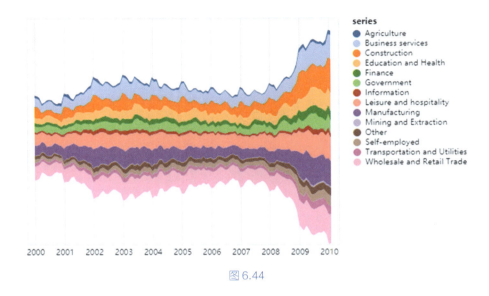

图 6.44

量化波形图的实现方法如下所示。

（1）导入需要的包和数据集，加载 URL 来源的数据集。

```
import altair as alt
from vega_datasets import data

source = data.unemployment_across_industries.url
```

（2）在实例方法 encode()中，在位置通道 x 轴上，使用函数 yearmonth()获得年份月份，使用类 alt.Scale()的关键字参数 padding 调整位置通道 x 轴上的量尺，增加图形区域的边框和图形之间的留白距离。使用位置通道 y 轴编码变量 count，将 "center"传递给关键字参数 stack，以一种类别的面积图为分界线，使用面积编码不同行业对应的变量 count 的取值，将不同行业对应的面积围绕分界线上下叠放在一起。使用标记属性通道 color 编码变量 series，使用颜色方案 category20 编码变量 series 的不同取值。

```
alt.Chart(
    source
).mark_area().encode(
    alt.X(
```

```
            "yearmonth(date):T",
            axis=alt.Axis(
                format="%Y",
                labelPadding=5,
                domain=False,
                ticks=False,
                title=None
            ),
            scale=alt.Scale(padding=10)
        ),
        alt.Y(
            "count:Q",
            axis=None,
            stack="center"
        ),
        alt.Color(
            "series:N",
            scale=alt.Scale(scheme="category20")
        )
    )
)
```

6.8　置信区间的应用

6.8.1　置信区间

　　参数估计分为点估计和区间估计。在一个已知分布类型的总体中，总体均值μ和总体标准差σ一般是未知的。需要使用随机抽样的方法获得样本，通过样本统计量估计总体的未知参数。例如，现在需要估计总体的均值，区间估计的前提是假设一个置信水平，通俗来讲，就是设定一个估计参数的可靠程度，在设定的置信水平下，获得的区间估计称为置信区间。置信水平一般设定为 95%，也就是将显著性水平α设定为0.05，置信水平$1 - \alpha$是 0.95。对总体均值的区间估计而言，95%置信区间表示进行100 次随机抽样获得 100 个置信区间，大约有 95 个置信区间可以包括总体均值，也就是说，总体均值大约有 95 次落在置信区间中。

　　对总体均值μ未知、总体标准差σ已知的正态分布而言，95%置信区间的构造方法是样本均值加减 1.96 倍的总体标准差。其中，总体标准差缩小为$\sigma/\sqrt{n}$，使用n表示样本容量。使用$\bar{X}$表示样本均值，作为正态分布的总体均值μ的点估计；使用S表示样本标准差，作为正态分布的总体标准差σ的点估计。总体均值μ的 95%置信区间的表达式是$\bar{X} \pm 1.96 \times (\sigma / \sqrt{n})$。对总体均值$\mu$和方差$\sigma^2$都未知的正态分布而言，也可以使用样本标准差代替总体标准差，获得 95%置信区间的近似表达式$\bar{X} \pm 1.96 \times (S/\sqrt{n})$。

　　样本统计量是关于样本的函数，例如，样本均值和样本标准差。使用样本统计量估计总体参数，就是点估计。在实现一次随机抽样获得一个样本之后，样本统计量就有了具体的数值，称为样本统计量值。这时样本统计量值就可以作为总体参数的一个估计值。总体、样本、总体参数和样本统计量的关系如图 6.45 所示。

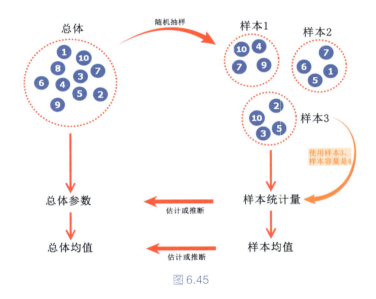

图 6.45

　　由于样本是从总体中使用随机抽样的方法获得的，每次组成样本的样本单位会有差异，所以样本的均值会有不同。如果进行若干次随机抽样，获得若干个样本，那么这些样本均值（Mean）也构成一个样本。这些样本均值的标准差（Standard Deviation，SD）称为样本均值的标准误（Standard Error，SE），因此，样本均值的标准误是衡量样本均值的波动程度的样本统计量。样本均值的标准误的表达式是$SE = S/\sqrt{n}$，其中，S是样本标准差，n是样本容量，$1/\sqrt{n}$是修正系数。标准误也称为抽样误差。样本均值的标准误的计算过程如图 6.46 所示。

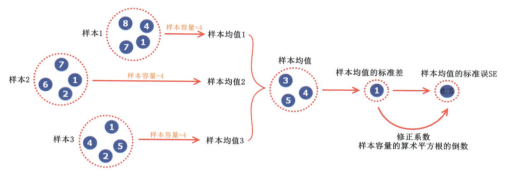

图 6.46

总体均值 μ 的 95% 置信区间（Confidence Interval，CI）的表达式是 $\bar{X} \pm 1.96 \times SE$。其中，样本均值 $\bar{X} = \sum_{i=1}^{n} X_i / n$，样本标准差 $S = \sqrt{\sum_{i=1}^{n}(X_i - \bar{X})^2 / (n-1)}$，使用大写字母表示样本统计量，使用小写字母表示样本统计量值。也就是说，样本统计量值是样本统计量的实现，例如，样本标准差 S 的样本统计量值 $s = \sqrt{\sum_{i=1}^{n}(x_i - \bar{x})^2 / (n-1)}$。

6.8.2　误差棒图

误差棒图由误差和均值组成，误差可以是标准差、标准误、置信区间和四分位距。置信区间是很常见的一种误差形式，使用置信区间作为误差，总体均值的置信区间就是总体均值的区间估计。

应用场景：使用数据集 cars 中时间型变量 Year 和数量型变量 Miles_per_Gallon，计算不同年份的单位里程数的置信区间和平均值，从而构造误差棒图的误差和均值。

解决方案：首先，分别绘制置信区间、平均值。将置信区间和平均值分层放置在图形区域中，构建误差棒图。为了更好地分析置信区间的计算方法，使用指定年份的数据集，使用数据计算加工器搭建置信区间。然后，使用轨迹图描述单位里程数的平均值的趋势变动程度。最后，将误差棒图和轨迹图连接起来，组成复合图形。效果如图 6.47 所示。

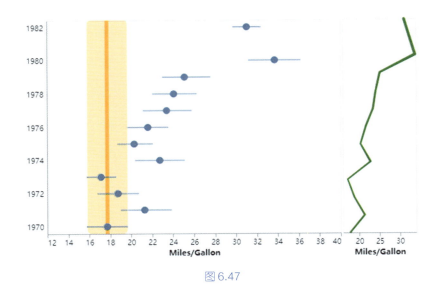

图 6.47

误差棒图的实现方法如下所示。

（1）导入需要的包和数据集，构建基本对象 Chart。

```
import altair as alt
from vega_datasets import data

source = data.cars()

base = alt.Chart(source).transform_filter(
    "isValid(datum.Miles_per_Gallon)"
).encode(
    y=alt.Y(
        "Year:T",
        scale=alt.Scale(padding=10)
    )
)
```

（2）绘制置信区间形式的误差。调用对象 base 的实例方法 mark_errorbar()，使用关键字参数 extent 设置误差形式，使用置信区间作为误差形式，使用关键字参数 orient 设置水平放置的置信区间。在编码通道中，将变量 Miles_per_Gallon 映射在位置通道 x 轴上，作为置信区间的样本来源。

```
errorbar = base.mark_errorbar(
    extent="ci",
    orient="horizontal"
```

```
).encode(
    x=alt.X(
        "Miles_per_Gallon:Q",
        axis=alt.X(title="Miles/Gallon")
    ),
    color=alt.value("steelblue"),
    opacity=alt.value(0.6),
    size=alt.value(2)
)
```

（3）绘制误差棒图的均值。调用对象 base 的实例方法 mark_circle()，绘制圆形标记。在编码通道的类 alt.X()中，使用函数 mean()计算变量 Miles_per_Gallon 的均值，使用类 alt.Scale()计算 x 轴的量尺范围。同时，去掉起始原点。

```
point = base.mark_circle().encode(
    x=alt.X(
        "mean(Miles_per_Gallon):Q",
        scale=alt.Scale(
            domain=[12,40],
            zero=False
        )
    ),
    color=alt.value("steelblue"),
    size=alt.value(100)
)
```

（4）为了更好地理解总体均值的 95%置信区间的构建方法。使用实例方法 transform_filter()将年份是 1970 年且单位里程数没有缺失值的数据记录筛选出来，作为置信区间的样本来源。使用实例方法 transform_aggregate()计算变量 Miles_per_Gallon 的平均值、标准差和样本容量。使用实例方法 transform_calculate()计算置信区间的下限和上限。使用实例方法 mark_rect()绘制矩形，使用关键字参数 cornerRadius 设置圆角矩形。在编码通道中，分别将区间下限和区间上限映射在位置通道 x 轴和 $x2$ 轴上，设置矩形的长度。

```
interval = alt.Chart(source).transform_filter(
    "year(datum.Year)==1970 && isValid(datum.Miles_per_Gallon)"
).transform_aggregate(
    mean="mean(Miles_per_Gallon)",
    sd="stdev(Miles_per_Gallon)",
    sample="count(Miles_per_Gallon)"
).transform_calculate(
    ciLower="datum.mean - 1.96 * (datum.sd / pow(datum.sample, 0.5))",
```

```
        ciUpper="datum.mean + 1.96 * (datum.sd / pow(datum.sample, 0.5))"
    ).mark_rect(cornerRadius=5).encode(
        x="ciLower:Q",
        x2="ciUpper:Q",
        color=alt.value("orange"),
        opacity=alt.value(.3) ,
        tooltip=["ciLower:Q","ciUpper:Q"]
    )
```

（5）使用同样的样本来源，使用实例方法 mark_rule()绘制直线。在编码通道中，使用函数 mean()计算变量 Miles_per_Gallon 的平均值，使用位置通道 *x* 轴编码平均值。

```
line = alt.Chart(source).transform_filter(
        "year(datum.Year)==1970 && isValid(datum.Miles_per_Gallon)"
    ).mark_rule().encode(
        x="mean(Miles_per_Gallon):Q",
        color=alt.value("orange"),
        opacity=alt.value(.9),
        size=alt.value(5) ,
        tooltip="mean(Miles_per_Gallon):Q"
    )
```

（6）使用实例方法 mark_trail()绘制轨迹图。在编码通道中，使用类 alt.Size()按照不同年份编码单位里程数的平均值，使用轨迹的厚度刻画单位里程数的平均值的多少。

```
trail = alt.Chart(
        source
    ).transform_filter(
        "isValid(datum.Miles_per_Gallon)"
    ).mark_trail().encode(
        x=alt.X(
            "mean(Miles_per_Gallon):Q",
            axis=alt.Axis(title="Miles/Gallon")
        ),
        y=alt.Y("Year:T",axis=None),
        color=alt.value("green"),
        order="Year:T",
        size=alt.Size(
            "mean(Miles_per_Gallon):Q",
            legend=None
        )
    ).properties(width=100)
```

（7）使用 API 函数 layer()将子样本的置信区间、子样本的均值、误差和均值放在同一个图形区域里。其中，子样本的置信区间和均值模拟指定年份的误差和均值。

```
leftChart = alt.layer(interval, line, errorbar, point)
```

（8）使用 API 函数 hconcat()将误差棒图和轨迹图水平连接起来。

```
chart = alt.hconcat(leftChart, trail, spacing=0)
```

（9）使用全局配置实例方法 configure_axisX()和 transform_axisY()连接图形的 x 轴和 y 轴的网格线、刻度线、坐标轴标题。

```
chart.configure_axisX(
    grid=False
).configure_axisY(
    grid=False,
    labelPadding=5,
    ticks=False,
    title=None
)
```

6.8.3　动手实践：样本容量对样本标准差和样本均值的标准误的影响

样本标准差和样本均值的标准误存在线性关系，线性关系的线性系数是样本容量的算术平方根的倒数。也就是说，样本容量越大，样本均值的标准误越小，抽样误差越小，样本均值的离散程度越低；样本容量越小，样本均值的标准误越大，抽样误差越大，样本均值的离散程度越高。而且，样本标准差也与样本容量有关。因此，使用数据抽样加工器获得不同的样本容量，分析样本容量对样本标准差和样本均值的标准误的影响。使用数据集 cars 作为总体，设定总体均值已知，使用随机抽样方法获得样本，样本容量分别设定为 20、70、120、220、270、320 和 370，计算数量型变量 Miles_per_Gallon 的样本标准差、样本均值的标准误和样本均值，比较使用样本标准差和样本均值的标准误作为置信区间的不同、样本均值的标准误的变化范围。同时，比较样本均值和总体均值的接近程度。效果如图 6.48 所示。

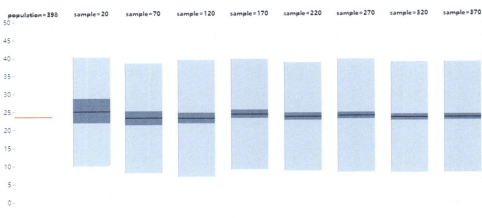

图 6.48

实现方法如下所示。

（1）计算总体 cars 的大小。

```
import altair as alt
from vega_datasets import data

source = data.cars()

validCount = source.count()
population = 0

for rowNum, varName in enumerate(validCount.index):
    if varName=="Miles_per_Gallon":
        population=validCount[rowNum]
```

（2）设定样本容量。

```
samples = list(range(20, 401, 50))
```

（3）分别计算总体均值、样本均值、样本标准差的置信区间、标准误的置信区间。分别使用直线编码均值和使用矩形编码置信区间。使用运算符"+"将样本均值、样本标准差的置信区间和标准误的置信区间添加到图形区域里。

（4）首先，使用实例方法 transform_sample()设定样本容量完成随机抽样。然后，使用迭代连接运算符"|="将不同样本容量的分层图形连接起来。其中，迭代连接的起始图形是总体均值的直线图。最后，使用全局配置实例方法 configure_view()设定分层图形的宽度。

```
chart = stdevLine + ciLine + meanLine

newChart = pMeanLine

for index, item in enumerate(samples):
    tempChart = chart.transform_sample(item).properties(
        title=alt.TitleParams(
            text="sample={}".format(item),
            fontSize=10
        )
    )
newChart |= tempChart

newChart.configure_view(width=60)
```

第 7 章　案例研究

本章以数据集为核心，从数据集的分析方案设计、数据集的探索分析、统计可视化的模型设计和模型应用等方面展开，使用文本、符号、图片、表格、图形等视觉信息，主要探讨经济、金融、市场营销、文学、声学、汽车工程、视觉图像等领域的统计可视化解决方案。

7.1　不同数量级和单位变量关系的探索分析

数据集 cars 是关于汽车不同产地和车型的数据记录，数据集中的汽车属性包括加速度、排量、气缸数、马力、单位里程数、重量、生产年份、生产地区、车型等。从变量类型的角度来看，数据集 cars 既包括数量型变量、名义型变量，也包括时间型变量，这是一个典型的数据集。特别地，数量型变量 Acceleration、Cylinders、Horsepower、Miles_per_Gallon 和 Weight_in_lbs 的单位和数量级都不一样。要分析这些数量型变量的相关关系，需要将这些变量归一化，消除单位、数量级及取值范围的影响。变量归一化公式如下所示。

$$\tilde{x} = (x - x_{\min})/(x_{\max} - x_{\min})$$

其中，$x_{\min}$ 是变量取值的最小值，$x_{\max}$ 是变量取值的最大值，归一化变量的取值范围是[0,1]。

变量标准化也是消除不同变量的单位、取值范围和数量级之间差异的有效方法，变量标准化也被称为标准分数或z分数，变量标准化公式如下所示。

$$z = (x - \bar{x})/s$$

其中，$\bar{x}$是变量取值的平均值，s是变量取值的标准差。

7.1.1 使用平行坐标图分析数量型变量的相关关系

将每个归一化的数量型变量映射在位置通道 y 轴上，将变量名称映射在位置通道 x 轴上，生成平行坐标图。效果如图 7.1 所示。

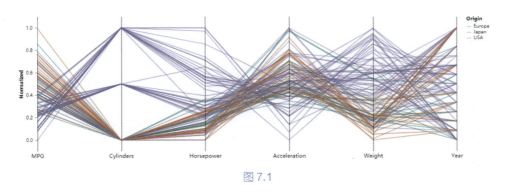

图 7.1

通过查看平行坐标图，可以了解很多关于数据集的信息。在单位里程数 MPG 和气缸数 Cylinders 之间，汽缸数越多，单位里程数越少。

气缸数和马力的相关关系更明显：汽缸数越多，马力越大，因为有一些交叉直线，所以有更多的气缸数并不总是意味着有更大的马力，但其整体的相关关系是显而易见的。类似地，马力和重量也存在相似的相关关系：马力越大，重量越大。

加速度和重量具有很多交叉线，说明加速度越大，重量越小。重量和年份之间的交叉线也有很多，表明随着时间的推移，汽车越来越轻了。

技术实现要点如下所示。

（1）使用窗口变换加工器 transform_window 将数据集 cars 中的每条数据记录依次递增编号。

```
transform_window(
    index="row_number()"
)
```

（2）使用细节通道 detail 将数据集 cars 中的每条数据记录按照递增编号分别显示在图形区域中。

```
encode(
    x=alt.X(
        "key:N",
        axis=alt.Axis(zindex=1),
        scale=alt.Scale(range=[-90,1000]),
        sort=alt.SortArray(variables)
    ),
    y=alt.Y(
        "normalized_value:Q",
        axis=alt.Axis(title="Normalized"),
        scale=alt.Scale(domain=[-0.1,1.1])
    ),
    color=alt.Color(
        "Origin:N",
        scale=alt.Scale(
            scheme="dark2"
        )
    ),
    detail="index:Q",
    opacity=alt.value(.5)
)
```

使用交互的方式，可以查看变量之间的相关关系与整体相关关系不同的数据记录，以及有价值的数据记录，例如，可以看到存在一种气缸数很多、马力很大和重量很小的车型，如图 7.2 所示。

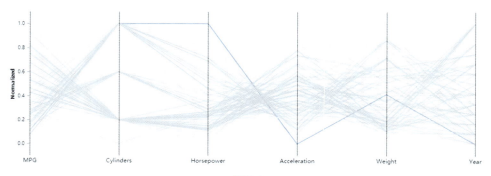

图 7.2

7.1.2 使用矩阵散点图分析连续型变量的相关关系

在分析变量之间的相关关系时，使用矩阵散点图可以保留变量的原始信息，避免由于变量归一化或变量标准化而导致信息丢失。而且，矩阵散点图适用于分析数量型变量中的连续型变量，可以分析一个变量与其他变量的相关关系。使用 API 函数 repeat() 将原始变量列表分别映射在位置通道 x 轴和 y 轴上，生成矩阵散点图。由于原始变量气缸数 Cylinders 和年份 Year 属于离散型变量，因此，下面建立单位里程数 Miles_per_Gallon、马力 Horsepower、加速度 Acceleration 和重量 Weight_in_lbs 之间的矩阵散点图，探索分析连续型变量的相关关系。效果如图 7.3 所示。

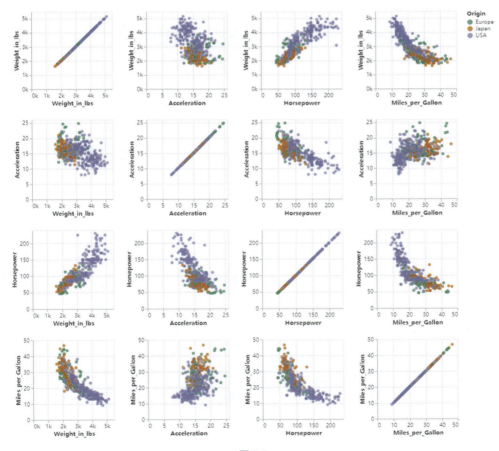

图 7.3

矩阵散点图的结构类似于相关系数矩阵。相关系数矩阵是对称矩阵，相对应地，位于对角线上的散点图是变量自身的散点图，位于对角线两侧的散点图刻画了相同变量的相关关系，只是将相同的变量映射在不同的位置通道上，也就是相同变量交换编码通道。因此，矩阵散点图是关于对角线对称的连接图形。

从图 7.3 中，结合平行坐标图的分析结论，通过探索分析可以得到以下几个相关关系的结论。

- 马力越大，重量越大，两者之间存在很强的线性正相关关系。
- 加速度越大，重量越小，两者之间存在较弱的线性负相关关系。
- 单位里程数和马力之间存在非线性负相关关系。

7.1.3 建立马力和重量的一元线性回归模型

使用矩阵散点图可以看到马力和重量之间存在很强的线性正相关关系，因此，将马力作为自变量，重量作为因变量，建立线性回归模型。可以使用回归拟合加工器 transform_regression() 构建变量 Horsepower 和变量 Weight_in_lbs 的回归模型。

1. 计算变量 Horsepower 和变量 Weight_in_lbs 的相关系数（correlation coefficient）

相关系数是度量两个连续型变量的线性相关关系的样本统计量。相关系数的计算公式如下所示。

$$r = \frac{\sum_{i=1}^{n}(x_i - \bar{x})(y_i - \bar{y})}{\sqrt{\sum_{i=1}^{n}(x_i - \bar{x})^2 \sum_{i=1}^{n}(y_i - \bar{y})^2}}$$

其中，$\bar{x} = \sum_{i=1}^{n} x_i / n$，$\bar{y} = \sum_{i=1}^{n} y_i / n$，$n$ 是样本容量，(x_i, y_i) 是样本观察值，$i = 1, 2, \cdots, n$。相关系数的取值范围是 $[-1, 1]$。相关系数的绝对值越接近 1，线性相关关系越强；相关系数的绝对值越接近 0，线性相关关系越弱。相关系数是正数，表明两个变量之间存在正相关关系，两个变量的变动方向一致；相关系数是负数，表明两个变量之间存在负相关关系，两个变量的变动方向相反。变量 Horsepower 和变量 Weight_in_lbs 的相关系数如图 7.4 所示。

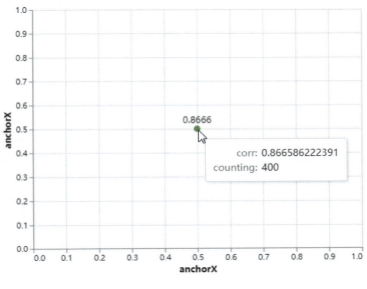

图 7.4

在图 7.4 中，变量 Horsepower 和变量 Weight_in_lbs 的相关系数是 0.8666，表明两个变量存在很强的线性正相关关系，这也与图 7.3 的分析结论相符：马力越大，重量越大。而且，变量 Horsepower 在剔除缺失值后的取值个数是 400，也和交互环境下的显示结果一致。这也为建立变量 Horsepower 和变量 Weight_in_lbs 的线性回归模型打下良好的实证基础。

相关系数的实现方法如下所示。

（1）识别两个变量是否存在缺失值。在 Python 的交互式解释器环境下（标识符"＞＞＞"表示在交互环境中的命令提示符），通过剔除缺失值和比对变量之间的取值个数，可以确定变量 Horsepower 存在缺失值。

```
>>> from vega_datasets import data
>>> source = data.cars()
>>> source.count()
```

输出结果如下。

Acceleration	406
Cylinders	406
Displacement	406
Horsepower	400

```
Miles_per_Gallon     398
Name                 406
Origin               406
Weight_in_lbs        406
Year                 406
dtype: int64
```

（2）使用实例方法 transform_filter()剔除变量 Horsepower 的缺失值。同时，使用逻辑连接符 "&&" 筛选变量 Weight_in_lbs 的有效变量取值。

```
transform_filter(
    "isValid(datum.Weight_in_lbs) && isValid(datum.Horsepower)"
)
```

（3）使用实例方法 transform_joinaggregate()计算变量的均值，并作为新变量与原始变量连接。

```
transform_joinaggregate(
    mea_weight="mean(Weight_in_lbs)",
    mea_horsepower="mean(Horsepower)"
)
```

（4）使用实例方法 transform_calculate()计算相关系数的分子和分母的表达式因子。使用实例方法 transform_aggrgate()分别汇总求和分子和分母的表达式因子。在变量 Horsepowerde 剔除缺失值之后，计算变量 Horsepowerde 的取值个数。

```
transform_calculate(

algebraic_expression_1="(datum.Horsepower-datum.mea_horsepower)*(datum.Weight_in_lbs-datum.mea_weight)",
    algebraic_expression_2="pow(datum.Horsepower-datum.mea_horsepower,2)",
    algebraic_expression_3="pow(datum.Weight_in_lbs-datum.mea_weight,2)"
).transform_aggregate(
    numerator="sum(algebraic_expression_1)",
    denominator1="sum(algebraic_expression_2)",
    denominator2="sum(algebraic_expression_3)",
    counting="count(Horsepower)"
)
```

（5）使用实例方法 transform_calculate()计算分母的求和表达式因子的算术平方根和相关系数，生成位置标量。

```
transform_calculate(
    new_denominator1="pow(datum.denominator1, 0.5)",
    new_denominator2="pow(datum.denominator2, 0.5)",
    corr="datum.numerator / (datum.new_denominator1 * datum.new_denominator2)",
    anchorX="0.5"
)
```

（6）在编码通道中，分别使用类 alt.X() 和 alt.Y() 将位置标量映射在位置通道 *x* 轴和 *y* 轴上。在实例方法 mark_circle() 中，使用圆圈编码有序实数对。

```
mark_circle(color="green",size=60).encode(
    alt.X("anchorX:Q",scale=alt.Scale(domain=[0,1])),
    alt.Y("anchorX:Q",scale=alt.Scale(domain=[0,1]))
)
```

（7）一方面，调用对象 Chart 的实例方法 encode()，使用信息提示通道 tooltip 编码相关系数和变量取值个数。另一方面，调用对象 Chart 的实例方法 encode()，使用文本通道 text 编码相关系数。在实例方法 mark_text() 中，使用文本作为标记，编码相关系数的数值。将散点图和文本注释分层放置，形成分层图形。

```
chart = base.encode(tooltip=["corr:Q","counting:Q"])

text = base.mark_text(dy=-10).encode(
    text=alt.Text("corr:Q",format=".4f")
)

chart + text
```

如果不剔除变量 Horsepower 的缺失值，而是使用实例方法 transform_impute() 插补缺失值，则可以将实例方法 transform_filter() 替换成实例方法 transform_impute()，使用变量 Horsepower 的平均值作为插补的具体取值。

```
transform_impute(
    impute="Horsepower",
    key="Name",
    method="mean"
)
```

相对应地，变量 Horsepower 的取值个数也会发生变化，两个变量的相关系数也就不同了。具体的实证结果如图 7.5 所示。

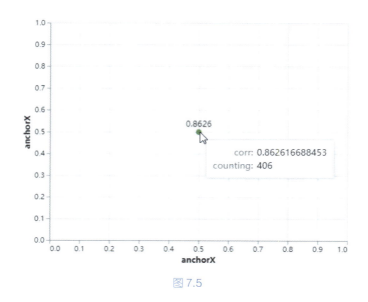

图 7.5

从图 7.5 中可以看出，变量 Horsepower 的取值个数与其他变量的取值个数一致，两个变量的相关系数变小了一点，但是其很强的线性正相关关系没有改变。

注意：对变量而言，变量的取值存在差异。对标量而言，标量的取值没有差异，都是相同的数值，相当于一种常量。使用实例方法 transform_aggregate() 生成只有一个数值的标量，也就是单一标量；使用实例方法 transform_joinaggregate() 生成若干相同数值的标量，也就是重复标量；使用实例方法 transform_calculate() 既可以生成变量，也可以生成标量，其中，标量的类型可以是单一标量或重复标量。

另外，实例方法 transform_aggregate() 在链式法则中不能重复出现，因此，全部的汇总函数需要被放在一个数据汇总加工器中。在使用实例方法 transform_aggregate() 之后，与数据集中的变量有关的变量表达式就不能作为位置通道的编码变量。在使用实例方法 transform_joinaggrgate() 之后，可以将变量表达式映射在位置通道上。

2. 估计平均重量对马力的一元线性回归模型

由于变量 Weight_in_lbs 和变量 Horsepower 的线性相关关系是强正相关的，因此，可以建立一元线性回归模型。一元线性回归模型的表达式如下所示。

$$E(Y|x) = ax + b$$

其中，$E(Y|x)$是给定随机变量X的取值，随机变量Y的条件期望，也就是随机变量Y的全部可能取值的平均值。a和b是未知参数。

因此，需要估计一元线性回归模型的未知参数a和b。可以使用最小二乘估计量（Least Squares Estimator，LSE）作为一元线性回归模型的参数估计。此时，一元线性回归模型就变为一元线性函数，如下所示。

$$\hat{y} = \hat{a}x + \hat{b}$$

其中，$\hat{y}$是回归值或拟合值，也是$E(Y|x)$的估计值，$\hat{a}$和$\hat{b}$是最小二乘估计值。

最小二乘估计法的计算原理是当离差$(y_i - E(Y|x))$平方和最小时，求解未知参数a和b，离差平方和的表达式如下所示。

$$\text{LS}(a, b) = \sum_{i=1}^{n} (y_i - ax - b)^2$$

当离差平方和取得最小值时，求得的参数估计值$\hat{a}$和$\hat{b}$就是最小二乘估计值，如下所示。

$$\text{LS}(\hat{a}, \hat{b}) = \min \sum_{i=1}^{n} (y_i - ax - b)^2$$

对最小二乘估计法的更加直观的解释就是使得样本观察点(x_i, y_i)与拟合值观察点$(x_i, \hat{y}_i)$（$i = 1, 2, \cdots, n$）尽可能地接近，也就是使得y_i和$\hat{y}_i$之间的距离尽可能地短。

最小二乘估计法的计算方法是令离差平方和$\text{LS}(a, b)$关于参数a和b的一阶偏导数等于零，求得未知参数a和b的最小二乘估计值$\hat{a}$和$\hat{b}$。

参数a和b的最小二乘估计值的表达式如下所示。

$$\hat{b} = \bar{y} - \hat{a}\bar{x}$$
$$\hat{a} = \frac{\sum_{i=1}^{n} x_i y_i - n\bar{x}\bar{y}}{\sum_{i=1}^{n} x_i^2 - n\bar{x}^2}$$

使用实例方法 transform_regression()构建关于因变量 Weight_in_lbs 和自变量 Horsepower 的线性回归模型的实现方法如下所示。

（1）生成基本对象 base，绘制变量 Horsepower 和变量 Weight_in_lbs 的散点图。

```
import altair as alt
from vega_datasets import data

source = data.cars()

base = alt.Chart(source).transform_filter(
    "isValid(datum.Weight_in_lbs) && isValid(datum.Horsepower)"
).encode(
    x=alt.X(
        "Horsepower",
        type="quantitative",
        scale=alt.Scale(padding=10,zero=False)
    ),
    y=alt.Y(
        "Weight_in_lbs:Q",
        scale=alt.Scale(zero=False)
    )
).properties(
    width=350,
    height=300
)

points = base.mark_circle(color="steelblue")
```

（2）使用对象 base 调用实例方法 transform_regression()建立一元线性回归模型。其中，因变量是 Weight_in_lbs，自变量是 Horsepower。使用变量 x 和变量 hat_y 作为一元线性函数的自变量和因变量，以列表数据结构存储在关键字参数 as_ 中。

```
line = base.transform_regression(
    "Horsepower",
    "Weight_in_lbs",
    as_=["x","hat_y"],
).mark_line(color="orange",strokeCap="round").encode(
    x=alt.X(
        "x:Q",
        axis=alt.Axis(title="Horsepower")
    ),
    y=alt.Y(
        "hat_y:Q",
        axis=alt.Axis(title="Weight")
    ),
    size=alt.value(4)
)
```

（3）使用运算符"+"将变量 Horsepower 和变量 Weight_in_lbs 的散点图与一元线性回归函数的直线放置在图形区域中，展示平均重量对马力的线性回归趋势。效果如图 7.6 所示。

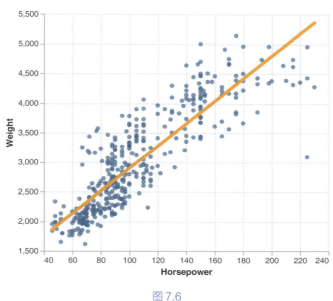

图 7.6

除使用回归拟合加工器 transform_regression()构建一元线性回归模型和估计未知参数外，还可以使用实例方法 transform_calculate() 和实例方法 transform_joinaggregate()按照公式计算最小二乘估计值$\hat{a}$和$\hat{b}$。但是，使用实例方法 transform_aggregate()无法获得最小二乘估计值。

具体的计算过程如下所示。

（1）计算最小二乘估计值。 由于使用实例方法 transform_joinaggregate()汇总变量，获得的新变量都是重复标量，所以，使用实例方法 transform_calculate()计算回归系数$\hat{a}$也会获得重复标量，也就是重复标量 coeff_a，回归模型的未知参数a的估计值。同样地，要计算回归截距项$\hat{b}$，使用重复标量 coeff_a 按照 string 形式的表达式 "datum.mea_weight−datum.coeff_a*datum.mea_horsepower" 获得重复标量 intercept_b，以及回归模型的未知参数b的估计值。最后，根据最小二乘估计值 coeff_a 和 intercept_b 及自变量 test_x，计算拟合值$\hat{y}$，也就是变量 test_hat_y。

```
base2 = alt.Chart(source).transform_filter(
    "isValid(datum.Weight_in_lbs) && isValid(datum.Horsepower)"
).transform_calculate(
    algebraic_expression_1="datum.Horsepower*datum.Weight_in_lbs",
    algebraic_expression_2="pow(datum.Horsepower,2)"
).transform_joinaggregate(
    sample="count(Horsepower)",
    mea_weight="mean(Weight_in_lbs)",
    mea_horsepower="mean(Horsepower)",
    numerator="sum(algebraic_expression_1)",
    denominator="sum(algebraic_expression_2)"
).transform_calculate(

new_numerator="datum.numerator-datum.sample*datum.mea_horsepower*datum.mea_weight",
    new_denominator="datum.denominator-datum.sample*pow(datum.mea_horsepower,2)",
    coeff_a="datum.new_numerator / datum.new_denominator",
    intercept_b="datum.mea_weight-datum.coeff_a*datum.mea_horsepower",
    test_x="datum.Horsepower",
    test_hat_y="datum.coeff_a*datum.test_x+datum.ntercept_b"
)
```

（2）将变量 test_x 和变量 test_hat_y 分别映射在位置通道 x 轴和 y 轴上，使用折线编码数据，绘制回归直线。为了与使用实例方法 transform_regression()绘制的回归直线进行区分和比较，我们使用不同的颜色和粗细的直线编码有序实数对。

（3）将回归拟合加工器和公式计算获得的回归直线放在同一个图形区域中，比较两者拟合效果的差别。

```
line2 = base2.mark_line(color="red",strokeCap="round").encode(
    x=alt.X(
        "test_x:Q",
        axis=alt.Axis(title="Horsepower")
    ),
    y=alt.Y(
        "test_hat_y:Q",
        axis=alt.Axis(title="Weight")
    ),
    size=alt.value(4)
)

points + line + line2
```

使用统计可视化的方式，可以快速、直观地比较通过公式计算获得的回归直线与使用回归拟合加工器获得回归直线的不同。两条回归直线没有实际差别，都实现了平均重量对马力的有效拟合。效果如图 7.7 所示。

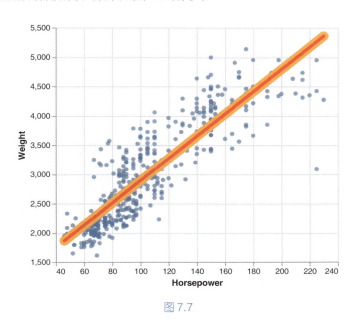

图 7.7

3. 使用残差图评估平均重量对马力的一元线性回归模型是否合适

在获得一元线性回归模型之后，需要评估一元线性回归模型是否合理地反映重量对马力的回归拟合。对于最小二乘估计选，在同一个自变量观察值 x_i 下，因变量观察值 y_i 和因变量拟合值 $\hat{y}_i$ 尽可能地接近，两者的差值被称为残差，使用 $e_i = y_i - \hat{y}_i$ 表示残差，$i = 1, 2, \cdots, n$。残差是回归直线没有解释的信息，因此，可以通过观察残差和自变量的有序实数对是否随机地分布在矩形区域内，评估基于因变量和自变量之间的相关关系构建的一元线性回归模型是否合理，如图 7.8 所示。

在图 7.8 中，可以观察到几乎全部残差值随机地分布在 -1000~1000 范围内。可见，一元线性回归模型合理地刻画因变量 Weight_in_lbs 对自变量 Horsepower 的回归拟合。

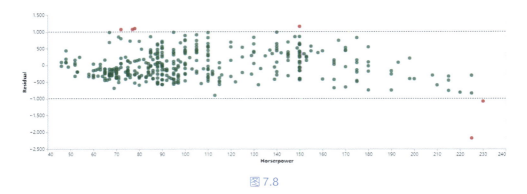

图 7.8

使用实例方法 transform_calculate()计算残差值和范围区间值的实现代码如下所示。

```
transform_calculate(
    y="datum.Weight_in_lbs",
    test_x="datum.Horsepower",
    test_hat_y="datum.coeff_a*datum.test_x+datum.intercept_b",
    e="datum.y-datum.test_hat_y",
    yUpper="1000",
    yLower="-1000"
)
```

进一步地，在残差 e 的基础上，使用实例方法 transform_calculate()计算标准化残差，实现代码如下所示。

```
transform_joinaggregate(
    mea_e="mean(e)",
    stdev_e="stdev(e)"
).transform_calculate(
    standardized_e="(datum.e-datum.mea_e)/datum.stdev_e"
)
```

如果残差近似服从正态分布，那么大约有 95%的标准化残差介于-2 和 2 之间。绘制标准化残差和自变量 Horsepower 的散点图，大于 2 或小于-2 的标准化残差大约有 17 个，因此，大约有 95.75%（样本容量是 400 个）的标准化残差落在-2 和 2 之间，如图 7.9 所示。

使用标准化残差的正态分位数图也可以检验残差是否近似服从正态分布。对正态分位数图而言，可以使用分位数加工器 transform_quantile()获得分位数 Z_α 和对应的概率值 $P(X \leqslant Z_\alpha) = F(Z_\alpha)$。分位数的定义如下所示。

$$P(X > Z_\alpha) = \alpha$$

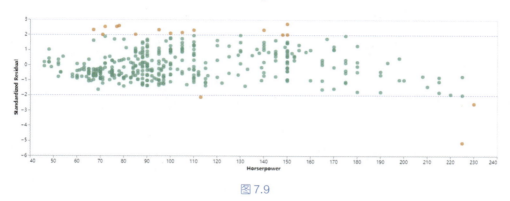

图 7.9

其中，α介于 0 和 1 之间，Z_α是实数，$F(x)$是随机变量X的分布函数。

使用函数 quantileNormal()获得概率值在标准正态分布中的分位数，将两个分位数分别映射在位置通道 x 轴和 y 轴，使用圆圈编码有序实数对。我们可以按照同样的方法，检验残差是否近似服从正太分布，将求得的标准正态分布的两个分位数，也分别映射在位置通道 x 轴和 y 轴上。再使用折线编码有序实数对，比较散点图是否近似落在折线上。效果如图 7.10 所示。

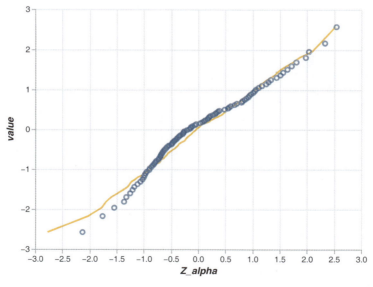

图 7.10

正态分位数图的具体实现方法如下所示。

（1）使用实例方法 transform_quantile() 获得标准化残差的分位数和对应的概率值，使用关键字参数 as_ 存储对应的概率值和分位数的列表，使用位置参数 quantile 存储需要计算分位数的变量。

```
transform_quantile(
    "standardized_e",as_=["distributionFunction","zAlpha"]
)
```

（2）使用实例方法 transform_calculate() 的函数 quantileNormal()，获得概率值在标准正态分布中的分位数。

```
transform_calculate(
    v="quantileNormal(datum.distributionFunction)"
)
```

（3）绘制两个分位数的散点图。

```
points3 = base2.transform_quantile(
    "standardized_e",as_=["distributionFunction","zAlpha"]
).transform_calculate(
    v="quantileNormal(datum.distributionFunction)"
).mark_point().encode(
    x="zAlpha:Q",
    y="v:Q"
)
```

（4）同样地，使用 Pandas 生成标准正态分布的数据框对象。生成标准正态分布的两个分位数，绘制折线图。

```
import numpy as np
import pandas as pd

np.random.seed(5)
df = pd.DataFrame({"u": np.random.randn(400)})

points2 = alt.Chart(df).transform_quantile(
    "u",as_=["distributionFunction","zAlpha"]
).transform_calculate(
    normal="quantileNormal(datum.distributionFunction)"
).mark_line(color="orange",opacity=0.7).encode(
    x=alt.X(
        "zAlpha:Q",
        axis=alt.Axis(
```

```
                    labelAlign="center",
                    title="Z_alpha",
                    titleFontSize=12,
                    titleFontStyle="italic"
                )
            ),
        y=alt.Y(
            "normal:Q",
            axis=alt.Axis(
                title="value",
                titleFontSize=12,
                titleFontStyle="italic"
            )
        ),
    )
```

（5）将散点图和折线图放置在一个图形区域中，比较散点图是否近似分布在折线附近。

```
points2 + points3
```

从图 7.10 中，可以看到散点图近似分布在折线附近或落在折线上面，因此，标准化残差近似服从标准正态分布，也就是残差近似服从正态分布。

7.1.4 练习：建立生产年份和重量的置信带与回归直线

通过前面的探索分析，我们已经知道汽车的重量和年份存在较强的负相关关系。因此，可以使用回归拟合加工器 transform_regression()建立变量 Weight_in_lbs 关于变量 Year 的回归直线。使用样本平均重量的置信区间估计每年的总体平均重量，将每年的置信区间连接起来形成关于年份的平均重量置信带。从而，重量关于年份的回归直线及随年份变化的平均重量置信带都会反映汽车的重量关于年份的变化趋势。效果如图 7.11 所示。

进一步地，可以使用平均重量关于年份的回归方程预测未来年份的汽车平均重量。

提示：置信带是误差区间的一种具体形式，也就是将实例方法 mark_errorband()的关键字参数 extent 设定为"ci"，具体实现方法参见附录 A。

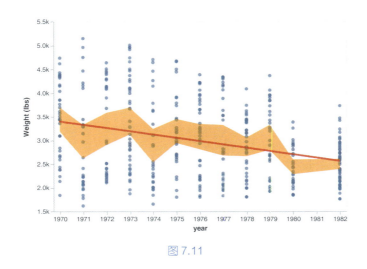

图 7.11

7.1.5　动手实践：建立关于生产年份的重量分布脊线图

在图 7.1 的平行坐标图中，探索分析汽车的重量和年份的相关关系，可以观察到随着时间的推移，汽车变得越来越轻的规律。从图 7.11 中也可以观察到类似的变化规律。因此，进一步地，可以考察每年的汽车重量分布频数图，即重量分布脊线图。这样，就可以分析具体年份的汽车重量的分布特征，并比较不同年份的汽车重量的变化趋势。效果如图 7.12 所示。

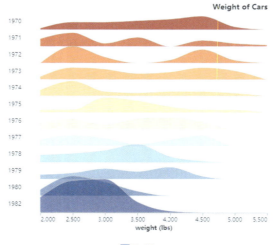

图 7.12

脊线图的实现要点如下所示。

（1）使用实例方法 transform_bin()将变量 Weight_in_lbs 离散化，将每个区间的下限值和上限值分别存储在变量 bin_start 和变量 bin_end 中。

```
transform_bin(
    ["bin_start", "bin_end"], "Weight_in_lbs"
)
```

（2）使用实例方法 transform_aggregate()以交叉列联表的方式汇总计数案例（case）个数或数据记录的行数。

```
transform_aggregate(
    value="count()", groupby=["year","bin_end"]
)
```

例如，使用 1970 年和 1971 年的数据记录，以交叉列联表的方式统计两个年份下的离散化变量 Weight_in_lbs 的区间下限的案例个数，如表 7.1 所示。

表 7.1

	2000	2500	3000	3500	4000	4500	5000	5500	合计
1970	1	5	5	6	7	9	2	–	35
1971	5	9	2	6	–	4	2	1	29
合计	6	14	7	12	7	13	4	1	64

（3）使用实例方法 transform_impute()将不同年份中的关于离散化重量的每个区间内的缺失值赋值 0。

```
transform_impute(
    impute="value", groupby=["year"], key="bin_end", value=0
)
```

（4）使用实例方法 facet()按照行分区展示不同年份的重量分布频数图，也就是脊线图。

```
facet(
    row=alt.Row(
        "year:T",
        title=None,
        header=alt.Header(
            labelAlign="right",
            labelAngle=0,
            format="%Y"
```

```
        )
    )
)
```

（5）使用实例方法 properties()的关键字参数 bounds 去掉每个分区频数图的坐标轴和标记的间隔距离。

（6）使用全局配置实例方法 configure_facet()、configure_view() 和 configure_title()，并分别设置分区频数图的间隔距离、图形边框和标题位置。

```
configure_facet(
    spacing=0
).configure_view(
    stroke=None
).configure_title(
    anchor="end"
)
```

7.1.6　动手实践：建立马力和单位里程数的非线性回归模型

从图 7.3 所示的矩阵散点图中，通过探索分析发现单位里程数和马力存在非线性负相关关系。这时候，就不能建立一元线性回归模型，而是需要建立非线性回归模型。具体而言，使用回归拟合加工器 transform_regression()的多项式回归拟合方法建立两者的非线性回归曲线。使用关键字参数 method 设定多项式回归拟合方法"poly"（polynomial），使用关键字参数 order 设定多项式回归方程的自变量的幂次数。多项式回归方程的一般表达式如下所示。

$$y = a + b \cdot x + \cdots + k \cdot x^{\text{order}}$$

因此，关键字参数 order 取值 1，多项式回归方程就被简化成一元线性回归方程，如下所示。

$$y = a + b \cdot x^1$$

而且，关键字参数 method 的默认取值是"linear"，也就是一元线性回归方程。

接下来，分别建立单位里程数和马力的 3 次幂、4 次幂和 5 次幂多项式回归方程，探索分析两者之间的非线性相关关系。

（1）使用回归拟合加工器 transform_regression()构建单位里程数关于马力的多项式回归方程。其中，关键字参数 as_分别存储自变量和拟合值的变量名称。

```
transform_regression(
    "Horsepower",
    "Miles_per_Gallon",
    as_=["x","hat_y"],
    method="poly",
    order=order
    )
```

（2）使用推导列表分别存储 3 次幂、4 次幂和 5 次幂多项式回归曲线。推导列表的迭代列表是幂次数列表。

```
order_list = list(range(3,6,1))
```

（3）在推导列表中，分别将幂次数 order 传递给实例方法 transform_regression()的关键字参数 order。将自变量和拟合值分别映射在位置通道 x 轴和 y 轴上，使用折线编码有序实数对。在实例方法 properties()中，使用幂次数 order 格式化标题内容。

```
lines = [
    base.transform_regression(
    "Horsepower",
    "Miles_per_Gallon",
    as_=["x","hat_y"],
    method="poly",
    order=order
    ).mark_line(color="orange",strokeCap="round").encode(
        x=alt.X(
            "x:Q",
            axis=alt.Axis(grid=True,title="Horsepower")
        ),
        y=alt.Y(
            "hat_y:Q",
            axis=alt.Axis(grid=True,title="Miles_per_Gallon")
        ),
        color=alt.value(color_list[index]),
        size=alt.value(4)
    ).properties(
        title=alt.TitleParams(
            text="order={}".format(order),
            color=color_list[index]
        )
```

```
    )
    for index, order in enumerate(order_list)
]
```

（4）再次使用推导列表存储多项式回归曲线和散点图的分层图形。

```
points_lines = [points + line for line in lines]
```

（5）使用 API 函数 hconcat() 将 3 个分层图形水平连接起来。

```
alt.hconcat(*points_lines)
```

因此，通过使用推导列表的方法可以快速建立不同幂次数的多项式回归方程，从而可以比较不同幂次数的多项式回归曲线的拟合情况。单位里程数关于马力的不同幂次数的多项式回归曲线，如图 7.13 所示。

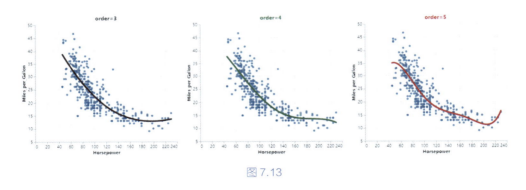

图 7.13

7.2 金融时间序列数据的探索分析

数据集 stocks 中的 560 条数据记录了 5 只股票的日平均收盘价。变量 symbol 是名义型变量，描述股票的名称；变量 date 是时间型变量，记录每月的第一天，代表当月的全部天数；变量 price 是数值型变量，记录每月的平均股票收盘价格。数据集 ohlc 中记录的每日开盘价（open）、每日最高价（high）、每日最低价（low）、每日收盘价（close）的时间序列数据，对应的变量名称分别是 open、high、low 和 close，变量 date 是股票价格的记录日期，以日为单位。

7.2.1　5 只股票的价格波动探索分析

使用箱线图可以通过关键指标（例如中位数、下四分位数、上四分位数、全距等指标）将股票价格的数值分布特征刻画出来，以及考察股票价格的波动特征。如果想更加具体地考察价格的波动情况，则可以使用散点图刻画每只股票的价格波动情况。但是，使用散点图会出现数据点之间的遮挡或覆盖的问题，如图 7.14 所示。

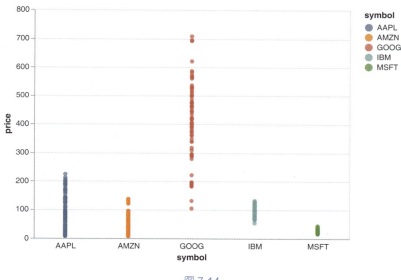

图 7.14

之所以会出现数据点之间的遮挡，很大一部分原因是一个维度或位置通道上的数据点之间的差异很小。抖动图是让不同变量取值水平的物理位置产生一定程度的偏移，从而降低数据点之间的遮挡或覆盖的程度。下面进一步考察不同变量取值水平对应的数据分布规律和波动情况，如图 7.15 所示。

通过对比图 7.14 所示的散点图，图 7.15 的统计可视化效果出现一些变化，主要体现在不同变量取值发生物理位置的偏移，从而降低位置通道的 y 轴上的变量取值相近或相同的数据点之间覆盖的程度。物理位置的偏移使用 Box-Muller 变换来实现。Box-Muller 变换用于实现均匀分布和标准正态分布之间的转换。设定随机变量 U_1 和随机变量 U_2 服从在[0,1]上的均匀分布，即 $U_1 \sim (0,1)$ 和 $U_2 \sim (0,1)$。Box-Muller 的第一变换表达式和第二变换表达式如下所示。

$$Z_1 = \sqrt{-2\ln(U_1)} \cos(2\pi U_2)$$

$$Z_2 = \sqrt{-2\ln(U_1)} \sin(2\pi U_2)$$

其中，随机变量Z_1和随机变量Z_2服从均值是 0、方差是 1 的标准正态分布，即$Z_1 \sim$ $N(0,1)$和$Z_2 \sim N(0,1)$。

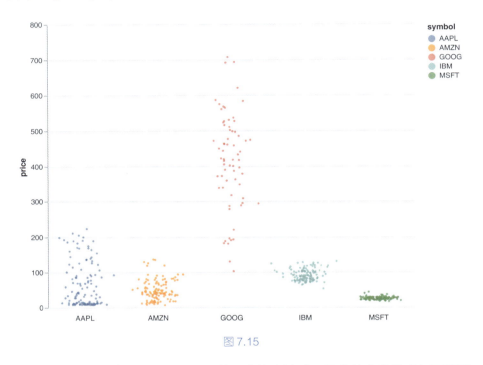

图 7.15

例如，图 7.15 使用 Box-Muller 第二变换表达式，具体的实现代码如下所示。

```
transform_calculate(
    jitter="sqrt(-2*log(random()))*sin(2*PI*random())"
)
```

这样，将变量 jitter 映射在位置通道 x 轴上，使得不同的数据记录对应的股票价格在水平方向出现位置移动，数据点之间的遮挡或覆盖程度就会降低，以便更好地分析股票价格的分布特征和波动程度。

由于 5 只股票价格水平的数量级存在很大差异，因此，将 5 只股票的价格标准化可以去除价格水平的量级差距。这里使用 Box-Muller 第一变换表达式获得抖动变量 jitter。实现代码如下所示。

```
transform_joinaggregate(
    price_mean="mean(price)",
    price_stdev="stdev(price)",
    groupby=["symbol"]
).transform_calculate(
    z_price="(datum.price-datum.price_mean)/datum.price_stdev",
    jitter="sqrt(-2*log(random()))*cos(2*PI*random())"
)
```

　　分别将标准化股票价格和抖动变量映射在位置通道 x 轴和 y 轴上，使用实例方法 mark_circle() 编码有序实数对。由于使用的是标准化股票价格，所以消除了股票价格之间的数量级差距，标准化股票价格服从均值是 0、标准差是 1 的标准正态分布，使得标准化股票价格基本分布在 −3 至 +3 之间。因此，可视化效果也变化明显，如图 7.16 所示。

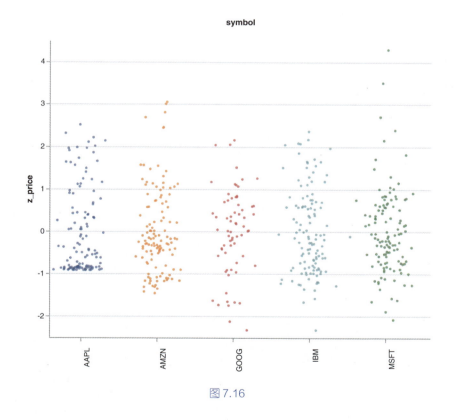

图 7.16

7.2.2　5 只股票的频数分布探索分析

　　使用柱形图可以分析 5 只股票的数量分布，如果不添加文本注释，那么在柱体高度近似相同的情况下，每个柱体高度代表的频数就不是很直观。这时候，可以使用点图代替柱形图刻画 5 只股票的频数分布，圆形的数量代表频数。这样，即使省略文本注释和频数近似，也可以很好地比较不同股票的频数。下面随机抽取样本容量是 100 个简单的随机样本，绘制 5 只股票的频数分布的点图，如图 7.17 所示。

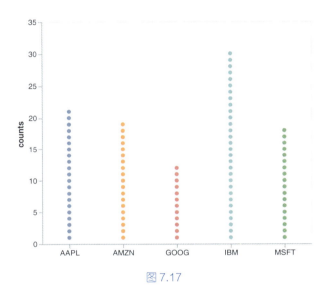

图 7.17

　　5 只股票的频数分布的点图主要使用实例方法 transform_window()按照股票名称分别对股票价格排序。股票价格的排序也是股票价格的计数，也就是股票价格的频数。实现代码如下所示。

```
transform_window(
    counts="rank(price)",
    groupby=["symbol"]
)
```

　　分别将变量 symbol 和变量 counts 映射在位置通道 x 轴和 y 轴上。其中，在位置通道 y 轴上，为了使得股票价格的频数从下往上排列，可以使用关键字参数 sort 将频数升序排列。使用实例方法 mark_circle()编码有序实数对。

```
mark_circle().encode(
    x=alt.X(
```

```
        "symbol:N",
        axis=alt.Axis(
            labelAngle=0,
            title=None
        )
    ),
    y=alt.Y(
        "counts",
        type="quantitative",
        sort="ascending",
        axis=alt.Axis(tickMinStep=5),
        scale=alt.Scale(padding=2)
    ),
    color=alt.Color(
        "symbol:N",
        legend=None,
        scale=alt.Scale(scheme="dark2")
    )
)
```

7.2.3　比较不同股票的价格走势图

可以分别将不同股票的价格按照时间连接起来，将不同股票的价格走势图放置在同一个图形区域中，既可以横向比较不同股票在相同时期的价格差异，也可以纵向比较同一只股票在不同时期的价格波动。将股票名称变量 symbol 映射在标记属性通道 strokeDash 上，使用不同的折线样式编码不同股票的时间序列图。效果如图 7.18 所示。

图 7.18

从图 7.18 中，可以观察到股票价格在 2005 年明显上升，在 2007 年至 2008 年波动很剧烈。我们需要重点关注这两个时期的股票价格，可以使用参考区间将这两个时期的价格走势图标注出来，如图 7.19 所示。

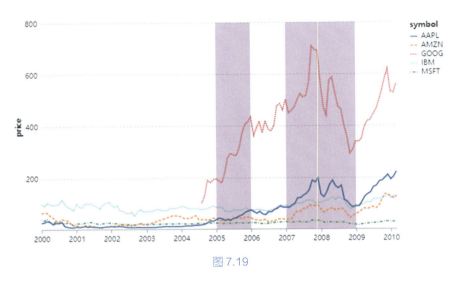

图 7.19

参考区间的实现方法如下所示。

（1）构建股票价格上升和波动时期的字典列表，生成 Pandas 的数据框 DataFrame 对象。

```python
import pandas as pd

source2 = [
    {"start":"2005","end":"2006","desc":"rise"},
    {"start":"2007","end":"2009","desc":"volatility"}
]

source2 = pd.DataFrame(source2)
```

（2）在编码通道中，分别将参考区间的起止时间映射在位置通道 x 轴和次要位置通道 x2 轴上，使用实例方法 mark_rect()编码起止时间，生成参考区间。

```python
reference_range = alt.Chart(
    source2
).mark_rect().encode(
    x="start:T",
    x2="end:T",
```

```
        color=alt.value("#B279A2"),
        opacity=alt.value(0.5)
)
```

7.2.4　股票收益率的迷你折线图

从图 7.19 的参考区间中，可以观察到股票 AAPL、AMZN 和 GOOG 的价格走势图存在相同的波动趋势。因此，下面重点分析 2005 年至 2010 年的股票价格，特别是股票的收益率，第n期的股票收益率的计算公式如下所示。

$$R_n = \ln(C_n/C_{n-1})$$

其中，ln 是以常数 e 为底的自然对数，C_n是第n期的股票收盘价格，C_{n-1}是第$n-1$期的股票收盘价格。

（1）选择股票 AAPL、AMZN 和 GOOG，同时，筛选 2005 年至 2010 年的股票收盘价格，实现代码如下所示。

```
import altair as alt
from vega_datasets import data

source = data.stocks()

stocksName = ["AAPL","AMZN","GOOG"]

alt.Chart(
    source
).transform_filter(
    alt.FieldOneOfPredicate(field="symbol",oneOf=stocksName)
).transform_filter(
    (alt.expr.year(alt.datum.date)>='2005') &
    (alt.expr.year(alt.datum.date)<='2011')
)
```

（2）计算股票价格的滞后等值，使用均值法插补缺失值，计算股票收益率。

```
transform_window(
    priceLag="lag(price)",
    groupby=["symbol"]
).transform_impute(
    frame=[-1,1],
    impute="priceLag",
    key="date",
```

```
        method="mean",
        groupby=["symbol"]
).transform_calculate(
        rn="log(datum.price / datum.priceLag)"
)
```

（3）在分区通道 Row 中，分区显示 3 只股票的收益率。股票收益率的迷你折线图如图 7.20 所示。

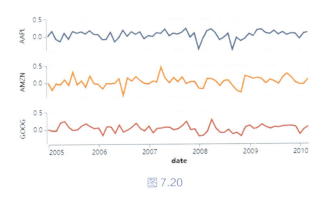

图 7.20

分区显示 5 只股票的收益率的迷你折线图，对比 5 只股票的收益率的差异，如图 7.21 所示。

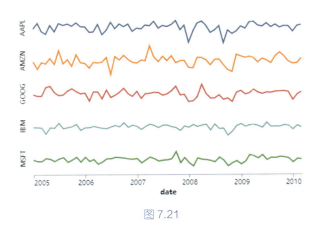

图 7.21

7.2.5　股票波动率的迷你柱形图

股票波动率是在股票收益率的基础上计算的量化指标，用来分析一只股票的价格波动情况。简单来讲，一定时间周期内的股票收益率的标准差就是股票波动率。对投资者而言，股票波动率代表在权衡风险和回报的基础上，购买一只股票的倾向程度。

股票波动率的计算过程如下所示。

（1）计算平均股票收益率。

$$m = (R_1 + R_2 + \cdots + R_n)/n$$

其中，R_n是时间周期内的股票收益率，n是时间周期内的股票收益率的个数。

（2）计算股票收益率距离平均股票收益率的离差。

$$D_n = R_n - m$$

其中，D_n是时间周期内的股票收益率和平均股票收益率的离差。

（3）计算离差平方和的均值，也就是股票收益率的方差。

$$S^2 = \left(D_1{}^2 + D_2{}^2 + \cdots + D_n{}^2\right)/(n - 1)$$

（4）计算股票波动率，也就是股票收益率的标准差。

$$V = \sqrt{S^2}$$

在实践层面，继续分析 2005 年至 2010 年的股票价格，下面以 4 个月作为时间周期，计算 4 个月的股票收益率及股票收益率的标准差。

实现方法如下所示。

（1）计算股票收益率。

```
transform_window(
    priceLag="lag(price)",
    groupby=["symbol"]
).transform_impute(
    frame=[-1,1],
    impute="priceLag",
    key="date",
    method="mean",
    groupby=["symbol"]
).transform_calculate(
    rn="log(datum.price / datum.priceLag)"
)
```

（2）计算股票波动率。

```
transform_window(
    v="stdev(rn)",
    r_number="row_number(rn)",
    frame=[0,2],
    groupby=["symbol"]
)
```

（3）在分区通道 Row 中，分区绘制 3 只股票的波动率。股票波动率的迷你柱形图如图 7.22 所示。

图 7.22

分区绘制 5 只股票的波动率的迷你柱形图，对比 5 只股票的波动率的差异，如图 7.23 所示。

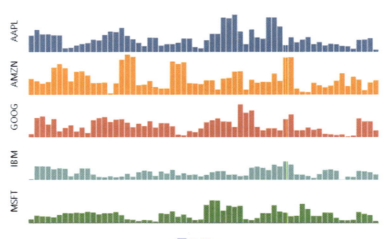

图 7.23

7.2.6 绘制股票收盘价的移动平均线

观察每日股票收盘价不易于分析股票价格的长期趋势变化，使用移动平均线可以平滑时间序列图的波峰和波谷，让我们更好地分析股票价格的长期走势。移动平均线有 3 日均线、5 日均线、7 日均线和 10 日均线等类型。均线的类型与股票价格的期数对应，例如，3 日均线表示连续筛选 3 天的股票收盘价计算平均值。期数越大，移动平均线越平滑，期数越小，移动平均线越接近时间序列图。移动平均线的一般公式如下所示。

$$MA(n)=(C_1 + C_2 + \cdots + C_n)/n$$

其中，C_n 是第 n 期的股票收盘价，n 是移动平均线的时间期数。

使用数据集 ohlc 的每日收盘价（close）的时间序列数据，对应的变量名称分别是 close 和 date。分别绘制 3 日均线、7 日均线、10 日均线，以及时间序列图，比较分析股票价格的长期走势和波动规律。效果如图 7.24 所示。

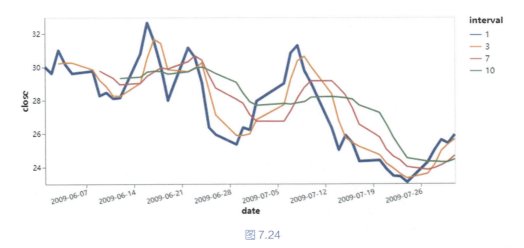

图 7.24

从图 7.24 中可以看到，随着时间期数的逐渐增加，移动平均线对时间序列图的波峰和波谷的平滑效果越来越明显，10 日均线的波动幅度明显小于 7 日均线的波动幅度。以此类推，7 日均线的波动幅度小于 3 日均线的波动幅度，这些均线的波动幅度都小于 1 日均线，也就是每日股票收盘价关于交易日期的时间序列图。移动平均线是关于交易日期的移动平均值的轨迹。因此，以 3 日均线为例，3 日均值的计算方法和实现原理如图 7.25 所示。

图 7.25

在实例方法 transform_window()中，关键字参数 frame 的取值[-2,0]表示以当前值为起点，向左移动两个数值单位。具体而言，第一个 3 日均值的计算过程主要包括：以 2009 年 6 月 3 日的股票收盘价为起始点，向左移动两个数值单位，指针移动到 2009 年 6 月 1 日的股票收盘价上，从而选定 2009 年 6 月 1 日至 2009 年 6 月 3 日的股票收盘价，使用这 3 天的股票收盘价计算简单算术平均值。

注意：参数值[-2,0]也会将 2009 年 6 月 1 日的股票收盘价作为一个移动平均值，变量 r 取值是 1，frame 的取值相当于[0,0]。类似地，也会将 2009 年 6 月 1 日和 2009 年 6 月 2 日的股票收盘价的均值作为一个移动平均值，变量 r 取值是 2，frame 的取值相当于[-1,0]。

实际上，这两个均值都不是严格意义上的 3 日均值，所以需要使用实例方法 transform_filter()根据变量 r 的取值剔除这两个平均值，通过设定变量 r 大于 2 剔除这两个均值。

具体而言，3 日均值的计算方法的实现代码如下所示。

```
transform_window(
    mv3="mean(close)",
    r="row_number(close)",
    frame=[-2,0]
).transform_filter(
    "datum.r > 2"
)
```

这样，将这些均值按照日期连接起来，就可以绘制成 3 日均线，也就是分别将变量 mv3 和变量 date 映射在位置通道 x 轴和 y 轴上，使用折线编码有序实数对。其他的时间期数的移动平均线的绘制方法和实现原理与 3 日均线类似，这里就不再赘述。

　　进一步地，同时绘制 1 日、3 日、7 日和 10 日均线，可以使用函数打包 3 日、7 日和 10 日均线。函数中除了移动平均值的计算方法，还包括一些关键实现方法，如下所示。

　　（1）使用类 Scale() 建立时间期数和颜色的映射关系。具体的实现代码如下所示。

```
moving_average_interval = [1,3,7,10]

color_range = ["#4c78a8","#f58518","#e45756","#54a24b"]

color_scale = alt.Scale(
    domain=moving_average_interval,
    range=color_range
)
```

　　（2）使用实例方法 transform_calculate() 获得标量 mapping_order_to_color，标量的取值分别是 1、3、7 和 10。

```
transform_calculate(
mapping_order_to_color="{}".format(n)
)
```

　　（3）在标记属性通道 color 中，使用类 Color() 的关键字参数 scale，使用不同的颜色编码不同时间期数的移动平均线。使用类 Legend() 设置图例的标题内容、图例的字体大小、图例符号的大小，以及图例标签的字体大小。

```
color=alt.Color(
            "mapping_order_to_color:N",
            legend=alt.Legend(
                labelFontSize=12,
                symbolSize=300,
                title="interval",
                titleFontSize=13
            ),
            scale=color_scale
)
```

7.2.7　绘制股票的 K 线图（蜡烛图）

　　在数据集 ohlc 中，关于股票价格的变量有开盘价、收盘价、最低价和最高价。如果尝试同时分析这些股票价格的趋势变化，那么使用 K 线图是最好的选择之一。K

线图也被称为蜡烛图,是股票技术分析里常用的统计可视化图形。K 线图是由若干"蜡烛"组成的图形,每根"蜡烛"都由最低价、开盘价、收盘价和最高价组成。如果收盘价大于开盘价,则使用红色编码"蜡烛";如果收盘价小于开盘价,则使用绿色编码"蜡烛"。特别地,如果收盘价等于开盘价,也使用红色编码"蜡烛"。从图形组成角度来讲,蜡烛图是由柱形图和参考线图组成的分层图形。分别使用实例方法 mark_bar()和 mark_rule()编码数据,绘制柱体(箱体)和参考线(上影线和下影线),使用 API 函数 condition()比较开盘价和收盘价的大小,使用不同的颜色编码箱体和参考线。使用数据集 ohlc 的所有数据记录绘制的蜡烛图如图 7.26 所示。

图 7.26

从图 7.26 中可以看出,在休息日和法定节日休市时,没有价格数据,出现"缺口"形态。进一步地,可以调整红色"蜡烛"的样式,将其改成空心红色"蜡烛"的样式,从而,在颜色和形状上,与实心绿色"蜡烛"形成视觉反差,突出显示股票价格的大小关系的不同类型,如图 7.27 所示。

图 7.27

7.2.8　动手实践：绘制移动平均线和 K 线图的分层图形

在图 7.27 的基础上，将移动平均线放置在 K 线图中，既可以分析每天的股票价格的大小关系，也可以从长期趋势上分析股票价格的波动规律。将图 7.24 和图 7.27 组成分层图形，如图 7.28 所示。

图 7.28

在图 7.28 中，分别使用 3 日移动平均线、7 日移动平均线和 10 日移动平均线刻画股票收盘价的长期波动趋势，辅助 K 线图阐释股票价格的一般水平，同时，平滑股票价格的波动程度。使用 K 线图可以更好地定位移动平均线的时间期数。实现方法如下所示。

（1）导入需要的包和数据集，使用类 Scale() 建立移动平均线的时间期数和颜色的映射关系。

```
import altair as alt
import numpy as np
from vega_datasets import data

source = data.ohlc()

moving_average_interval = [3,7,10]

color_range = ["#f58518","#b279a2","#72b7b2"]

color_scale = alt.Scale(
    domain=moving_average_interval,
```

```
        range=color_range
    )
```

（2）使用自定义函数封装移动平均线的实现代码，使得函数 mv()可以生成指定时间期数的移动平均线。函数返回 Chart 对象。

```
def mv(n):
    mv_base = alt.Chart(
        source
    ).transform_window(
        mv="mean(close)",
        r="row_number(close)",
        frame=[-(n-1),0]
    ).transform_calculate(
        mapping_order_to_color="{}".format(n)
    ).transform_filter(
        "datum.r > ({}-1)".format(n)
    ).mark_line().encode(
        x="date:T",
        y="mv:Q",
        color=alt.Color(
            "mapping_order_to_color:N",
            legend=alt.Legend(
                labelFontSize=10,
                symbolSize=200,
                title="interval",
                titleFontSize=12
            ),
            scale=color_scale
        )
    ).properties(
        height=250,
        width=500
    )

    return mv_base
```

（3）创建基础对象 base，使得参考线图和柱形图都在对象 base 的基础上绘制完成。对象 base 主要用于指定数据集和编码通道，以及画布的尺寸。

```
base = alt.Chart(
    source
).encode(
    x=alt.X(
        "date:T",
```

```
            axis=alt.Axis(format="%Y-%m-%d",labelAngle=-15,title=None),
            scale=alt.Scale(padding=10)
        )
).properties(
        height=400,
        width=1000
)
```

（4）在对象 base 的基础上，分别将变量 low 和变量 high 映射在位置通道 y 轴和 $y2$ 轴上。在标记属性通道 color 中，使用 API 函数 condition() 按照变量 close（收盘价）和变量 open（开盘价）的大小关系分别使用不同的颜色编码参考线。使用实例方法 mark_rule() 编码最低价 low 和最高价 high 之间的价格落差，绘制两点之间的垂直连线，也就是垂直参考线。

```
v_line = base.mark_rule(size=1).encode(
    y=alt.Y(
        "low:Q",
        axis=alt.Axis(
            title=None
        ),
        scale=alt.Scale(zero=False)
    ),
    y2="high:Q",
    color=alt.condition(
        alt.datum.close>=alt.datum.open,
        alt.value('red'),
        alt.value('green')
    ),
)
```

（5）同理，在基础对象 base 的基础上，分别将变量 open 和变量 close 映射在位置通道 y 轴和 $y2$ 轴上。在标记属性通道 color 中，使用 API 函数 condition() 按照变量 close（收盘价）和变量 open（开盘价）的大小关系分别使用不同的颜色编码箱体。为了绘制空心箱体，这里使用白色编码箱体。在标记属性通道 stroke 中，使用 API 函数 condition() 按照变量 close（收盘价）和变量 open（开盘价）的大小关系分别使用不同的颜色编码箱体的边缘线，使用红色编码空心箱体。使用实例方法 mark_bar() 编码开盘价（open）和收盘价（close）之间的价格落差，绘制两点之间的箱体，也就是柱形图。

```
bar = base.mark_bar(color="white",size=10).encode(
    y=alt.Y("open:Q"),
```

```
            y2="close:Q",
            color=alt.condition(
                alt.datum.close>=alt.datum.open,
                alt.value('white'),
                alt.value('green')
            ),
            stroke=alt.condition(
                alt.datum.close>=alt.datum.open,
                alt.value("red"),
                alt.value("green")
            )
        )
)
```

（6）将柱形图和参考线图分别放置在图形区域中，形成分层图形 chart。使用迭代的方法分别将 3 日均线、7 日均线和 10 日均线放置在分层图形 chart 上。

```
chart = v_line + bar

for index, interval in enumerate(moving_average_interval):
    chart = chart + mv(interval)
```

（7）使用全局配置实例方法 configure_*()设置 x 轴、y 轴和图例的属性。其中，在 y 轴上，使用实例方法 configure_axisY()的属性 gridDash 设置网格线的间断样式，使用实例方法 configure_axisY()的属性 orient 设置 y 轴的位置。在图例上，使用实例方法 configure_legend()的属性 cornerRadius 设置图例边框的圆角大小，使用属性 legendX 和 legendY 分别设置图例在图形区域中的水平位置和垂直位置；同时，属性 orient 的属性值需要设为"none"。使用属性 padding 设置图例内容和边框的留白间距。使用属性 strokeColor 设置图例边框的颜色，使用属性 fillColor 设置图例的填充颜色。

```
chart.configure_axisX(
    grid=False
).configure_axisY(
    gridDash=[3,2],
    orient="right",
    tickCount=6
).configure_legend(
    columns=3,
    cornerRadius=10,
    fillColor="#EEEEEE",
    legendX=6,
    legendY=6,
```

```
        orient="none",
        padding=10,
        strokeColor="gray",
        titleAnchor="middle"
    )
```

7.2.9　练习：使用柱线图（棒形图）代替 K 线图

很多时候，为了更简明直观地描述股票开盘价、收盘价、最低价和最高价的大小关系，特别是，开盘价和收盘价的价格变化。可以使用柱线图替代 K 线图，描绘股票价格的数值大小、变化及长期走势。柱线图也被称为棒形图，它与 K 线图的区别主要在箱体上，柱线图将 K 线图中的箱体简化成两条水平刻度线，分别位于垂直参考线的左侧和右侧，左侧水平刻度线表示开盘价，右侧水平刻度线表示收盘价。同样地，如果收盘价大于或等于开盘价，则使用红色编码垂直参考线和水平刻度线；如果收盘价小于开盘价，则使用绿色编码参考线和刻度线。效果如图 7.29 所示。

图 7.29

提示：使用实例方法 mark_tick()代替实例方法 mark_bar()，也就是使用水平刻度线分别编码开盘价和收盘价，进而替代使用箱体编码开盘价和收盘价的方法。同时，为了更好地查看具体日期的股票价格，可以使用文本提示通道 tooltip 交互地展示股票价格，具体实现方法参见附录 A。

7.3　自然语言处理的可视化模型的构建和应用

自然语言作为一种文本数据，越来越多地出现在数据分析、数据挖掘、机器学习和深度学习的各个场景中。为了使讲解的过程更加通俗易懂，我们使用文本指代自然语言，使用文本分析指代自然语言处理。从可视化的角度来讲，对文本的探索分析，可以使用条形图分析词频，使用词云图展示文章或段落的词语运用的特点。另外，音频文件是一种有声文本，可以使用频谱图展示声音伴随着时间的推进的频谱变化。在进行文本分析之前，首先，确定一段文本作为数据源；然后，搭建对这段文本的分析方案。

文本分析的设计方案主要包括以下内容。

（1）读取 TXT 文档格式的文件。

（2）存储单词和字母的频数分布。

（3）使用条形图分析字母的词频。

（4）使用条形图分析高频词。

（5）使用词云图分析段落词语的运用特点。

7.3.1　读取文本数据

读取 TXT 文档格式的文件，也被称为读取文件流数据源。读取文件扩展名为.txt 的文件流，剔除标点符号和撇号省略词，例如，you're 中的're；保留连字符词汇，例如，next–day。其中，撇号省略词的占比大约是 4.86%，连字符词汇的占比大约是 1.89%。撇号省略词的比例表示段落中的对话占比或口语化程度。由于文章的第一段主要以对话为主，所以撇号省略词的比例较高。但是，由于撇号省略词的省略情形比较复杂，没有规律可循，因此，在整个文本分析过程中，我们使用去掉撇号省略词和标点符号的文本数据。

说明：由于需要删除撇号省略词和标点符号，同时保留连字符词汇，因此不能简单地使用正则表达式'\\W+'去掉标点符号，而要使用正则表达式'[^a–zA–Z0–9]'剔除非字符。

文本数据的整理过程如下所示。

（1）导入需要的包和标准库。输入文本数据所在文件夹 7_3 的存储路径。读取文本数据，返回字符串列表。整个加载数据的过程封装在函数 readDataSource()中，位置参数是文件夹 7_3 的存储路径 fileDir。

```
import altair as alt
import altair_viewer
import os, re

def readDataSource(fileDir):
    fileName=os.path.join(fileDir,"/7_3/the-adventures-of-tom-sawyer-chapter-1.txt")
    with open(fileName,encoding="utf-8") as f:
        textChapter = f.readlines()
        f.close()

    return textChapter
```

（2）使用推导列表存储去掉空行的字符串列表。

```
tempText = readDataSource(fileDir)
# delete paragraphs without text
tempList = [c for c in tempText if c != "\n"]
```

（3）去掉标点符号和撇号省略词。

```
symbols = '!|,|\.|\\n|"|\?|:|\(|\)|\[|\]|\*|;|\'[a-zA-Z]'
newTempList = [re.sub(symbols,"",c) for c in tempList]
wordList = [c.split(" ") for c in newTempList]
# all words
words=[]
for i, word in enumerate(wordList):
words.extend(word)
# all words
words = [c for c in words if len(c) > 0]
```

（4）生成单词的字典列表。

```
words_data_source = [{"word":c} for c in words]
```

（5）生成字母的字典列表。

```
# split all words
letters_data_source = []
for i, word in enumerate(words):
for j, letter in enumerate(word):
if letter.isalpha():
letters_data_source.append({"letter":letter.lower()})
```

（6）使用函数 cleanDataSource()封装生成字母的字典列表和单词的字典列表的过程，函数的位置参数是存储文本数据的文件夹 7_3 的存放路径 fileDir。返回值是单词的字典列表和字母的字典列表。函数体的代码块是步骤（2）至步骤（5）的实现代码。

```
def cleanDataSource(fileDir):
    ...
    return words_data_source, letters_data_source
```

7.3.2 存储单词和字母的频数分布

读取 Altair 的 DataFrame 对象的数据集有行数要求，数据集的最大案例数是 5000 条，所以，面对"大数据"需要使用类 alt.InlineData() 存储数据集，突破数据记录的行数上限。

具体而言，函数 cleanDataSource() 的返回值是列表，其中，字母列表的元素个数超过 5000，属于"大文本数据"类型的数据集。列表中的元素是字典，每个字典的键都相同，对应的键值是字母或单词。在类 alt.InlineData() 中，可以将数据集传递给关键字参数 values，数据集的数据结构是数组或列表。具体的实现代码如下所示。

```
def createInlineData(fileDir):
    words, letters = cleanDataSource("D:")

    wordInlineData = alt.InlineData(values=words)
    letterInlineData = alt.InlineData(values=letters)

    return wordInlineData, letterInlineData
```

说明：除了使用类 alt.InlineData() 加载"大数据"，还可以使用函数 to_values() 加载"大数据"，实现方法如下所示。

```
from altair import to_values

wordData = to_values(pd.DataFrame(words))
letterData = to_values(pd.DataFrame(letters))
```

使用函数 to_values() 加载数据集可以有效地降低 notebook 的脚本文件的大小。例如，使用类 alt.InlineData() 加载的脚本文件的大小是 204KB，使用函数 to_values() 的脚本文件的大小只有 60KB。也可以使用函数 to_json() 将数据框对象存储为扩展名是 .json 的本地文件。通过文件存储路径加载"大数据"，可以有效降低扩展名是 .ipynb 的文件容量。

如果使用 vega_datasets 中的数据集，当数据集的数据记录超过 5000 条时，则可以使用属性 url 加载数据集。例如，数据集 seattle-temps 的案例数超过 5000，加载数据集的方法如下所示。

```
from vega_datasets import data

source = data.seattle_temps.url
```

对比来看，使用 data.seattle_temps()方法加载数据集，生成 Pandas 数据框对象，使用链式法则 alt.Chart(data.seattle_temps()).mark_*().encode().*绘制图形，将会出现数据集超出允许的最大行数 5000 的错误提示。

7.3.3　使用条形图分析字母的频数

使用条形图编码字母的频数，可以很直观地展示字母的频数分布。同时，使用长度作为视觉暗示，编码字母频数的大小，按照字母频数的大小降序排列字母顺序，也就是降序排列条形。字母频数排在前 10 位的条形图如图 7.30 所示。

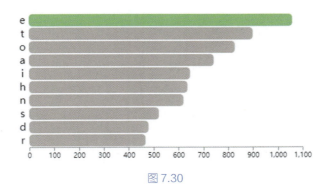

图 7.30

字母频数的条形图的实现步骤如下所示。

（1）将类 alt.InlineData()的对象作为类 alt.Chart()的数据源，使用实例方法 transform_aggregate()按照字母名称计数每个字母的频数，使用变量 frequency 保存字母频数。

```
words, letters= createInlineData(fileDir)

source = letters
```

```
chart = alt.Chart(
        source
    ).transform_aggregate(
        frequency="count()",
        groupby=["letter"]
)
```

（2）使用实例方法 transform_window()给降序排列的字母频数排名，频数最大的字母的秩排名是 1。以此类推，频数最小的字母的秩排名靠后。

```
transform_window(
        rank="rank(frequency)",
        sort=[{"field":"frequency","order":"descending"}]
)
```

（3）使用实例方法 transform_filter()选择秩排名前 10 位的字母。

```
transform_filter(
        alt.datum.rank < 11
)
```

（4）在编码通道中，将字母频数映射在位置通道 x 轴上，将字母名称映射在位置通道 y 轴上。同时，按照字母频数降序排列字母名称。在 API 函数 condition()中，使用不同颜色分别编码字母频数超过 1000 的字母和字母频数不大于 1000 的字母。使用文本提示通道 tooltip 实现当鼠标光标悬停在条形图上时出现提示信息的交互效果。在实例方法 mark_bar()中，借助关键字参数 cornerRadius 的取值使用圆角条形编码字母频数。实现代码如下所示。

```
mark_bar(cornerRadius=5).encode(
        x=alt.X("frequency:Q"),
        y=alt.Y(
            "letter:N",
            axis=alt.Axis(
                domain=False,
                labelAlign="center",
                labelFont="Meiryo UI",
                labelFontSize=15,
                labelPadding=10,
                ticks=False,
                title=None
            ),
            sort="-x"),
        color=alt.condition(
            "datum.frequency > 1000",
```

```
                    alt.value("#88d27a"),
                    alt.value("#bab0ac")
                ),
            tooltip=["letter:N","frequency:Q"]
        ).configure_axisX(
            grid=False,
            labelFlush=False,
            title=None
        ).configure_view(
            stroke=None
    )
```

（5）使用函数 countLetterFrequency()封装字母频数的条形图的绘制过程。函数的位置参数是存储文本数据的文件夹 7_3 的存放路径 fileDir。返回值是 alt.Chart() 对象。函数体的代码块是步骤（1）至步骤（4）的实现代码。使用函数 display()展示字母的频数分布条形图。

```
def countLetterFrequency(fileDir):
    …
return chart

if __name__ == "__main__":
    chart1 = countLetterFrequency("D:")
    altair_viewer.display(chart1,inline=True)
```

字母 e、字母 t、字母 o 和字母 a 的频数明显高于其他字母的频数。可见，由这些字母组成的单词也会是高频词。

7.3.4　使用条形图分析高频词

在完成字母的频数分析之后，进一步地，还可以分析段落中哪些单词最常用。为了更好地展示这个段落的词语特点和词频规律，可以进行单词的词频分析。实现步骤与字母频数的条形图类似，差别主要在于实例方法 transform_filter()的排名条件和 API 函数 condition()编码颜色的临界值的选择。词频排名前 20 位的高频词条形图如图 7.31 所示。

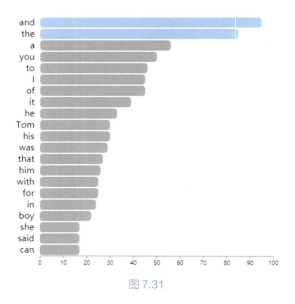

图 7.31

上述高频词条形图的实现过程被封装在函数 countWordFrequency()中，函数的位置参数是存储文本数据的文件夹 7_3 的存放路径 fileDir。返回值是 alt.Chart()对象。使用函数 display()绘制高频词条形图。

```
def countWordFrequency(fileDir):
    ...
return chart

if __name__ == "__main__":
    chart2 = countWordFrequency("D:")
    altair_viewer.display(chart2)
```

单词 and、the 的词频明显高于其他单词的词频，而且其他高频单词也都集中在冠词、人称代词和介词上。可见，人物之间的对话场景明显，描述和叙述写作风格显著，特别地，人物 Tom 也是这个段落的主角。

7.3.5　使用词云图分析段落词语的运用特点

图 7.31 所示的高频词条形图描述了段落中的哪些单词最常使用。为了更好地理解这个段落的关键词语和概要，可以使用停词表过滤平时最常使用的单词，只保留段落中的核心词汇。可以使用词云图全景式展示段落中的关键词语。词云图是文本数据

的可视化，由词汇组成类似云朵的图形，单词在文本中出现的频率越高，单词在词云中的字体越大、位置越显著。借助 matplotlib 的模块 pyplot 的 API 函数 pyplot.imshow()将词云对象 wordcloud.WordCloud()以图像形式展示在画布中。段落中的核心词汇的词云图如图 7.32 所示。

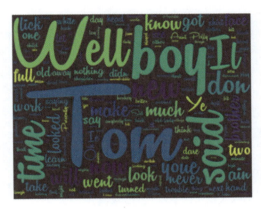

图 7.32

词云图的实现方法如下所示。

（1）导入需要的包。

```
import os, re
import matplotlib.pyplot as plt
from wordcloud import WordCloud, STOPWORDS
```

（2）使用函数 readDataSource()读取文本数据，使用列表存储字符串。

```
def readDataSource(fileDir):
    fileName=os.path.join(fileDir,"/7_3/the-adventures-of-tom-sawyer-chapter-1.txt")
    with open(fileName,encoding="utf-8") as f:
        textChapter = f.readlines()
        f.close()

    return textChapter
```

（3）使用函数 cleanDataSource()加载段落字符串列表，删除不必要的标点符号和分词，获得单词列表 words。

```
def cleanDataSource(fileDir):
    tempText = readDataSource(fileDir)
    # delete paragraphs without text
    tempList = [c for c in tempText if c != "\n"]
```

```
# strip punctuation symbols
symbols = '!|,|\.|\\n|"|\?|:|\(|\)|\[|\]|\*|;|\'[a-zA-Z]'
newTempList = [re.sub(symbols,"",c) for c in tempList]
wordList = [c.split(" ") for c in newTempList]

# all words
words=[]
for i, word in enumerate(wordList):
    words.extend(word)
words = [c for c in words if len(c) > 0]

return words
```

（4）调用函数 cleanDataSource()获得单词列表。调用构造函数 WordCloud()实例化词云类，生成对象 wordcloud。使用实例方法 generate()将字符串形式的单词生成词云对象。

```
words = cleanDataSource(fileDir)

wordcloud = WordCloud(
        font_path=os.path.join(fileDir,"/7_3/RemachineScript_Personal_Use.ttf"),
        stopwords=STOPWORDS,
        background_color="#222222",
        width=1000,
        height=800
    )

wordcloud.generate(" ".join(words))
```

（5）使用 matplotlib 的模块 pyplot 中的函数 imshow()加载词云对象。

```
plt.imshow(wordcloud, interpolation="bilinear")
```

（6）使用模块 pyplot 中的函数 axis()去掉图形边框，使用函数 savefig()保存词云图，使用函数 show()展示词云图。

```
plt.axis("off")
plt.savefig("{}/7_3/ciyun.png".format(fileDir))
plt.show()
```

（7）使用函数 plotWordCloud()封装步骤（4）和步骤（5）的实现代码。调用函数 plotWordCloud()绘制词云图。

```
def plotWordCloud(fileDir):
    words = cleanDataSource(fileDir)
```

```
        wordcloud = WordCloud(
            font_path=os.path.join(fileDir,"/7_3/RemachineScript.ttf"),
            stopwords=STOPWORDS,
            background_color="#222222",
            width=1000,
            height=800
        )

        wordcloud.generate(" ".join(words))

        plt.imshow(wordcloud, interpolation="bilinear")
    plt.axis("off")
    plt.savefig("{}/7_3/ciyun.png".format(fileDir))
        plt.show()

    if __name__ == "__main__":
        plotWordCloud("D:")
```

7.4 反映统计数字的象形图

　　象形图是条形图的替代图形。象形图不使用坐标轴和量尺刻画条形的长度，而是使用每个图形文本代表的单位数量，使用图形文本的个数来编码数据。使用图形文本编码数据，和使用标记编码数据类似。图形文本使用 Unicode 编码格式，也属于一种字符串，可以和纯文本一起使用。因此，可以使用实例方法 mark_text()编码图形文本。例如，使用象形图绘制咖啡店一周的咖啡补货次数。咖啡店每天都会给售罄的咖啡补货。在补货的过程中，仓储管理员都会在出库系统中登记补货日期和补货次数，相应地，数据库中就会增加一条数据记录，描述补货日期和补货次数。绘制咖啡补货频次的象形图的数据源被存储在 SQLIte 数据库中。SQLite 数据库和 MySQL 数据库类似，是一种轻量级的数据库管理系统。

　　在数据读取方面，我们使用 SQLite 存储一周的咖啡补货次数，每补一次货记录一次，数据库中的字段分别是 ID、WEEK 和 FREQUENCY，其中，字段 WEEK 和字段 FREQUENCY 分别表示星期和补货次数。由于 Python 中已经安装标准库 sqlite3，所以，不需要另外安装读取 SQLite 的包。为了减小脚本的存储容量和避免出现对数据源的误操作情形，将 SQLite 的数据转存在 TXT 文档格式的文件中。使用 Pandas 读取 TXT 文档格式的文件，并以数据框（DataFrame）对象存储在变量 source 中。完整的数据流转过程如图 7.33 所示。

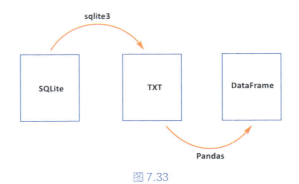

图 7.33

绘制咖啡店一周内的补货频次的象形图，实现方法如下所示。

（1）导入需要的包。

```
import altair as alt
import pandas as pd
import sqlite3
import altair_viewer
```

（2）使用标准库 sqlite3 读取 SQLite 的数据记录，将数据记录转存在扩展名是.txt 的文件中。

```
def createDataFrame(fileDir):
    conn = sqlite3.connect("coffee_reorder_frequency.db")
    c = conn.cursor()
    cursor = c.execute("SELECT ID, WEEK, FREQUENCY FROM reorder")

    dataSourceFileDir = "{}/7_4/coffee_reorder_frequency.txt".format(fileDir)
    with open(dataSourceFileDir, "w+", encoding="utf8") as f:
        f.write("ID\tWEEK\tFREQUENCY\n")
        for row in cursor:
            f.write("{}\t{}\t{}\n".format(row[0], row[1], row[2]))
    f.close()
    conn.close()

    return dataSourceFileDir
```

（3）使用 Pandas 的 API 函数 read_csv()读取扩展名是.txt 的临时文件，使用变量 source 存储数据框（DataFrame）对象。

```
def loadDataFrame(fileDir):
    path = createDataFrame(fileDir)
    source = pd.read_csv(path, sep="\t", header=0)

    return source
```

（4）绘制象形图的技术要点就是使用实例方法 transform_calculate()建立名义型变量的取值和图形文本的键值关系。具体而言，将名义型变量 WEEK 的取值和咖啡文本☕建立键值关系，存储在字典中。

```
transform_calculate(
    emoji="{'Mon':'☕','Tue':'☕','Wed':'☕','Thu':'☕','Fri':'☕','Sat':'☕','Sun':'☕'}[datum.WEEK]"
)
```

（5）使用实例方法 transform_window()按照星期分别计数咖啡补货次数，使用 rank()计数补货频次。

```
transform_window(
    x="rank(FREQUENCY)",
    groupby=["WEEK"]
)
```

（6）在编码通道中，将补货频次映射在位置通道 x 轴上，使用统一颜色编码咖啡文本，使用类 alt.Row()将咖啡补货次数按行分区展示，按照星期一至星期日的顺序排列子区。在文本通道 text 中，将咖啡文本映射在图形区域。

```
encode(
    x=alt.X(
        "x:Q",
        axis=alt.Axis(tickCount=6),
        scale=alt.Scale(domain=[1,6])
    ),
    color=alt.value("steelblue"),
    row=alt.Row(
        "WEEK:N",
        header=alt.Header(
            labelAlign="left",
            labelAngle=0,
            labelFontSize=12,
            titleFontSize=15
        ),
        sort=["Mon","Tue","Wed","Thu","Fri","Sat","Sun"],
        title=None
    ),
```

```
        text="emoji:N"
    )
```

（7）使用实例方法 mark_text()编码图形文本，绘制一周的咖啡补货次数，使用
关键字参数 size 设置咖啡文本的大小。

```
mark_text(size=30)
```

（8）使用实例方法 properties()和全局配置实例方法 configure_*()设置图形区
域的相关属性。

```
properties(
    height=50,
    width=300,
    title=alt.TitleParams(
        text="Coffee Reorder Frequency Everyweek",
        font="Times New Roman",
        fontSize=20,
        subtitle='☕ stands for unit reorder frequency',
        subtitleColor="gray",
        subtitleFont="Courier New",
        subtitleFontSize=13,
        subtitlePadding=10
    )
).configure_view(
    stroke=None
).configure_axis(
    domain=False,
    grid=False,
    labels=False,
    ticks=False,
    title=None
).configure_facet(
    spacing=0
)
```

（9）使用函数 plotCoffeeReorderFrequency()封装绘制咖啡补货频次的实现过
程，也就是步骤（4）至步骤（8）。调用函数 plotCoffeeReorderFrequency()绘制
咖啡补货频次的象形图。

```
if __name__ == "__main__":
    chart = plotCoffeeReorderFrequency("D:")
    altair_viewer.display(chart, inline=True)
```

经过上述的数据流转和数据读取，绘制咖啡店一周的咖啡补货频次的象形图，如

图 7.34 所示。

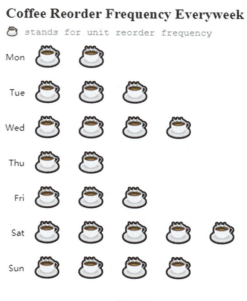

图 7.34

7.5　可视化模型框架的数据流转过程与模型存储和渲染方法

　　对于 Altair 中的 "大数据" 而言，Altair 无法直接作为数据源加载和使用，需要通过一些中间变换过程，实现数据源的读取和调用。Altair 经常使用 JSON 格式存储数据源，通过加载和读取 JSON 格式的数据源，完成在可视化模型框架的搭建过程中涉及的数据流转环节。所谓数据流转就是将 Altair 无法直接加载和使用的数据集通过数据存储格式和数据结构的转换等方法，转换为 Altair 可以直接使用的数据源的数据整理过程。

　　可以使用 Pandas 的实例方法 to_json() 和 Altair 的函数 to_json() 存储 JSON 格式的。使用 Altair 自带的内置数据集 seattle-temps 演示具体的使用过程，数据集 seattle-temps 有 8759 条数据记录，远远大于 5000 条数据记录，属于典型的 "大数据"。数据集 seattle-temps 记录了 2010 年全年每小时的气温，有两个变量，分别是时间型变量 date 和数值型变量 temp，两个变量分别表示时间日期和气温。数据集 seattle-temps 的数据流转过程主要包括以下环节。

（1）加载数据集 seattle-temps。

（2）使用 JSON 格式存储数据集，数据文件名称是 seattle_temps.json。

（3）使用 Pandas 的 API 函数 read_json() 读取 JSON 格式的数据文件 Seattle_temps.json。

（4）使用 Altair 的函数 to_values() 将数据框（DataFrame）对象转变为字典数据结构。

数据集 seattle-temps 的数据流转过程主要有两种实现方法。这两种实现方法的不同之处主要在实现环节（2）中。一种方法是使用 Altair 的函数 to_json()；另一种方法是使用 Pandas 的 API 函数 to_json()。下面分别详细介绍两种数据流转过程的实现方法。

7.5.1　使用 Pandas 的实例方法 to_json() 和 Altair 的函数 to_values() 完成数据流转

首先，加载数据集 data.seattle_temps()，使用 Pandas 的实例方法 to_json() 存储数据集。数据集的存储格式是 JSON，使用 API 函数 read_json() 读取 JSON 格式的数据。然后，使用函数 to_values() 实现 Altair 可以识别和加载的数据结构的转换。实现方法如下所示。

```python
import pandas as pd
from vega_datasets import data
from altair import to_values

source = data.seattle_temps()

source.to_json("D:/seattle_temps.json", orient="records")

df = pd.read_json("D:/seattle_temps.json")

to_values(df)
```

7.5.2 使用 Altair 的函数 to_json()和函数 to_values() 完成数据流转

首先，加载数据集 data.seattle_temps()，使用 Altair 的函数 to_json()将数据框对象存储为扩展名是.json 的本地数据文件。可以任意设定本地数据文件的存储路径，使用 API 函数 read_json()通过文件存储路径加载 JSON 格式的数据文件。然后，使用函数 to_values()实现 Altair 可以识别和加载的数据结构的转换。实现方法如下所示。

```python
import pandas as pd
from vega_datasets import data
from altair import to_json, to_values

source = data.seattle_temps()

to_json(source, filename="D:/seattle_temps.json")

df = pd.read_json("D:/seattle_temps.json")

to_values(df)
```

7.5.3 可视化模型的存储和渲染方法

在 Altair 中，类 alt.Chart()的链式法则的返回值 Chart 被称为可视化模型，可以使用对象 Chart 的实例方法 to_json()以 JSON 字符串形式存储可视化模型，再使用对象 Chart 的类方法 from_json()加载 JSON 字符串形式的可视化模型，渲染统计可视化图形。从严格意义上来讲，Altair 提供了 Python 的 API，使用有效的 Vega-Lite 语法规则可以生成可视化模型，实现方法如下所示。

```python
import altair as alt
import pandas as pd
from vega_datasets import data
from altair import to_json, to_values

source = data.seattle_temps()

to_json(source, filename="D:/seattle_temps.json")

df = pd.read_json("D:/seattle_temps.json")
```

```
chart = alt.Chart(
    to_values(df)
).mark_line().encode(
    x="date:T",
    y="temp:Q"
)

jsonChart = chart.to_json()

alt.Chart.from_json(jsonChart)
```

7.6　调整坐标轴的量尺类型的实现方法和应用场景

在包 vega_datasets 的 data 中，数据集 gapminder-health-income 描述了世界经济变化情况。数据集包括 4 个变量，分别是 country、income、health 和 population，变量含义分别是国家名称、收入、寿命和人口数量，对应的变量类型分别是名义型变量、数量型变量、数量型变量和数量型变量。数据集由 187 条数据记录组成。

对数据集 gapminder-health-income 而言，我们尝试在二维平面上探索分析收入、寿命和人口数量之间的数量关系。由于 3 个数量型变量的数量级具有很大差异，因此，我们使用柱形图观察 3 个数量型变量的波动特征和波动幅度。进而，选择合适的坐标轴量尺类型，在二维平面上展示三维空间的数量关系。气泡图是在二维平面上展示三维空间的数量关系的经典应用，也是"降维"统计思想的实践应用。

具体而言，将数量型变量 income 映射在位置通道 x 轴上，将数值型变量 health 映射在位置通道 y 轴上。同时，将第三个维度的数量型变量 population 映射在标记属性通道 size 上，而不是映射在传统意义上的 z 轴，使用标记属性通道 size 编码第三个维度的变量，实现在二维平面上展示三维空间的统计可视化效果。

7.6.1　选择合适的坐标轴量尺类型

使用 3 个变量分别与变量 country 绘制迷你柱形图，观察 3 个数量型变量的数据波动情况。效果如图 7.35 所示。

图 7.35

从图 7.35 中可以观察到变量 income 的取值波动剧烈而且波动幅度很大。变量 health 的取值虽然也存在波动，但是波动幅度不大，基本在一个很小的区间范围内。变量 population 的取值除了极少数的极大值，基本都在一个小区间范围内波动。因此，变量 income 使用对数量尺，变量 health 使用线性量尺。

分别使用线性量尺和对数量尺，比较变量 income 的取值的离散程度的变化，如图 7.36 所示。

图 7.36

使用对数量尺之后，变量 income 的取值的波动幅度明显减小。可见，使用对数变换可以有效降低数据的量级差异程度和数据的波动程度。

7.6.2　使用气泡图描绘 3 个数量型变量的数量关系

在编码通道中，使用类 alt.X() 映射变量 income，将坐标轴量尺设为对数类型，减小变量取值的区间范围，可以在一个较小的数据范围里就更好地展示变量取值更好的差异程度。实现方法如下所示。

```
x=alt.X("income:Q",scale=alt.Scale(type="log"))
```

使用类 alt.Y()映射变量 health，将坐标轴量尺设为线性类型。与迷你柱形图不同的是，气泡图也可以像散点图一样，去掉坐标轴的量尺零点，使用合适的起点，从而将圆形标记展示在图形区域的中心位置。实现方法如下所示。

```
y=alt.Y("health:Q",scale=alt.Scale(zero=False))
```

使用类 alt.Size()映射变量 population，使用标记的大小编码变量取值的大小，使用类 alt.Scale()控制标记大小的范围。其中，关键字参数 type 设定量尺类型，关键字参数 range 设定量尺的取值范围。对于连续型量尺"linear"的取值范围，可以使用两个元素的列表设定连续型量尺的最小值和最大值，也就是取值区间的下限和上限。实现方法如下所示。

```
size=alt.Size("population:Q",scale=alt.Scale(type="linear",range=[0,3000]))
```

从而，圆形标记借助视觉暗示中的位置和大小完成了由三维空间向二维平面的转换过程。效果如图 7.37 所示。

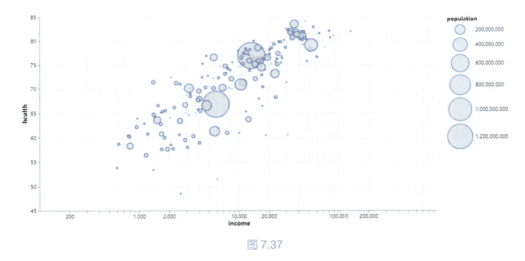

图 7.37

由于变量 population 映射在标记属性通道 size 上，视觉暗示使用大小编码变量，而不是使用位置编码变量，因此，变量 population 不需要使用对数量尺。为了更好地了解不同气泡所代表的国家和人口数量，这里增加了文本信息提示和图形区域缩放的交互效果。

绘图技巧：坐标轴的起始位置不是零点。

与柱形图使用长度作为视觉暗示不同，散点图使用位置作为视觉暗示，所以坐标轴的量尺起点可以不从零点开始。可以选取合适的数值作为坐标轴的量尺起点。

7.6.3 动手实践：按照年份查看人均收入、寿命和人口数量的动态变化关系

在 Python 中，有一个包 gapminder，其是 Pandas 的数据框对象的一个数据集。此数据集包括 6 个变量，分别是 country、continent、year、lifeExp、pop 和 gdpPercap，变量名称分别是国家、大洲、记录年份、预期寿命、人口数量、人均所得。前两个变量是名义型变量，记录年份是时间型变量，最后 3 个变量都是数量型变量。此数据集包括 1704 条数据记录。

同样地，变量 gdpPercap 使用对数量尺，变量 lifeExp 使用线性量尺，变量 pop 映射在标记属性通道 size 上，使用标记的不同面积编码不同的人口数量。同时，变量 continent 映射在标记属性通道 color 上，使用不同颜色编码不同大洲类别。变量 year 作为筛选变量，选择不同年份的全部国家的数量型变量的取值，展示不同统计可视化效果的气泡图。进一步地，还可以选择图例中的大洲名称，查看和分析选定大洲的人均所得和预期寿命的相关关系，以及包括人口数量在内的 3 个数量型变量的数量关系。这样，就实现了由三维图形变为二维图形，也实现了将静态图形变为交互图形的可视化效果。效果如图 7.38 所示。

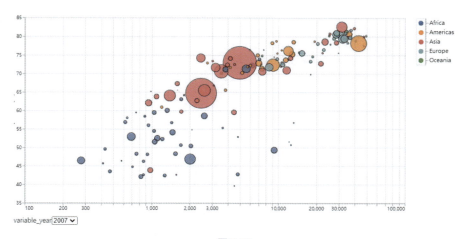

图 7.38

交互式气泡图的绘制方法如下所示。

（1）导入需要的包和数据集 gapminder。

```
import altair as alt
from gapminder import gapminder
```

（2）设置年份的下拉列表。

```
years = sorted(list(set(gapminder["year"])))
year_dropdown = alt.binding_select(options=years)
year_selection = alt.selection_single(
    bind=year_dropdown,
    fields=["year"],
    name="variable",
    empty="none"
)
```

（3）设置图例符号与气泡标记的联动选择器。使用 API 函数 selection_multi()
可以连续选择多个图例符号，也就是按住 Shift 键，可以连续选择多个大洲类别。

```
selection = alt.selection_multi(fields=["continent"])
color = alt.condition(
    selection,
    alt.Color("continent:N", legend=None),
    alt.value('lightgray')
)
```

（4）设置图形区域的气泡图。在 x 轴上，使用对数量尺映射变量人均收入。在 y
轴上，使用线性量尺映射变量预期寿命。在标记属性通道 color 上，使用 API 函数
condition()设置图例的联动选择器 color，使得图例符号与气泡标记产生选择联动交
互效果。在标记属性通道 size 上，使用类 alt.Size()编码变量 pop，也就是使用视觉
暗示中的大小编码人口数量的多少。

```
base = alt.Chart(
    source
).mark_point(
    filled=True,
    stroke="black",
    opacity=0.8
).encode(
    x=alt.X(
        "gdpPercap:Q",
        axis=alt.Axis(title="Income per person (GDP/Capital)",titleFontSize=12),
        scale=alt.Scale(type="log")
```

```
    ),
    y=alt.Y(
        "lifeExp:Q",
        axis=alt.Axis(title="Life expectancy (years)",titleFontSize=12),
        scale=alt.Scale(zero=False)
    ),
    color=color,
    size=alt.Size("pop:Q",scale=alt.Scale(range=[0,5000]),legend=None),
    strokeWidth=alt.value(1),
    tooltip=[
        "country:N",
        alt.Text("year:Q"),
        alt.Text("pop:Q",format=",")
    ]
).properties(
    height=400,
    width=800
)
```

（5）设置年份的下拉列表与图形区域的气泡标记的选择联动交互效果，使得图形
区域中的保留标记是与选定年份对应的气泡，以及增加图形区域的拖动和缩放的交互
效果。

```
yearDropdownChart = base.add_selection(
    year_selection
).transform_filter(
    year_selection
).interactive()
```

（6）设置图例样式的图例符号散点图，使用相同的联动选择器 color，实现气泡
图的大洲类别与图例符号的选择联动交互效果。其中，在标记属性通道 color 上，使
用相同的联动选择器 color。这样，在选择图例符号之后，图形区域中的气泡会与对
应的大洲类别产生关联效果，使得图形区域中的保留标记是与选定大洲类别对应的气
泡。同时，使用灰色编码没有与选定大洲类别对应起来的气泡标记。

```
legend = alt.Chart(source).mark_circle(size=100,stroke="black").encode(
    y=alt.Y("continent:N", axis=alt.Axis(labelFontSize=12,orient="right",title=None)),
    color=color,
    strokeWidth=alt.value(1.2)
).add_selection(
    selection
)
```

（7）使用连接运算符 "|" 将气泡图和散点图水平连接起来，使得散点图在视觉效果上充当图例，而且，实现选择图例符号与筛选对应气泡的联动交互效果。

```
yearDropdownChart | legend
```

7.6.4 使用连续型量尺离散化的方法转换变量类型

将连续型变量映射在标记属性通道 size 上，类 alt.Scale() 的关键字参数 type 默认使用连续型量尺"linear"。在数据集 gapminder-health-income 中，变量 population 是连续型变量，这里尝试使用标记大小编码变量 population 的不同区间范围。此时需要将连续型变量转换成离散型变量，这个转换过程是通过将连续型量尺离散化的方法实现的。实现方法如下所示。

```
Size=alt.Size(
        "population:Q",
        scale=alt.Scale(
            type="threshold",
            domain=[10000000,50000000,100000000,300000000,500000000,1000000000],
            range=[80,320,560,800,1040,1280,1520]
        )
)
```

将关键字参数 type 取值"threshold"，使用区间阈值的方法将连续型量尺转换成离散型量尺，从而，将连续型变量转换成离散型变量。使用关键字参数 domain 设定区间的阈值，也就是人口数量的区间范围的边界值，进而将人口数量按照边界值划分成若干个子区间，每个子区间的边界值就是domain 中的元素。使用关键字参数range设定每个区间范围的人口数量在标记属性通道 size 中的标记大小，也就是将每个子区间的人口数量使用多大的标记编码。进一步地，在标记属性通道 color 上，也可以使用连续型量尺离散化的方法将连续型变量转换成离散型变量，从而使用不同的颜色编码每个子区间的人口数量，配色方案使用 blues。实现代码如下所示。

```
Color=alt.Color(
        "population:Q",
        scale=alt.Scale(
            type="threshold",
            domain=[10000000,50000000,100000000,300000000,500000000,1000000000],
            scheme="blues"
        )
)
```

)

这两种实现方法的统计可视化效果在颜色上差别明显，如图 7.39 所示，其中，第一幅图形单纯使用标记属性通道 size，第二幅图形还使用标记属性通道 color。

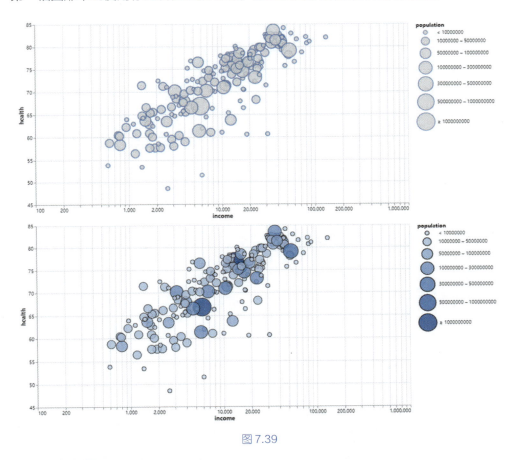

图 7.39

绘图技巧：使用圆形的面积编码数据。

在使用大小实现数据编码的过程中，经常使用圆形作为视觉元素。在这个过程中，应该让圆形的面积作为视觉暗示，不应该让圆形的半径或是直径作为视觉暗示，这也是在使用圆形的大小编码数据的过程中最容易出现的错误之一。简单来讲，就是使用圆形的面积编码数据，而不是使用圆形的半径或直径编码数据。原因就在于，如果使用半径编码数据，那么线性地增加或是减小半径，就会指数级地增加或是减小圆形的面积，进而过度地扩大数据之间的量级差距，降低视觉（图形）沟通的准确性。

7.7 使用波形图和频谱图分析音频文件

音频文件的频谱表现是通过图形传递声音表达的信息，以实现视听结合的体验效果。音频文件作为一种数据源，也是一种数据存储格式，与纯文本、图像一样，需要读取音频文件进行声音数据分析，也就是数字信号处理，以便分析和理解声音信号及噪音数据。声音的本质是一维信号，这是一种用来描述在人类耳朵可以听到的范围内的声音或噪声。声音文件的存储格式主要是 MP3、WAV 和 MPEG。这里使用 Python 模块和包以 NumPy 数组存储声音数据；使用波形图探索分析随时间变化的数字信号的幅值变化；使用频谱图探索分析随时间变化的信号的频率变化；同时，使用颜色编码第三个维度的幅值。因此，频谱图是将时间、频率和幅值在一个二维图形区域展示的图形。使用频谱图可以有效发现声音文件中的噪音，并可以有效地剥离这些噪音。

7.7.1 使用波形图分析音频文件的声音变化

在统计可视化层面，波形图是时间和幅值的二维图形。在 Altair 的编码通道中，使用 alt.X()编码时间，映射在 x 轴上；使用 alt.Y()编码幅值，映射在 y 轴上。效果如图 7.40 所示。

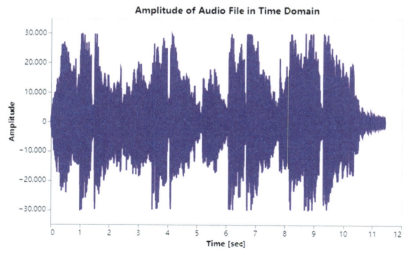

图 7.40

波形图的实现方法如下所示。

（1）使用 Python 内置模块 wave 读取音频文件。

```
obj = wave.open('D:/7_7/waveform.wav','r')
```

（2）计算音频文件的声音信号的采样频率、帧总数、采样时间间隔和声音信号长度。生成 NumPy 的时间数组 x_seq。

```
frequency_sample = obj.getframerate() #  采样频率
frame = obj.getnframes() #  帧总数
obj.close()
sample_time = 1 / frequency_sample #  采集声音样本的时间间隔
time = frame / frequency_sample #  声音信号的时间长度
x_seq = np.arange(0, time, sample_time)
```

（3）获取 NumPy 的幅值数组 data。

```
fs, data = read('D:/7_7/waveform.wav')
```

（4）使用 a 的函数 to_values() 将时间和幅值的 Pandas 数据框对象转换成 a 可以识别和读取的数据源。

```
source = to_values(pd.DataFrame({"t":x_seq,"x":data}))
```

（5）绘制波形图。

```
chart = alt.Chart(
    source
).mark_line(color="#7130FF").encode(
    x=alt.X("t:Q",axis=alt.Axis(title="Time [sec]")),
    y=alt.Y("x:Q",axis=alt.Axis(title="Amplitude"))
).properties(
    width=500,
    title="Amplitude of Audio File in Time Domain"
).configure_axis(
    grid=False
)
```

从图 7.40 中可以观察到，随着时间的推移，声音的幅值也呈现波动变化，而且，具有一定的周期规律。

7.7.2　使用频谱图分析音频文件的频率变化

在展示信号随时间变化的频率时变化经常使用频谱图，频率的单位是赫兹。频谱图是"降维"统计思想的实践应用。具体而言，将时间型变量映射在位置通道 x 轴上，数值型变量映射在位置通道 y 轴上；同时，将第三个维度的变量映射在标记属性通道 color 上，而不是映射在传统意义上的 z 轴上，实现二维平面展示三维空间的统计可视化效果。效果如图 7.41 所示。

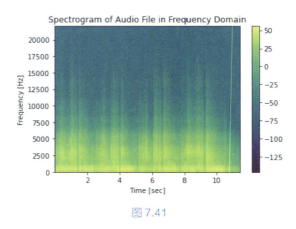

图 7.41

使用模块 matplotlib.pyplot 的 API 函数 specgram()可以快速绘制频谱图，实现方法如下所示。

```
fs, data = read('D:/7_7/waveform.wav')

spectrum, freqs, t, im = plt.specgram(data,Fs=fs,NFFT=128,noverlap=65,cmap=mpl.cm.viridis)
```

将音频数据 data 和采样频率 fs 作为参数传递给函数 specgram()。NFFT 表示每个时间块的数据点的个数（每列 128 个元素），通常是 2 的幂次方；noverlap 表示相邻时间块的数据点的重复个数（每列最后 65 个元素与相邻列的前 65 个元素相同），也就是时间窗口的重叠程度。例如，NumPy 数组的音频数据是 np.arange(1,13,1)，NFFT 是 4，noverlap 是 2，则时间窗口的 NumPy 数组，如下所示。

```
array(
[1,3,5,7,9],
[2,4,6,8,10],
[3,5,7,9,11],
[4,6,8,10,12]
)
```

每列 4 个元素，每列的最后两个元素与相邻列的前两个元素相同，重叠的个数是 2。

在图 7.41 中，频谱图的 x 轴表示时间，y 轴表示频率，第三个维度是时间和频率对应的幅值，使用颜色编码幅值。虽然可以使用三维图形表示频谱图，但是，借助三维图形比较标记的位置变得更加困难，存在视觉盲点，不利于分析音频数据。同时，二维图形比三维图形节省更多的存储空间。

7.7.3　练习：使用仪表盘分析音频文件的元数据

音频文件的元数据主要包括文件的名称、文件的大小、音频时长、音频的波形和采样频率等变量。所谓元数据就是描述数据的数据，也就是描述数据属性的信息，是一种电子式记录。使用 5 个音频文件作为数据源，使用仪表盘刻画音频文件的元数据。效果如图 7.42 所示。

提示：首先，使用 Python 的包 TinyTag 提取音频文件的元数据。然后，使用标准库 os 枚举文件夹 music 中的音频文件。以行为单位将波形图连接起来。同样地，以行为单位分别将名义型元数据和数值型元数据连接起来。最后，将文件名称的连接图形、波形图的连接图形和其他数值型元数据的连接图形以列为单位连接起来。

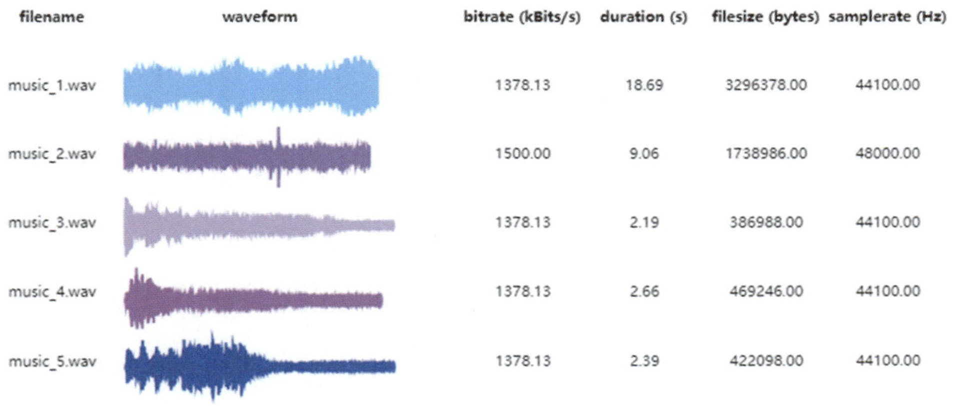

filename	waveform	bitrate (kBits/s)	duration (s)	filesize (bytes)	samplerate (Hz)
music_1.wav		1378.13	18.69	3296378.00	44100.00
music_2.wav		1500.00	9.06	1738986.00	48000.00
music_3.wav		1378.13	2.19	386988.00	44100.00
music_4.wav		1378.13	2.66	469246.00	44100.00
music_5.wav		1378.13	2.39	422098.00	44100.00

图 7.42

7.8 视觉图像的大块数据文件处理和统计可视化

图像是现实世界中和文字一样普通和常见的视觉信息，尤其是在数字时代里，图像的形式和载体变得更加多元。一幅自然风光的 JPG 格式的图像文件如图 7.43 所示。

图 7.43

从分析的角度来讲，图像也是一种数据源，也需要经过加载图像、操作图像、处理图像和展示图像。从数据结构的角度来讲，图像是一种 NumPy 多维数组。进一步地，还可以转换成单通道 NumPy 数组 ndarray，从而分离出图像的 RGB 通道，也就是三原色的红色、绿色、蓝色的通道。每个通道都有 256 级亮度，取值范围是 0~255 的正整数。通过使用或叠加不同强度的三原色，可以组合成不同的颜色。使用单通道直方图可以展示每个通道的数组 ndarray 的数据分布特征。因此，可以搭建一个图像通道分析器，实时动态地展示图 7.43 所示的红、绿、蓝 3 种颜色的单通道直方图。效果如图 7.44 所示。

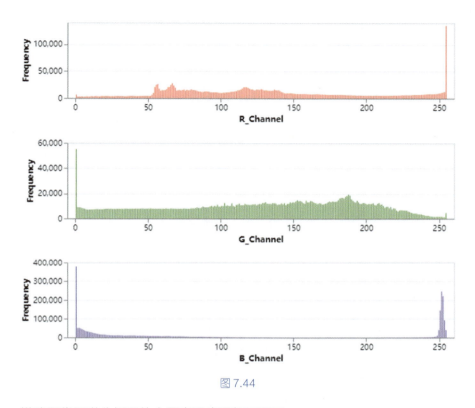

图 7.44

搭建图像通道分析器的主要实现步骤如下所示。

（1）加载和读取图像。

（2）从图像数组中分离出单通道数组。

（3）绘制单通道直方图。

（4）连接 R、G、B 这 3 个通道的图像直方图。

（5）展示图像直方图。

下面就以这 5 个步骤为参考要点，具体设计和搭建一个单张图像的图像通道分析器。

（1）导入需要的包。

```
import altair as alt
import matplotlib.image as mplimage
import numpy as np
```

```
import pandas as pd
from altair import to_values
```

（2）加载和读取图像文件。

使用 matplotlib 的模块 image 的 API 函数 imread()读取图像文件，进而，将图像文件转换成 NumPy 数组。使用函数封装读取图像文件的过程，实现代码如下所示。

```
def readImageData(fileDir):
    image = mplimage.imread("{}/7_8/tree_image.jpg".format(fileDir))

    return image
```

（3）从图像数组中分离出单通道数组。

将三原色和单通道的数组索引以键值对形式存储在字典数据结构中。使用数组切片的方式从三维数组中分离出单通道的 NumPy 数组 ndarray。使用函数封装单通道 NumPy 数组的过程。实现代码如下所示。

```
def get_channel_data(fileDir, ch):
    image = readImageData(fileDir)
    channel_dict = {"R":0,"G":1,"B":2}
    channel_order = channel_dict.get(ch,-1)
    tempArray = image[:,:,channel_order]
    image = None

    return tempArray
```

（4）绘制单通道直方图。

使用 API 函数 to_values()读取"大数据"形式的数据框对象，作为 Altair 的数据源。其中，以红色的单通道 NumPy 数组为例，对应的数据框对象的数据结构如下所示。

```
   R
0     [55, 55, 55, 55, 55, 55, 54, 54, 54, 54, 54, 5...
1     [56, 55, 55, 55, 55, 55, 54, 54, 54, 54, 54, 5...
2     [56, 56, 56, 56, 55, 55, 54, 54, 54, 54, 54, 5...
3     [56, 56, 56, 56, 55, 55, 53, 53, 54, 54, 54, 5...
4     [56, 56, 55, 55, 55, 55, 53, 53, 53, 53, 53, 5...
...                                              ...
1268  [242, 255, 232, 200, 255, 255, 240, 255, 247, ...
1269  [255, 255, 252, 255, 255, 255, 241, 219, 245, ...
1270  [255, 255, 255, 255, 249, 226, 201, 216, 255, ..
1271  [255, 243, 249, 228, 236, 237, 243, 235, 246, ..
```

```
1272    [255, 248, 252, 254, 254, 255, 255, 241, 255, ...
```

[1273 rows x 1 columns]

　　由于数据框对象中的通道名称对应列的变量取值都是 NumPy 一维数组，所以在 Altair 中，使用实例方法 transform_flatten()可以将数据框对象中的通道名称对应列的一维数组首尾相连。实现列对应的一维数组扁平化连接，将其转换成一列，从而可以在编码通道中作为变量使用。最后，绘制单通道一维数组的直方图。其中，为了将连续型变量离散化，在位置通道 x 轴上，使用关键字参数 bin 将一维数组离散化，形成分块箱体。将箱体的个数设定为 256，与三原色的每个通道的亮度级别数量一致。将绘制直方图的过程封装在函数中。实现代码如下所示。

```
def plotChannelHist(fileDir):
    channel_list = ["R","G","B"]
    custom_color = ["red","green","blue"]
    chart_list = []
    for index, channel in enumerate(channel_list):
        temp = get_channel_data(fileDir, channel)
        shape = temp.shape
        temp_list = [{channel:c} for i, c in enumerate(temp)]
        source = to_values(pd.DataFrame(temp_list))
        del temp
        del temp_list
        chart = alt.Chart(
            source
        ).transform_flatten([channel]).mark_bar().encode(
            x=alt.X(
                "{}:Q".format(channel),
                axis=alt.Axis(
                    labelExpr="round(datum.value)",
                    title="{}_Channel".format(channel),
                    values=[0,50,100,150,200,250,300]
                ),
                bin=alt.BinParams(maxbins=256),
                scale=alt.Scale(padding=10)
            ),
            y=alt.Y(
                "count():Q",
                axis=alt.Axis(gridOpacity=0.5,title="Frequency")
            ),
            color=alt.value(custom_color[index]),
            opacity=alt.value(0.7)
        ).properties(
```

```
                    height=100,
                    width=500
                )
                chart_list.append(chart)
                del source
                del chart

        return chart_list
```

（5）连接 R、G、B 这 3 个通道的图像直方图。

将 3 个通道的图像直方图按照行连接起来，从而，同时展示 3 个通道的图像直方图。使用函数封装连接过程。实现代码如下所示。

```
def vconcatHist(fileDir):
        chart_list = plotChannelHist(fileDir)
        chart = chart_list[0]
        for index, hist in enumerate(chart_list):
                if index > 0:
                        chart = chart & hist
        del chart_list

        return chart
```

（6）展示图像直方图。

```
if __name__ == "__main__":
        display(vconcatHist("D:"),inline=True)
```

说明：读取图像文件一般属于读取大块数据文件的情形，因为使用数组切片方法将 NumPy 数组转换为单通道 NumPy 一维数组的过程，需要使用 NumPy 数组 ndarray 的实例方法 flatten()，也就是数组的扁平化处理技术。相应地，一维数组的长度就是单通道 NumPy 数组 ndarray 的行和列的乘积，乘积的结果一般都很大。比较步骤（3）中的实现代码，需要避免生成大块数据文件的情况，也就是一维数组包含的元素个数会非常多，如下所示。

```
tempArray = image[:,:,channel_order].flatten()
```

因此，将一维数组 tempArray 作为三原色的单通道直方图的数据源，就会出现加载大块数据文件的问题。比较步骤（4）的实现代码，需要避免导致系统内存过度占用和加载及运行进度严重滞后等情形出现，如下所示。

```
source = to_values(pd.DataFrame({channel:tempArray}))
```

　　处理大块数据文件的有效解决方法就是使用 Altair 的实例方法 transform_flatten()，保留单通道 NumPy 数组 ndarray 的形状；不是将扁平化连接产生的一维数组作为直方图的数据源，而是将分块数组作为直方图的数据源。同时，为了使分块数组可以作为编码通道的变量，可以使用实例方法 transform_flatten() 连接分块数组，使之扁平化成为一列，进而成为编码通道的变量，映射在位置通道、标记属性通道或其他编码通道中。

第 4 篇
拓展

　　这是一个万物互联的世界，高效地开展数据探索分析的过程很多时候需要辅助工具的帮助，Altair 也不例外。本篇首先介绍一些有助于更好地使用 Altair 的辅助工具，可以多元综合地开展数据探索分析的工作和学习。然后，会讲解使用编码通道映射颜色和美化图形的设置方法，以及设置图形属性的作用范围的实现方法。

第 8 章　探索分析辅助工具

在使用 Altair 进行探索分析的过程中，经常需要辅助地查询和分析数据源的变量类型、变量关系、数据记录、数据分布特征、频数分布形态等方面的内容，而且，Altair 的数据源类型一般是 Pandas 的数据框（DataFrame）对象、JSON 文件和 CSV 文件。这些数据源类型正是包 sviewgui 可以加载和读取的数据文件类型。特别地，对 DataFrame 对象而言，可视化地分析数据源的相关内容，可以直接使用 Pandas 的 DataFrame 对象的绘图功能。

8.1　包 sviewgui 的使用方法

包 sviewgui 是一款基于 matplotlib 和 PyQt 的数据可视化 GUI，主要读取 CSV 文件和 DataFrame 对象。包 sviewgui 的主要特点有以下几个方面。

（1）支持散点图、折线图、核密度估计图、直方图和箱线图。

（2）可以设置标记的大小、折线的宽度、箱体的数量及颜色映射表。

（3）可以将图形保存成为可编辑的 PDF 文件。

（4）生成图形的代码可以反复修改和使用。

可以使用包管理器 pip 安装 sviewgui，实现代码如下所示。

```
pip install sviewgui
```

也可以下载源文件，将源文件解压在../site-packages/路径下，在 cmd 命令行界面下，改变默认路径到源文件解压路径../site-packages/sviewgui-0.3.5，使用 install 命令安装，实现代码如下所示。

```
../site-packages/sviewgui-0.3.5> python setup.py install
```

还可以下载 Wheel 文件，在 cmd 命令行界面下，改变默认路径到 Wheel 文件存储路径，使用包管理器 pip 安装 Wheel 文件，实现代码如下所示。

```
pip install sviewgui-0.3.5-py3-none-any.whl
```

8.1.1　sviewgui 加载数据和读取数据的方法

在 Altair 的数据集中，数据集的存储格式一般是 CSV 或 JSON。例如，查看数据集 iris 和数据集 seattle-temps 的存储格式和存储路径的方法，在 cmd 命令行界面中，实现代码如下所示。

```
>>> import altair as alt
>>> from vega_datasets import data
>>> data.iris.url
'https://cdn.jsdelivr.net/npm/vega-datasets@v1.29.0/data/iris.json'
>>> data.seattle_temps.url
'https://cdn.jsdelivr.net/npm/vega-datasets@v1.29.0/data/seattle-temps.csv'
```

可以看到数据集 iris 的文件格式是 JSON。不同的是，数据集 seattle-temps 的文件格式是 CSV。对文件扩展名是.csv 的数据集 seattle-temps，可以直接使用包 sviewgui 的 API 函数 builgGUI()加载数据和读取数据，实现代码如下所示。

```
>>> from sviewgui.sview import buildGUI
>>> buildGUI(data.seattle_temps.url)
```

因此，可以将 CSV 文件的存储路径作为参数传递给 API 函数 buildGUI()。然后，就会加载和呈现 GUI。关于 GUI 的具体功能和使用方法稍后讲解。

对文件扩展名是 JSON 的数据集 iris 而言，首先，需要将 JSON 文件转换成 Pandas 的 DataFrame 对象。然后，使用 API 函数 buildGUI()读取数据。实现代码如下所示。

```
>>> import altair as alt
>>> from vega_datasets import data
>>> source = data.iris()
>>> from sviewgui.sview import buildGUI
>>> buildGUI(source)
```

8.1.2　CSV 文件的 GUI 具体功能和使用方法

对数据集 seattle-temps 而言，使用 API 函数 buildGUI(data.seattle_temps.url)加载数据和读取数据，以 GUI 的形式呈现数据集，如图 8.1 所示。

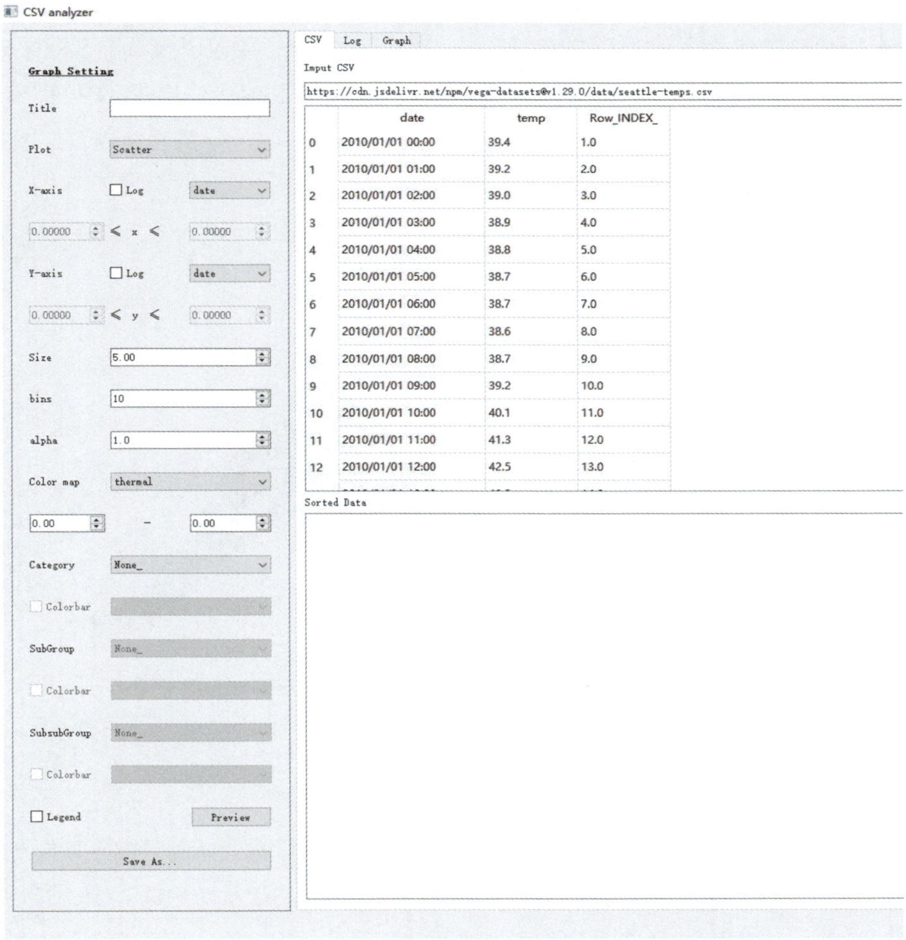

图 8.1

在图 8.1 右侧的 "Imput CSV" 功能区中，可以看到数据集的存储路径和存储格式，点击 "Select" 按钮可以选择和加载其他 CSV 文件。在左侧的 "Graph Setting" 功能区中，可以在 "Title" 文本框中输入图形标题的文本内容。在 "Plot" 下拉列表中，选择图形类型，由于数据集 seattle-temps 属于时间序列数据，所以选择折线图 "Line"。"X-axis" 和 "Y-axis" 表示分别选择位置通道 x 轴和 y 轴的映射变量。其中，单选框 "Log" 表示使用对数量尺的类型。

对数量型变量 temp 而言，可以选择变量取值范围的下限和上限，这里默认选择变量取值的最小值和最大值作为下限和上限。使用 "alpha" 调整标记（折线）的透明度，这里将透明度调整到 0.8，点击 "Preview" 按钮，可以在右侧 Tab 页 "Graph" 中，查看在选定相关选项之后的折线图。在 Tab 页 "Log" 中可以查看选定相关选项对应的 matplotlib 代码。同时，也可以点击左侧 "Graph Setting" 功能区中的 "Save As..." 按钮，以扩展名是 .pdf 格式保存图形。Tab 页 "Graph" 的具体内容如图 8.2 所示。

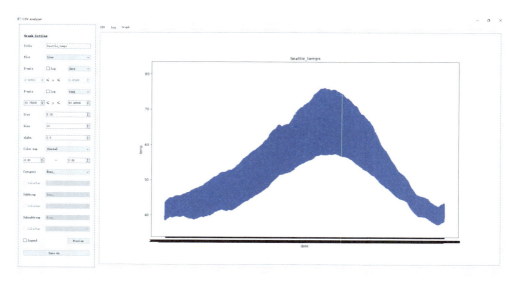

图 8.2

对数量型变量 temp 而言，可以选择 "Histogram" 查看变量的频数分布直方图，位置通道 x 轴的变量取值范围可以选择 50 至 70，箱体的数量使用默认值 10。点击 "Save As..." 按钮，输入文件名称和选择存储路径，将直方图保存在 PDF 文件中，效果如图 8.3 所示。

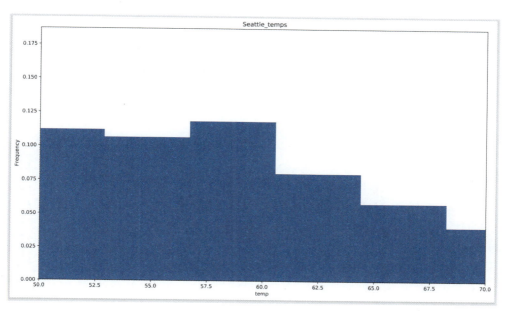

图 8.3

8.1.3 数据框对象的 GUI 具体功能和使用方法

数据集 iris 是 JSON 文件, sviewgui 无法直接加载和读取 JSON 文件, 需要将 JSON 文件转换为 Pandas 的数据框 (DataFrame) 对象, 这样, sviewgui 的 API 函数 buildGUI() 才可以加载和读取数据文件。使用 API 函数 buildGUI() 加载和读取数据框对象, 如图 8.4 所示。

在图 8.4 右侧的 "Imput CSV" 功能区中, 没有关于数据集的存储路径和存储格式, 这是由于加载的数据集是数据框对象, 而不是 CSV 文件。数据集 iris 有 5 个变量, 前 4 个变量是数量型变量, 第 5 个变量是名义型变量。最后一个变量不是数据集 iris 的自有变量, 而是 GUI 用来标记数据记录行数临时添加的数量型变量。对于这样一个变量类型的组合模式, 可以使用散点图探索不同类别的变量相关关系和数量型变量的数据分布特征。

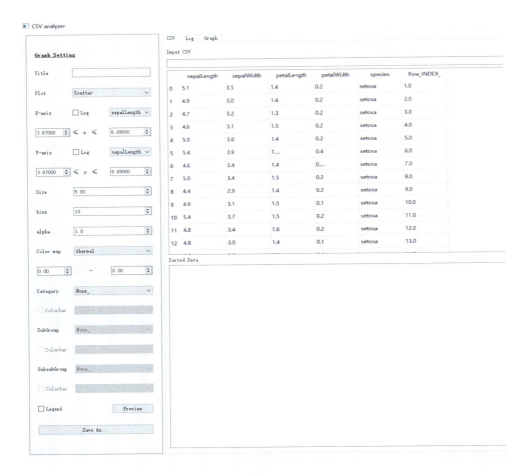

图 8.4

使用变量 sepalLength 和变量 sepalWidth 探索分析变量 species 的不同取值的相关关系。其中，调整 Size 的数值，使标记大小增加到 15.00，使用 Color map 默认的配色方案 thermal。点击"Category"下拉列表，选择"species"作为分类变量。相应地，勾选"Legend"复选框，使月图例标注变量 species 不同取值对应图形区域中的不同颜色的标记样式，如图 8.5 所示。

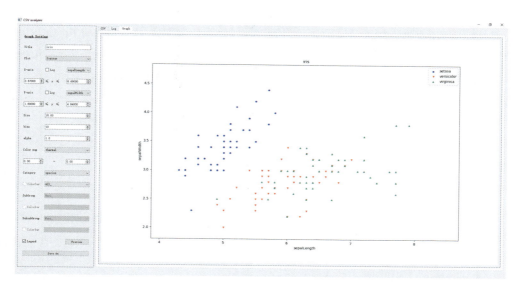

图 8.5

　　进一步地，尝试探索分析变量 species 不同取值的变量 sepalLength 的数据分布特征，可以将变量 species 映射在位置通道 x 轴上，变量 sepalLength 映射在位置通道 y 轴上，使用箱线图编码数据，如图 8.6 所示。

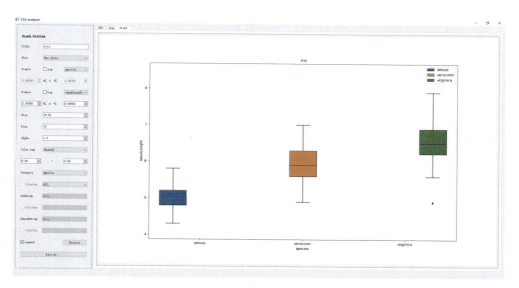

图 8.6

因此，在使用 Altair 开展探索分析的过程中，可以辅助使用包 sviewgui 查询和分析数据集的相关数据特征和变量类型，从而，高效地选择合适的数据处理技术和统计可视化模型。从代码实现角度来讲，Altair 的加载数据和转化数据存储格式的实现代码，可以直接嵌入和传递给 API 函数 buildGUI()。

8.2 数据框对象统计可视化的实现方法

Pandas 的数据框（DataFrame）对象具有绘制统计图形的功能。这些统计图形是基于 matplotlib 实现的。在绘制统计图形的过程中，实现方法分为以下两种类型。

（1）DataFrame.plot.PLOT_TYPE。

（2）Series.plot.PLOT_TYPE。

下面，从统计图形的基本类型出发，分别介绍每种统计图形的实现方法，使用的示例数据源是数据框对象类型的数据集 iris，对应的代码实现部分都在 Python 的交互式解释器中完成。

在绘制统计图形之前，导入需要的包和加载数据集 iris，使用变量 source 存储数据框对象。在 cmd 命令行界面下，实现代码如下所示。

```
>>> import altair as alt
>>> from vega_datasets import data
>>> import matplotlib.pyplot as plt
>>> source = data.iris()
```

8.2.1 折线图

对数据集 iris 的数据框对象 source 而言，使用 source["sepalLength"]获得变量 sepalLength 的序列对象 Series，使用 Series.plot.line()方法绘制折线图。实现代码如下所示，折线图如图 8.7 所示。

```
>>> source["sepalLength"].plot.line()
<matplotlib.axes._subplots.AxesSubplot object at 0x0000000016134C88>
>>> plt.show()
```

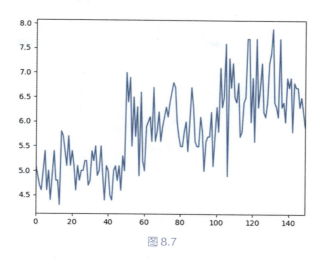

图 8.7

　　进一步地，折线图的返回值是 Axes 对象，可以使用关键字参数的属性设置实例方法 set_ylabel()，添加位置通道 y 轴的坐标轴标签，实现代码如下所示。增加坐标轴标签的变量 sepalLength 的折线图如图 8.8 所示。

```
>>> ax = source["sepalLength"].plot.line()
>>> ax.set_ylabel("sepalLength")
Text(0, 0.5, 'sepalLength')
>>> plt.show()
```

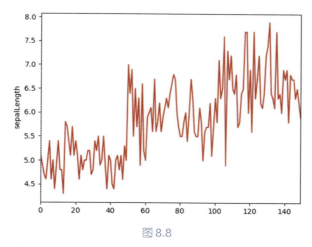

图 8.8

　　也可以使用数据框对象 source 调用实例方法 plot()，绘制所有数量型变量的折线图，实现代码如下所示。所有数量型变量的折线图如图 8.9 所示。

```
>>> source.plot()
```

```
<matplotlib.axes._subplots.AxesSubplot object at 0x000000001D341FD0>
>>> plt.show()
```

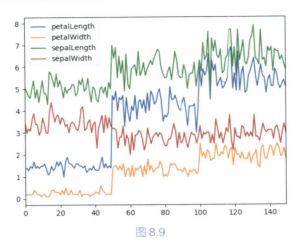

图 8.9

8.2.2　核密度估计图

对于数据集 iris 的数据框对象 source 而言，使用 source["sepalWidth"]获得变量 sepalWidth 的序列对象 Series，使用 Series.plot.ked()方法绘制核密度估计图。实现代码如下所示，核密度估计图如图 8.10 所示。

```
>>> source["sepalWidth"].plot.kde()
<matplotlib.axes._subplots.AxesSubplot object at 0x000000001541A5F8>
>>> plt.show()
```

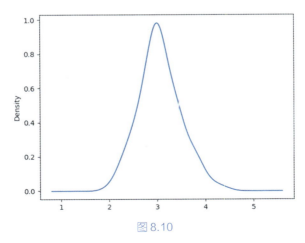

图 8.10

在绘制单变量核密度估计图的基础上，还可以绘制多变量核密度估计图。同时，设置图形的透明度，使用 source[["sepalWidth","petalWidth"]] 获得变量 sepalWidth 和变量 petalWidth 的 DataFrame 对象，使用 DataFrame.plot.kde() 方法绘制多变量核密度估计图，实现代码如下所示。多变量核密度估计图如图 8.11 所示。

```
>>> source[["sepalWidth","petalWidth"]].plot.kde()
<matplotlib.axes._subplots.AxesSubplot object at 0x000000001C6376A0>
>>> plt.show()
```

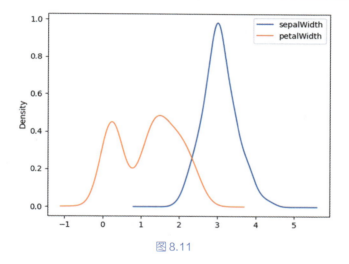

图 8.11

还可以使用关键字参数 kind 指定图形类型，使用实例方法 plot() 绘制所有变量的核密度估计图，实现代码如下所示。全部变量的核密度估计图如图 8.12 所示。

```
>>> source.plot(kind="kde")
<matplotlib.axes._subplots.AxesSubplot object at 0x000000001B5B57B8>
>>> plt.show()
```

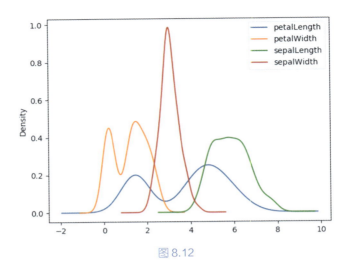

图 8.12

8.2.3 直方图

对于数据集 iris 的数据框对象 source 而言，使用 source["sepalWidth"]获得变量 sepalWidth 的序列对象 Series，使用 Series.plot.hist()方法绘制直方图。实现代码如下所示，直方图如图 8.13 所示。

```
>>> source["sepalWidth"].plot.hist()
<matplotlib.axes._subplots.AxesSubplot object at 0x0000000018A85F98>
>>> plt.show()
```

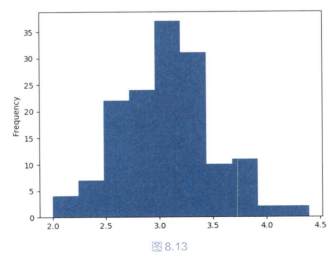

图 8.13

在绘制单变量直方图的基础上,还可以绘制多变量直方图,设置图形的箱体数量和箱体透明度等属性。使用 source[["sepalWidth","petalWidth"]] 获得变量 sepalWidth 和变量 petalWidth 的 DataFrame 对象,使用 DataFrame.plot.hist() 方法绘制多变量直方图,实现代码如下所示。多变量直方图如图 8.14 所示。

```
>>> source[["sepalWidth","petalWidth"]].plot.hist(alpha=0.8,bins=10)
<matplotlib.axes._subplots.AxesSubplot object at 0x00000000187D8978>
>>> plt.show()
```

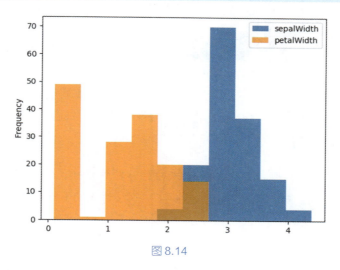

图 8.14

也可以使用数据框对象 source 调用实例方法 hist(),绘制全部数量型变量的直方图,分区绘制直方图,实现代码如下所示。所有数量型变量的隐藏网格线的直方图如图 8.15 所示。

```
>>> source.hist(bins=20,grid=False)
array([[<matplotlib.axes._subplots.AxesSubplot object at 0x000000001B5B59E8>,
        <matplotlib.axes._subplots.AxesSubplot object at 0x000000001DBC3A20>],
       [<matplotlib.axes._subplots.AxesSubplot object at 0x000000001DBDCF98>,
        <matplotlib.axes._subplots.AxesSubplot object at 0x000000001B237550>]],
      dtype=object)
>>> plt.show()
```

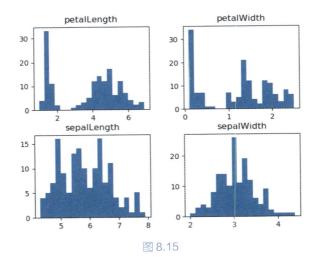

图 8.15

8.2.4 散点图

对于数据集 iris 的数据框对象 source 而言，使用 DataFrame.plot.scatter()方法绘制散点图，使用关键字参数指定变量名称，实现代码如下所示。散点图如图 8.16 所示。

```
>>> source.plot.scatter(x="sepalWidth",y="sepalLength")
<matplotlib.axes._subplots.AxesSubplot object at 0x00000000188007B8>
>>> plt.show()
```

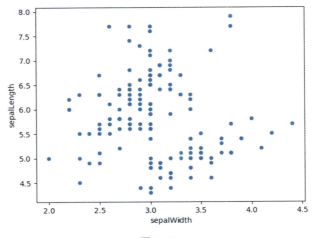

图 8.16

8.2.5 六边形网格图

对于散点图而言，由于标记之间存在相互覆盖或重叠的情形，导致一些标记无法在图形区域呈现，因此，可以使用六边形网格图计数单位六角形里的标记个数，使用颜色编码标记个数。同时，使用颜色标尺展示标记个数和颜色之间的映射关系。

对于数据集 iris 的数据框对象 source 而言，使用 DataFrame.plot.hexbin()方法绘制六边形网格图，使用关键字参数指定变量名称。同时，使用关键字参数 gridsize 设置位置通道 *x* 轴方向的网格个数，实现代码如下所示。六边形网格图如图 8.17 所示。

```
>>> source.plot.hexbin(x="sepalWidth",y="sepalLength",gridsize=10)
<matplotlib.axes._subplots.AxesSubplot object at 0x000000001AA493C8>
>>> plt.show()
```

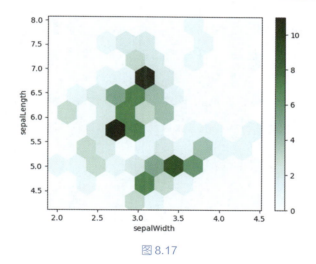

图 8.17

8.2.6 箱线图

对于数据集 iris 的数据框对象 source 而言，可以使用 DataFrame.plot.box()方法绘制箱线图，实现代码如下所示。箱线图如图 8.18 所示。

```
>>> source.plot.box()
<matplotlib.axes._subplots.AxesSubplot object at 0x000000001C64DF98>
>>> plt.show()
```

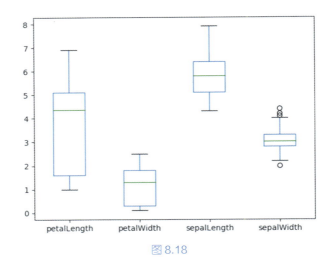

图 8.18

对于 Pandas 的数据框对象 DataFrame 和序列对象 Series，可以直接使用两种对象相对应的*.plot.PLOT_TYPE 方法，绘制单变量或多变量统计图形。对于绘制这些统计图形的方法 PLOT_TYPE，属性或参数的使用方法可以参考 matplotlib 模块 pyplot 的 API 函数的对应使用方法。因为 DataFrame 对象是 A 可以加载和读取的数据源，因此，在使用 A 加载数据集之后，可以直接调用 DataFrame 对象探索分析数据集中的相关数据特征。

第 9 章　颜色的使用方法和属性配置的作用域

在 Altair 中，可以使用标记属性通道 color 将变量映射成颜色，映射颜色的方法既可以指定颜色方案，也可以建立映射关系，还可以将颜色以变量的形式添加到数据集中，直接作为变量放到标记属性通道 color 中。

9.1　颜色方案的设置方法

在标记属性通道 color 中，类 alt.Color() 的关键字参数 scale 可以传递类 alt.Scale()；类 alt.Scale() 的关键字参数 scheme 可以将颜色方案的字符串传递给关键字参数 scheme；也可以将类 alt.SchemeParams() 传递给关键字参数 scheme。

1. 类 alt.Scale() 的关键字参数 scheme

（1）分类颜色方案（categorical scheme）

分类颜色方案可以用来编码名义型变量，每一个变量值都代表一个截然不同的颜色类别。在 Altair 中，名义型变量的默认颜色方案是 tableau10。名义型变量的颜色方案主要包括 accent、category10、category20、dark2、paired、set1、set2、 tableau20。颜色方案 tableau10 的配色模式如图 9.1 所示。

tableau10

图 9.1

（2）顺序颜色方案（sequential scheme）

顺序颜色方案可以用来编码次序型变量、数量型变量和时间型变量，分为单色调颜色方案和多色调颜色方案。单色调的渐变主要编码递增的数量值。在 Altair 中，次序型变量、数量型变量和时间型变量的默认颜色方案是 blues。特别地，数量型变量默认使用颜色方案 viridis 编码矩形标记，次序型变量默认使用颜色方案 blues 编码矩形标记，例如，热力图。

单色调颜色方案主要包括 blues、greens、oranges、oranges、greys。顺序多色调颜色方案主要包括 viridis、magma、inferno、bluegreen、greenblue、yellowgreenblue。单色调颜色方案 blues 和多色调颜色方案 viridis 的配色模式如图 9.2 所示。

blues

viridis

图 9.2

（3）发散颜色方案（diverging scheme）

发散颜色方案主要用来编码具有明显中间值的数据，例如，0 或平均值。在中间值两侧使用不同的渐变色调编码递增的数据。发散颜色方案可以用来编码次序型变量、数量型变量和时间型变量。发散颜色方案主要包括 blueorange、brownbluegreen、redblue、redyellowblue。颜色方案 blueorange 的配色模式如图 9.3 所示。

blueorange

图 9.3

（4）循环颜色方案（cyclical scheme）

循环颜色方案主要用来编码数量型变量和时间型变量，强调连续数据的周期模式。循环颜色方案主要包括 rainbow 和 sinebow。颜色方案 rainbow 的配色模式如图 9.4 所示。

图 9.4

2. 类 alt.SchemeParams()

使用类 alt.SchemeParams() 可以基于选定的颜色模式截取部分颜色模式，关键字参数的含义如下所示。

- name：颜色方案名称，例如 viridis、rainbow、tableau10。
- extent：需要截取的颜色模式。

使用颜色方案 rainbow，设定需要截取的颜色模式的取值范围是[0,1]，实现代码如下所示。

```
import altair as alt
import altair_viewer
import pandas as pd

data = pd.DataFrame({
    'x': range(10),
    'y': range(10)
})

chart = alt.Chart(data).mark_point(filled=True,size=500).encode(
    x="x",
    color=alt.Color("y",
                    scale=alt.Scale(
                        scheme=alt.SchemeParams(
                            name="rainbow",
                            extent=[0,1]
                        )
                    )
                )
)
```

```
altair_viewer.display(chart,inline=True)
```

如果将颜色模式的取值范围调整到[0.5,1]，那么变量在标记属性通道 color 的映射也会相应地调整，选定的颜色模式属于取值范围[0,1]的颜色模式的截取部分。取值范围变化前后如图 9.5 所示。

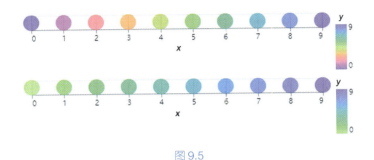

图 9.5

9.2 动手实践：使用颜色方案 accent 设置标记属性通道 color 的配色模式

（1）导入需要的包。

```
import altair as alt
import altair_viewer
from vega_datasets import data
```

（2）加载数据集。

```
df = data("cars")
```

（3）绘制散点图。使用类 alt.Scale() 的关键字参数 shceme 设置颜色方案 accent，将类 alt.Scale() 传递给关键字参数 scale，使用关键字参数 scale 设置标记属性通道 color 的颜色方案。

```
chart = alt.Chart(df).mark_circle().encode(
    x=alt.X("Horsepower",axis=alt.Axis(labelAlign="center")),
    y="Miles_per_Gallon",
    color=alt.Color("Origin",scale=alt.Scale(scheme="accent")))
```

（4）输出散点图，如图 9.6 所示。

```
altair_viewer.display(chart,inline=True)
```

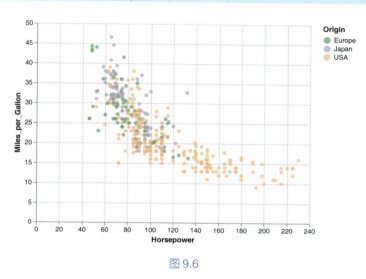

图 9.6

9.3　变量与颜色的映射关系的设置方法

使用类 alt.Scale() 的关键字参数 domain 和 range 建立变量值与颜色之间的映射关系。实现代码如下所示。

```
import altair as alt
import altair_viewer
from vega_datasets import data

df = data("cars")

domain = ["Europe", "Japan", "USA"]
range_ = ["coral", "lightgreen", "lightblue"]

chart = alt.Chart(df).mark_circle().encode(
    x=alt.X("Horsepower",axis=alt.Axis(labelAlign="center")),
    y="Miles_per_Gallon",
    color=alt.Color("Origin",scale=alt.Scale(domain=domain, range=range_)))

altair_viewer.display(chart,inline=True)
```

使用数据集 cars 建立名义型变量 Origin 和颜色的映射关系，使用关键字参数

domain 和 range 将名义型变量的取值和颜色建立对应关系。将这些参数使用类 alt.Scale()传递给关键字参数 scale，通过标记属性通道 color 用重新设定的配色模式编码名义型变量 Origin，如图 9.7 所示。

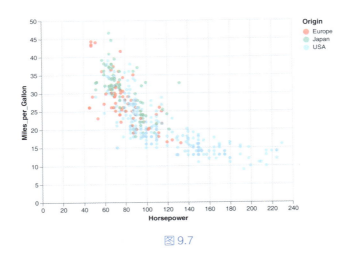

图 9.7

9.4   原始颜色编码数据的设置方法

类 alt.Color()的关键字参数 scale 可以将变量值映射成合适的颜色，也就是使用标记属性通道 color 将变量映射成原始颜色，使用原始颜色编码数据。可以将原始颜色的列表以字典的键值对形式添加到数据集中，此时，关键字参数 scale 可以传递 None。实现代码如下所示。

```python
import altair as alt
import altair_viewer
import pandas as pd

data = pd.DataFrame({
    "x": range(6),
    "y": range(6),
    'color': ["coral",
                "lightgreen",
                "lightblue",
                "#E4D23F",
                "#A65410",
```

```
                     "#223D08"]
})

chart = alt.Chart(data).mark_point(
        filled=True,
        size=100
).encode(
        x=alt.X("x",axis=alt.Axis(labelAlign="center")),
        y="y",
        color=alt.Color("color", scale=None)
)

altair_viewer.display(chart,inline=True)
```

　　Pandas 的数据框（DataFrame）对象使用键值对存储原始颜色的列表。颜色既可以使用 CSS 模式的颜色字符串，也可以使用 Hex 模式的#RRGGBB 字符串。其中，CSS 模式的颜色字符串有很多，例如，'black'、'silver'、'gray'和'white'等。将原始颜色变量映射到标记属性通道 color 上，传递 None 给关键字参数 scale，如图 9.8 所示。

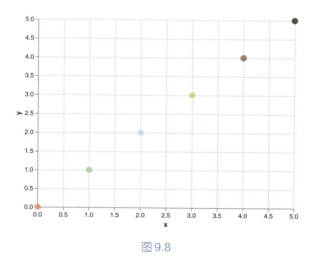

图 9.8

9.5　属性配置的作用域

　　在统计可视化的过程中，如果需要调整标记的颜色和标记的透明度，可以使用实

例方法 mark_*()中的关键字参数 color 和 opacity；也可以使用实例方法 encode()
的标记属性通道 color 和 opacity；还可以使用实例方法 configure_*()调整标记样式。
在这些属性配置的实现方法中，有一个作用域的顺序问题，也就是作用域的优先级。
实例方法 configure_*()属于全局配置，优先级最低；实例方法 mark_*()属于局部配
置，优先级居中；实例方法 encode()的优先级最高。如果局部配置和全局配置同时
使用，则会优先使用局部配置。如果配置和编码通道同时使用，则会优先使用编码通
道的设置内容。

1. 全局配置

全局配置主要使用实例方法 configure_*()完成坐标轴属性、标记属性、图例属
性、标题属性的设置。例如，使用实例方法 configure_mark()设置标记的颜色和透
明度，实现代码如下所示。

```
...
chart = alt.Chart(df).mark_circle().encode(
    x=alt.X("Horsepower",axis=alt.Axis(labelAlign="center")),
    y="Miles_per_Gallon"
).configure_mark(color="lightblue",opacity=0.5)
...
```

2. 局部配置

以标记属性为例，如果只是局部地配置标记属性，最好的方法就是将标记属性作
为实例方法 mark_*()的关键字参数，这种设置方法只是影响指定对象的标记属性。
局部配置会覆盖全局配置，因此，在全局配置中设置标记的大小并不会影响标记的实
际大小，因为局部配置的标记大小有默认值。例如，使用实例方法 mark_circle()设
置标记的颜色和透明度，实现代码如下所示。

```
...
chart = alt.Chart(df).mark_circle(color="lightblue",opacity=0.5).encode(
    x=alt.X("Horsepower",axis=alt.Axis(labelAlign="center")),
    y="Miles_per_Gallon")
...
```

3. 编码通道

通过编码通道设置对象的属性也是一种简便高效的实现方法。以标记属性为例，

在编码通道中，需要将变量映射到编码通道中，建立标记属性与变量的映射关系。也
可以使用 API 函数 value()以标量形式完成编码通道的标记属性的映射。在编码通道
中，只有一些标记属性可以与变量建立映射关系，编码通道设置对象的属性会覆盖局
部配置和全局配置的属性设置。例如，使用实例方法 encode()设置标记的颜色和透
明度，而且颜色和透明度是与标量建立映射关系，而不是与变量建立映射关系，实现
代码如下所示。

```
...
chart = alt.Chart(df).mark_circle().encode(
    x=alt.X("Horsepower",axis=alt.Axis(labelAlign="center")),
    y="Miles_per_Gallon",
    color=alt.value("lightblue"),
    opacity=alt.value(0.5))
...
```

使用实例方法 encode()设置标记的颜色和透明度，颜色和透明度都使用 API 函
数 value()以标量形式编码数据。所有数据只用一种颜色编码，也就是建立变量与一
种颜色的映射关系。使用全局配置和局部配置的标记颜色和透明度，与使用编码通道
设置的标记颜色和透明度，如图 9.9 所示。

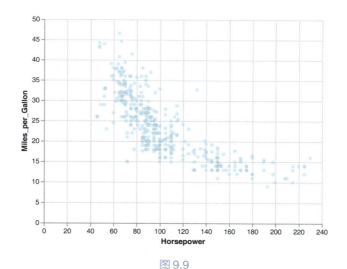

图 9.9

附录 A　本书练习详解

3.2.6　练习：比较不同年份 7 月的日降雨量

（1）在类 alt.X() 中，使用 monthdate 提取时间型变量的月日，使用关键字参数 axis 设置刻度标签的格式。

```
alt.X("monthdate(date):T",
          axis=alt.Axis(format="%b-%e",
                              formatType="time",
                              labelAlign="center",
                              labelAngle=-15,
                              labelBaseline="top",
                              labelPadding=5,
                              title="date"))
```

（2）使用类 alt.Facet() 以年月作为划分子区的时间单位。

```
facet=alt.Facet("yearmonth(date):T",
                    columns=1,
                    header=alt.Header(labelColor="steelblue",
                                          labelFontSize=12,
                                          title="Seattle Precipitation from 1 July to 31 July",
                                          titleFont="Calibri",
                                          titleFontSize=25,
                                          titlePadding=15))
```

（3）使用类 alt.FieldRangePredicate()筛选时间范围，选择时间型变量的颗粒度是月日，使用关键字参数 .range 选择时间范围，时间范围应该是 7 月 1 日至 7 月 31 日。

```
transform_filter(
    alt.FieldRangePredicate(field="date",
                            range=[alt.DateTime(month=7,date=1),
                                   alt.DateTime(month=7,date=31)],
                            timeUnit="monthdate")
)
```

（4）展示不同年份 7 月的日降雨量折线图，如图 A.1 所示。

```
altair_viewer.display(chart,inline=True)
```

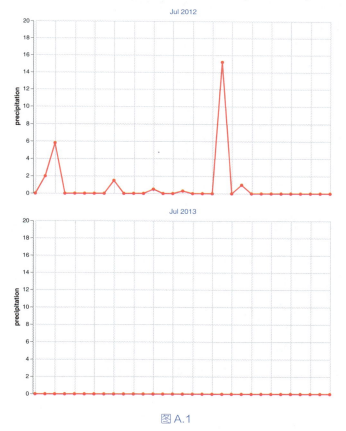

图 A.1

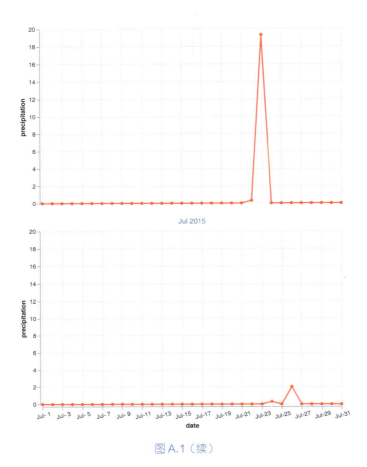

图 A.1（续）

3.2.8 练习：总结分类汇总天气类型频数分布的实现方法

（1）导入需要的包和加载数据集。

```
import altair as alt
import altair_viewer
from vega_datasets import data

df = data("seattle_weather")
```

（2）可以使用的汇总天气类型频数分布的实现方法，主要有以下 4 种类型的实现代码。

- chart = alt.Chart(df).mark_bar().encode(

```
alt.X("weather",aggregate="count",type="quantitative"),
y="weather:N")
```

- chart = alt.Chart(df).mark_bar().encode(
```
alt.X(field="weather",aggregate="count",type="quantitative"),
y="weather:N")
```

- chart = alt.Chart(df).mark_bar().encode(
```
alt.X("count",type="quantitative"),
y="weather:N").transform_aggregate(count="count()",groupby=["weather"])
```

- chart = alt.Chart(df).mark_bar().encode(
```
x="count():Q",
y="weather:N")
```

3. 展示天气类型的频数分布。

```
altair_viewer.display(chart,inline=True)
```

4.1.3　练习：绘制不同月份的年平均降雨量时间序列图

（1）导入需要的包和加载数据集。

```
import altair as alt
import altair_viewer
from vega_datasets import data

df = data("seattle_weather")
```

（2）在类 alt.X()中，使用 year 提取时间型变量 date 的年份映射在位置通道 x 轴上，使用关键字参数 axis 调整 x 轴的网格线、刻度线，以及刻度标签的显示样式。

```
alt.X("year(date):T",
        axis=alt.Axis(format="%Y",
                        formatType="time",
                        grid=False,
                        labelAlign="center",
                        labelAngle=-15,
                        labelBaseline="top",
                        labelPadding=5,
                        tickCount=4,
                        title="year"))
```

（3）在类 alt.Y()中，使用关键字参数 axis 隐藏网格线。

```
alt.Y("mean(precipitation):Q",axis=alt.Axis(grid=False))
```

（4）使用子区通道 facet 以月份为分区单位，将不同月份下的不同年份的平均降雨量分区展示。每行是 4 个子区，使用关键字参数 columns 设置列数为 4，使用关键字参数 header 设置序号标签和子区标题的文本样式。

```
facet=alt.Facet("month(date):Q",
                    columns=4,
                    header=alt.Header(
                        labelColor="steelblue",
                        labelFontSize=12,
                        title="Seattle Yearly Precipitation from Jan to Dec",
                        titleFont="Calibri",
                        titleFontSize=25,
                        titlePadding=15
                    )
                )
```

（5）使用实例方法 properties()设置画布的尺寸。

```
properties(width=500,
            height=300)
```

（6）展示不同月份的年平均降雨量时间序列图。

```
altair_viewer.display(chart,inline=True)
```

4.2.2　练习：绘制风速的均值、最大值和最小值的趋势变化曲线

（1）导入需要的包。

```
import altair as alt
from vega_datasets import data
```

（2）加载数据集和设置副标题文本内容。

```
df = data("seattle_weather")
subtitle = "max wind line is on top, mean wind in the middle, and min wind on the bottom"
```

（3）将月份映射在位置通道 x 轴上，设置画布的标题与副标题的文本内容和样式、刻度标签的样式、轴标签的标题和样式。

```
base = alt.Chart(df,
                    title=alt.TitleParams(
                        anchor="start",
                        font="Courier",
                        fontSize=20,
                        subtitle=subtitle,
                        subtitleFont="Calibri",
                        subtitleFontSize=15,
                        subtitlePadding=8,
                        text="wind: Max, Mean, Min",
                    )).encode(
        x=alt.X("month(date)",
                axis=alt.Axis(format="%b",
                                formatType="time",
                                grid=True,
                                labelAlign="center",
                                labelAngle=-15,
                                labelFontSize=12,
                                labelPadding=5,
                                title="month",
                                titleFont="Calibri",
                                titleFontSize=15)))
```

（4）分别将风速的最大值、最小值和均值映射在位置通道 y 轴上，设置折线的端点样式、连接样式和线条宽度，以及轴标签的标题和样式。

```
maxline = base.mark_line(strokeCap="round",
                            strokeJoin="round",
                            strokeWidth=3).encode(
        y=alt.Y("max(wind)",axis=alt.Axis(grid=False,
                                            labelFontSize=12,
                                            title="wind",
                                            titleFont="Calibri",
                                            titleFontSize=15)))

minline = base.mark_line(strokeCap="round",
                            strokeJoin="round",
                            strokeWidth=3).encode(
        y=alt.Y("min(wind)"))

meanline = base.mark_line(color="red",
                            strokeCap="round",
                            strokeJoin="round",
                            strokeWidth=3).encode(y="mean(wind)")
```

（5）使用运算符"+"将 3 条折线放在一个图形框中，形成分层图层。同时，设置画布的宽度。

```
(maxline+meanline+minline).properties(width=600)
```

4.3.2　练习：散点图连接水平直方图和垂直直方图，分别刻画降雨量和风速的频数分布

（1）导入需要的包和加载数据集。

```
import altair as alt
import altair_viewer
from vega_datasets import data

df = data("seattle_weather")
```

（2）在降雨的天气状况下，绘制降雨量和风速的散点图，隐藏降雨天气状况的图例，使用颜色方法 dark2。

```
chart = alt.Chart(df).mark_circle().encode(
    x=alt.X("precipitation",
                axis=alt.Axis(labelAlign="center")),
    y="wind",
    color=alt.Color("weather",
                        legend=None,
                        scale=alt.Scale(
                            scheme="dark2"
                            )
                        )
                    ).transform_filter(
    alt.datum.weather=="rain"
)
```

（3）绘制风速的水平直方图，使用关键字参数 labelExpr 格式化刻度标签，使用数学函数 round() 四舍五入小数，隐藏 y 轴的坐标轴标签。

```
hhist = alt.Chart(df).mark_bar(color="#E48F4D").encode(
    x=alt.X("count()",
                axis=alt.Axis(
                        labelAlign="center",
                        title="Frequency")),
    y=alt.Y(
        "wind:Q",
```

```
                bin=True,
                axis=alt.Axis(
                    labelExpr="round(datum.value)",
                    title=None))).properties(width=150)
```

（4）绘制降雨量的垂直直方图，使用关键字参数 labelExpr 格式化刻度标签，使用数学函数 round()四舍五入小数，隐藏 *x* 轴的坐标轴标签。

```
vhist = alt.Chart(df).mark_bar(color="#9E9BCA").encode(
    x=alt.X(
        "precipitation:Q",
        bin=alt.BinParams(
            step=5
        ),
        axis=alt.Axis(
            labelAlign="center",
            labelExpr="round(datum.value)",
            title=None)),
    y=alt.Y(
        "count()",
        axis=alt.Axis(title="Frequency"))
).properties(height=150)
```

（5）使用 API 函数 hconcat()。将散点图与水平直方图连接，生成对象 HConcatChart 存储在变量 chart_concate_hhist 里。

```
chart_concate_hhist = alt.hconcat(chart,hhist)
```

（6）使用 API 函数 vconcat()。将对象 HConcatChart 与垂直直方图连接，也就是散点图先连接水平直方图再连接垂直直方图。在函数 vconcat()中，将对象 HConcatChart 放在垂直直方图的对象 vhist 的后面，生成对象 VConcatChart。

```
alt.vconcat(vhist,chart_concate_hhist)
```

5.1.2　练习：时间序列图的时间型变量和数量型变量的提示文本

（1）导入需要的包。

```
import altair as alt
import numpy as np
import pandas as pd
import altair_viewer
```

（2）生成时间型变量 date 和数值型变量 data，以及数据集 df。

```
value = np.random.randn(365)
data = np.cumsum(value)
date = pd.date_range(start="20190101", end="20191231")
df = pd.DataFrame({"cumSum":data}, index=date)
```

（3）使用类 alt.Tooltip()修改提示文本的变量名称。

```
chart = alt.Chart(
    df.reset_index(),
    width=600
).mark_line().encode(
    x=alt.X(
        "index:T",
        axis=alt.Axis(
            format="%b",
            formatType="time",
            labelAlign="center",
            labelAngle=-15,
            labelFontSize=10,
            labelPadding=5,
            title="date")),
    y=alt.Y("cumSum"),
    tooltip=[alt.Tooltip("index",title="date"),"cumSum"]
).interactive()
```

（4）展示图形，滚动鼠标的滑轮放大局部统计图形。

```
altair_viewer.display(chart,inline=True)
```

5.4.3　练习：鼠标光标悬停在注释文本上交互显示标记

（1）导入需要的包。

```
import altair as alt
import altair_viewer
from vega_datasets import data
```

（2）调用 API 函数 selection_multi()，将返回值 Selection 传递给变量 hover。函数 selection_multi()的参数含义如下。

- on：事件交互名称。
- nearest：鼠标光标悬停在标记附近是否产生事件交互。

- toggle：鼠标光标悬停与移动是否可以切换选中标记与未选中标记。
- empty：选中全部标记"all"还是未选中全部标记"none"。

```
hover = alt.selection_multi(
    on="mouseover",
    nearest=False,
    toggle=True,
    empty="none"
)
```

（3）在标记属性通道 color 中，设置映射变量 Origin 和颜色方案 category10。

```
color=alt.Color(
    "Origin:O",
    legend=None,
    scale=alt.Scale(scheme="category10")
)
```

（4）加载数据集。

```
df = data("cars")
```

（5）使用实例方法 encode()设置位置通道的映射变量,使用 API 函数 condition()
编码颜色的交互表现样式。

```
base = alt.Chart(df).encode(
    x=alt.X("Horsepower"),
    y=alt.Y("Miles_per_Gallon"),
    color=alt.condition(
        hover,
        color,
        alt.value("lightgray")
    )
)
```

（6）在实例方法 mark_point()中，使用关键字参数 invalid 将缺失值赋值为 0。
在实例方法 encode()的标记属性通道 size 中，使用 API 函数 condition()编码标记
大小的交互表现样式。将变量 hover 传递给实例方法 add_selection()，增加改变标
记大小的交互效果。

```
chart = base.mark_point(invalid=None).encode(
    size=alt.condition(
        hover,
        alt.value(80),
        alt.value(60)
```

```
        )
).add_selection(hover)
```

（7）在实例方法 mark_text() 中，使用关键字参数 dy 设置文本垂直移动距离；使用关键字参数 size 设置文本大小；使用关键字参数 invalid 将缺失值赋值为 0。在实例方法 encode() 的标记属性通道 opacity 中，使用 API 函数 condition() 编码标记透明度的交互表现样式。

```
text = base.mark_text(dy=-12,invalid=None,size=15).encode(
    text="Name:N",
    opacity=alt.condition(
        hover,
        alt.value(1),
        alt.value(0)
    )
)
```

（8）使用 API 函数 layer() 将圆形标记和文本分层放置，形成分层图形。使用实例方法 facet() 按照变量 Origin 的不同取值，分区显示具有交互效果的子区图形。使用实例方法 configure_header() 的关键字参数 labelFont 设置子区的标题字体；使用关键字参数 labelFontSize 设置标题字体的大小；使用关键字参数 title 隐藏分区变量名称。

```
chart_text = alt.layer(
    chart,
    text
).facet("Origin").configure_header(
    labelFont="Calibri",
    labelFontSize=15,
    title=None
)
```

（9）展示具有交互效果的子区图形。

```
altair_viewer.display(chart_text,inline=True)
```

5.5.2　练习：使用条件查询过滤数据记录，实现图形区域的选择

（1）导入需要的包。

```
import altair as alt
import altair_viewer
from vega_datasets import data
```

（2）在 API 函数 binding_select() 中，使用关键字参数 options 设置下拉列表选项。在 API 函数 selection_single() 中，将 API 函数 binding_select() 的返回值传递给属性 bind，设置点选下拉列表的交互模式。

```
input_dropdown = alt.binding_select(
    options=["drizzle","fog","rain","snow","sun"]
)

single = alt.selection_single(
    fields=["weather"],
    bind=input_dropdown,
    name="city"
)
```

（3）加载数据集。

```
source = data.seattle_weather()
```

（4）在实例方法 encode() 中，使用类 alt.Y() 的关键字参数 zindex 设置位置通道 y 轴在图形元素的下面。使用实例方法 add_selection() 增加点选下拉列表的交互效果。使用实例方法 transform_filter() 临时删除下拉列表其他选项对应的数据记录。

```
chart = alt.Chart(source).mark_circle().encode(
    x=alt.X(
        "temp_max",
        axis=alt.Axis(
            labelAlign="center",
            labelPadding=5,
        )
    ),
    y=alt.Y(
        "temp_min",
        axis=alt.Axis(
            labelAlign="center",
            labelPadding=10,
            zindex=0
        )
    ),
    color="weather",
    tooltip=["date","wind"]
).properties(
```

```
        height=200,
        width=500,
        title=alt.TitleParams(
            "max temp and min temp everyday",
            font="Courier New",
            fontSize=18
        )
).add_selection(single).transform_filter(single)
```

（5）展示具有提示文本和点选下拉列表交互效果的散点图。

```
altair_viewer.display(chart,inline=True)
```

5.5.5　练习：点选图例的标记符号实现图形区域的选择

（1）导入需要的包。

```
import altair as alt
import altair_viewer
from vega_datasets import data
```

（2）使用属性 bind，将图例和点选按钮绑定。

```
multi = alt.selection_multi(
    fields=["weather"],
    bind="legend"
)
```

（3）加载数据集。

```
source = data.seattle_weather()
```

（4）绘制热力图。在类 alt.X()中，使用类 a t.Axis()的关键字参数 labelAlign 设置刻度标签的对齐方式；使用关键字参数 labelAngle 设置刻度标签的旋转角度；使用关键字参数 labelPadding 设置刻度线和刻度标签的间隔距离。使用 title 设置 x 轴的坐标轴标签。使用实例方法 properties()设置画布的长度和宽度，以及图形区域的标题文本、文本字体和字号。将对象 Selection 传递给 API 函数 add_selection()增加点选图例的标记符号的交互效果。使用实例方法 interactive()增加鼠标光标悬停在标记上面显示文本信息提示的交互效果。

```
chart = alt.Chart(source).mark_rect().encode(
    x=alt.X(
        "date(date):O",
        axis=alt.Axis(
```

```
                labelAlign="center",
                labelAngle=0,
                labelPadding=5,
                title="date"
            )
        ),
        y=alt.Y(
            "month(date):O",
            axis=alt.Axis(
                labelPadding=5,
                title="month",
                zindex=1
            )
        ),
        color=color,
        tooltip="wind:Q"
).properties(
        height=200,
        width=500,
        title=alt.TitleParams(
            "wind of different weather type everyday",
            font="Courier New",
            fontSize=18
        )
).add_selection(multi).interactive()
```

（5）输出连续点选图例的标记符号的交互式热力图。

```
altair_viewer.display(chart,inline=True)
```

6.1.3　练习：描绘数量波动的总体趋势——棒棒糖图

（1）筛选名义型变量 country 取值等于"Chile"的数据记录。

```
base = alt.Chart(source).transform_filter(
        alt.datum.country=="Chile"
)
```

（2）绘制散点图。在位置通道 *x* 轴中，使用类 alt.Axis()的关键字参数 foramt 设置刻度标签的文本格式化模式；使用关键字参数 formatType 设置刻度标签的文本类型；使用关键字参数 labelExpr 设置刻度标签的样式。

```
point = base.mark_point(
        color="steelblue",
```

```
            filled=True,
            opacity=1,
            size=200
        ).encode(
            x=alt.X(
                "year:Q",
                axis=alt.Axis(
                    format="%Y",
                    formatType="time",
                    labelExpr="datum.value"
                )
            ),
            y="life_expect:Q"
        )
```

（3）绘制柱形图。使用关键字参数 grid 隐藏 x 轴和 y 轴的网格线。在位置通道 y 轴中，使用类 alt.Scale() 的关键字参数 domain 调整 y 轴的量尺范围。

```
bar = base.mark_bar(
        color="gray",
        size=6
    ).encode(
        x=alt.X(
            "year:Q",
            axis=alt.Axis(
                format="%Y",
                formatType="time",
                grid=False,
                labelExpr="datum.value",
                labelAlign="center",
                labelPadding=8,
                ticks=False,
            ),
            scale=alt.Scale(domain=[1955,2000])
        ),
        y=alt.Y(
            "life_expect:Q",
            axis=alt.Axis(
                grid=False,
                tickMinStep=10,
                titlePadding=10
            ),
            scale=alt.Scale(domain=[0,80])
        )
    )
```

（4）绘制均值线。

```
meanLine = base.mark_rule(
    color="red",
    strokeCap="round",
    strokeWidth=2
).encode(
    y=alt.Y(
        "mean(life_expect):Q",
        axis=alt.Axis(
            grid=False,
            tickMinStep=10,
            title="life_expect",
            titlePadding=10
        ),
        scale=alt.Scale(domain=[0,80])
    )
)
```

（5）使用运算符"+"先后放置均值线、柱形图和散点图。

```
chart = meanLine + bar + point
```

（6）使用实例方法 properties()调整图形边框的宽度；使用实例方法 configure_view()隐藏图形边框。

```
chart.properties(width=500).configure_view(strokeWidth=0)
```

6.3.9　练习：按照月份统计不同降雨量类型出现的天数

（1）加载需要的包和数据集。

```
import altair as alt
import altair_viewer
from vega_datasets import data

source = data.seattle_weather()
```

（2）使用实例方法 transform_joinaggregate()计算降雨量的整体平均值；使用新变量 mea_precipitation 存储平均降雨量。添加到数据集 source。

```
transform_joinaggregate(
    mea_precipitation="mean(precipitation)"
)
```

（3）使用实例方法 transform_calculate()生成新变量降雨量类型；使用两种形式的逻辑判断表达式分别生成新变量 littlePrecipitation 和 largePrecipitation。存储小雨和大雨的量化结果。也可以使用 alt.expr.Expression 的逻辑判断表达式 alt.expr.if_()。

```
transform_calculate(
    littlePrecipitation="datum.precipitation<datum.mea_precipitation?1:0",
    largePrecipitation="if(datum.precipitation>datum.mea_precipitation,1,0)"
)
```

（4）使用实例方法 transform_timeunit()将日期变量 date 变换成月份变量 month。使用关键字参数 as_ 存储新变量名称；使用关键字参数 field 存储需要变换的日期变量。将月份传递给类 alt.TimeUnit()，确认需要变换的日期时间单位，将返回值传递给关键字参数 timeUnit。

```
transform_timeunit(
    as_="month",
    field="date",
    timeUnit=alt.TimeUnit("month")
)
```

（5）在实例方法 mark_area()中，使用面积样式编码数据。使用关键字参数 opacity 设置面积样式的透明度。

```
mark_area(
    opacity=0.4
)
```

（6）在实例方法 encode()中，将月份变量 month 映射在位置通道 x 轴上。使用类 alt.Axis()的关键字参数 format 设置刻度标签的日期格式；使用关键字参数 labelAlign 设置刻度标签的对齐方式；使用关键字参数 title 设置坐标轴标题。分别将小雨的计数天数和大雨的计数天数映射在位置通道 y 轴和次要位置通道 y2 轴上，相当于将两个变量映射在一个位置通道上。在类 alt.Axis()中，使用关键字参数 titleColor 设置坐标轴标题的颜色。使用 API 函数 value()设置面积的颜色。

```
encode(
    x=alt.X(
        "month:T",
        axis=alt.Axis(
            format="%b",
            labelAlign="center",
```

```
                title="month",
            )
        ),
        y=alt.Y(
            "sum(littlePrecipitation):Q",
            axis=alt.Axis(
                grid=False,
                title="little and large precipitation's days",
                titleColor="green"
            )
        ),
        y2="sum(largePrecipitation):Q",
        color=alt.value("green")
)
```

（7）绘制小雨的合计天数和大雨的合计天数的交叉面积图。

```
altair_viewer.display(chart,inline=True)
```

6.4.8　练习：销售量的相对变化量

在统计可视化的实现方法方面，由于销售量的增长率与销售量的绝对增长量有很多相似的地方，因此，重点列举和讲解实现方法中需要特别注意的地方。

（1）增长率的计算公式是$(y_1/y_0)-1$。其中，y_1表示报告期的数据，y_0表示基期的数据。在实例方法 transform_calculate()中，计算销售量的相对变化量，也就是销售量的增长率。

```
transform_calculate(
    growth="(datum.sale/datum.ylag)-1"
)
```

（2）在柱形图的标记属性通道 color 中，使用 API 函数 condition()按照条件表达式"datum.growth>0"的判断结果，也就是满足条件表达式"datum.growth>0"的判断结果。使用颜色 alt.value("#64B5F6")编码判断结果中的正增长率，否则，使用颜色 alt.value("#FA9649")编码判断结果中的负增长率，也就是使用不同的颜色分别编码 y 轴上下部分的柱体。

```
color=alt.condition(
        "datum.growth>0",
        alt.value("#64B5F6"),
        alt.value("#FA9649")
```

```
    )
```

（3）在文本注释的透明度通道 opacity 中，使用 API 函数 condition()的条件表达式筛选出增长量大于 2.5 或增长量介于 0 至 0.45 区间的数据记录。string 形式的条件表达式如下所示。

```
    "datum.growth>2.5 || (datum.growth>0 && datum.g﹁owth<0.45)"
```

其中，逻辑运算符"||"表示逻辑"或"，逻辑运算符"&&"表示逻辑"且"。使用 API 函数 value()将满足条件表达式的文本注释的透明度设置为 1；否则，隐藏文本注释。

```
    opacity=alt.condition(
            "datum.growth>2.5 || (datum.growth>0 && datum.growth<0.45)",
            alt.value(1),
            alt.value(0)
    )
```

（4）在文本通道 text 中，使用类 alt.Text()添加增长量的文本注释，使用关键字参数 format 设置百分数的有效位数。

```
    text=alt.Text("growth:Q",format=".1%")
```

（5）使用 API 函数 layer()将柱形图和文本注释先后添加到图形区域，形成分层图形。

```
    chart = alt.layer(bar,text)
```

（6）使用实例方法 configure_view()隐藏图形区域的边框。

```
    chart.configure_view(strokeWidth=0)
```

6.5.5　练习：将堆积条形图变成分层条形图——温度计图

温度计图的具体实现方法如下所示。

（1）生成基础对象 Chart。在编码通道中，将销售量映射在位置通道 x 轴上，将地区名称映射在位置通道 y 轴上。在标记属性通道 color 中，使用不同颜色编码不同年份，将年份变量离散化，设置变量类型为次序型变量。使用类 alt.Legend()设置图例标签的字体大小和图例符号的大小。使用类 alt.Scale()设置年份和颜色的映射关系。

```
base = alt.Chart(data).encode(
    x=alt.X("Sales:Q",axis=None),
    y=alt.Y("RegionName:N"),
    color=alt.Color(
        "year(Year):O",
        legend=alt.Legend(
            labelFontSize=13,
            symbolSize=120
        ),
        scale=color_scale
    )
)
```

（2）绘制基期销售量的条形图。在实例方法 transform_filter() 中，使用 alt.expr.Expression 形式的条件表达式筛选 2016 年的数据记录。在编码通道中，使用 API 函数 value() 将常量映射在标记属性通道 opacity 和 size 上。

```
backChart = base.transform_filter(
    alt.expr.year(alt.datum.Year)==2016
).mark_bar().encode(
    opacity=alt.value(0.4),
    size=alt.value(22)
)
```

（3）绘制报告期销售量的条形图。在实例方法 transform_filter() 中，使用 string 形式的条件表达式筛选 2017 年的数据记录。在编码通道中，使用 API 函数 value() 将常量映射在标记属性通道 opacity 和 size 上。在常量大小的设置方面，报告期的透明度小于基期的透明度，报告期的柱体宽度小于基期的柱体宽度。

```
frontChart = base.transform_filter(
    "year(datum.Year)==2017"
).mark_bar().encode(
    opacity=alt.value(0.9),
    size=alt.value(10)
)
```

（4）使用运算符"+"将两个条形图依次放置在图形区域中，形成分层图形。

```
chart = backChart + frontChart
```

（5）使用全局配置实例方法 configure_*()，依次设置图形区域、y 轴、图例、量尺、坐标轴标题的相关属性。使用实例方法 properties() 设置画布的坐标轴标题的文本内容和画布高度。

具体而言，在实例方法 configure_axisY()中，使用关键字参数 labelPadding、labelFontSize 设置刻度标签和刻度线的留白间距与刻度标签的大小；使用关键字参数 ticks 隐藏刻度线；使用关键字参数 tit e 隐藏坐标轴标题。在实例方法 configure_legend()中，使用关键字参数 columns 设置图例符号的列数；使用关键字参数 legendX 和 legendY 设置图例在图形区域的任意位置。同时，需要将"none"传递给关键字参数 orient，这样任意位置的设置方法才可以生效。

在实例方法 configure_scale()中，使用关键字参数 barBandPaddingInner 和 bandPaddingOuter 分别设置柱体之间的留白间距与柱体和图形区域的边框的留白间距。

在实例方法 configure_title()中，使用关键字参数 anchor 设置坐标轴标题文本的起始位置；使用关键字参数 font 和 fontSize 设置标题文本的字体和标题文本的字体大小；使用关键字参数 dy 将标题文本垂直向上移动。

```
chart.configure_view(
    strokeWidth=0
).configure_axisY(
    labelPadding=10,
    labelFontSize=12,
    ticks=False,
    title=None
).configure_legend(
    columns=2,
    legendX=-63,
    legendY=-32,
    orient="none",
    title=None
).configure_scale(
    barBandPaddingInner=1,
    bandPaddingOuter=0
).configure_title(
    anchor="start",
    dy=-4,
    font="Arial",
    fontSize=20
).properties(
    title="Region Sales Contrast between 2016 and 2017",
    height=150
)
```

7.1.4　练习：建立生产年份和重量的置信带与回归直线

（1）创建对象 Chart。

```
base = alt.Chart(source).encode(
    x=alt.X(
        "Year",
        type="temporal",
        axis=alt.Axis(grid=False,title="year"),
        scale=alt.Scale(padding=10)
    ),
    y=alt.Y(
        "Weight_in_lbs",
        type="quantitative",
        axis=alt.Axis(
            format=".2s",
            grid=False,
            title="Weight (lbs)",
            titlePadding=10
        ),
        scale=alt.Scale(zero=False)
    )
).properties(
    width=450,
    height=300
)
```

（2）绘制散点图。

```
points = base.mark_circle(color="#4C78A8",opacity=0.7)
```

（3）绘制回归直线。

```
line = base.transform_regression(
    "Year","Weight_in_lbs"
).mark_line(
    color="#E41A1C",
    opacity=0.8,
    size=3,
    strokeCap="round",
    strokeDash=[3,2]
)
```

（4）使用实例方法 mark_errorband()绘制误差区间，使用属性 extent 设置误差区间的表现形式。

具体而言，使用置信区间作为误差区间的表现形式，从而按照时间将置信区间连接起来，形成置信带。

```
errorband = base.mark_errorband(
    color="#F58518",
    extent="ci",
    opacity=0.65
)
```

（5）分别将散点图、回归直线和置信带放置在图形区域。

```
points + errorband + line
```

7.2.9　练习：使用柱线图（棒形图）代替 K 线图

（1）导入需要的包和数据集，生成基础对象 base。

```
import altair as alt
import numpy as np
from vega_datasets import data

source = data.ohlc()

base = alt.Chart(
    source
).encode(
    x=alt.X(
        "date:T",
        axis=alt.Axis(
            format="%Y-%m-%d",
            labelAngle=-15,
            tickCount=31,
            title=None
        ),
        scale=alt.Scale(padding=20)
    ),
    color=alt.condition(
        alt.datum.close>=alt.datum.open,
        alt.value('red'),
        alt.value('green')
    )
).properties(
    height=300,
```

```
        width=2000
)
```

（2）绘制股票最低价和最高价的垂直参考线。

```
v_line = base.mark_rule().encode(
    y=alt.Y(
        "low:Q",
        axis=alt.Axis(title=None),
        scale=alt.Scale(zero=False)
    ),
    y2="high:Q",
    tooltip=["low:Q","high:Q"]
)
```

（3）绘制股票开盘价的左侧水平刻度线。使用关键字参数 xOffset 水平移动刻度线，负数表示向左移动刻度线。

```
hl_line = base.mark_tick(size=10,xOffset=-6).encode(
    y=alt.Y("open:Q"),
    tooltip=["open:Q"]
)
```

（4）绘制股票收盘价的右侧水平刻度线。使用关键字参数 xOffset 水平移动刻度线，正数表示向右移动刻度线。

```
hr_line = base.mark_tick(size=10,xOffset=6).encode(
    y=alt.Y("close:Q"),
    tooltip=["close:Q"]
)
```

（5）使用运算符"+"将垂直参考线、左侧水平刻度线和右侧水平刻度线放置在同一个图形区域，形成分层图形。使用全局配置实例方法 configure_*()设置坐标轴的相关属性。

```
(v_line + hl_line + hr_line).configure_axis(
    grid=False
).configure_axisY(
    orient="right",
    tickCount=6
)
```

参考文献

[1] Knaflic, C.N. Storytelling with Data: A Data Visualization Guide for Business Professionals. Hoboken, NJ: John Wiley & Sons, 2015.

[2] Steele, J. & Iliinsky, N. Beautiful Visualization: Looking at Data through the Eyes of Experts. Sebastopol, CA: O'Reilly Media, 2010.

[3] Yau, N. Visualize This: The FlowingData Guide to Design, Visualization, and Statistics. Hoboken, NJ: John Wiley & Sons, 2011.

[4] Few, S. Information Dashboard Design: The Effective Visual Communication of Data. Sebastopol, CA: O'Reilly Media, 2006.

[5] Yau, N. Data Points: Visualization That Means Something. Hoboken, NJ: John Wiley & Sons, 2013.

[6] VanderPlas, J. Python Data Science Handbook: Essential Tools for Working with Data. Sebastopol, CA: O'Reilly Media, 2016.

[7] McKinney, W. Python for Data Analysis. Sebastopol, CA: O'Reilly Media, 2012.

[8] Bruce, P. & Bruce, A. Practical Statistics for Data Scientists: 50 Essential Concepts. Sebastopol, CA: O'Reilly Media, 2017.

[9] Wilke, C.O. Fundamentals of Data Visualization: A Primer on Making Informative and Compelling Figures. Sebastopol, CA: O'Reilly Media, 2019.

[10] McKinney, W. Python for Data Analysis: Data Wrangling with Pandas, NumPy, and IPython. 2nd ed. Sebastopol, CA: O'Reilly Media, 2017.

[11] Bock, R.K. & Krischer, W. Data analysis briefbook. Berlin, Germany: Springer, 2010.